非正式制度、独立董事与高管违规治理研究

刘雨薇　马　胜　著

西南财经大学出版社
中国·成都

图书在版编目（CIP）数据

非正式制度、独立董事与高管违规治理研究/刘雨薇,马胜著.--成都:
西南财经大学出版社,2024.3
ISBN 978-7-5504-5510-8

Ⅰ.①非…　Ⅱ.①刘…②马…　Ⅲ.①上市公司—管理人员—违法—
企业管理—研究—中国　Ⅳ.①F279.246

中国版本图书馆 CIP 数据核字（2022）第 149868 号

非正式制度、独立董事与高管违规治理研究
FEI ZHENGSHI ZHIDU,DULI DONGSHI YU GAOGUAN WEIGUI ZHILI YANJIU

刘雨薇　马　胜　著

责任编辑:杜显钰
责任校对:金欣蕾
封面设计:墨创文化
责任印制:朱曼丽

出版发行	西南财经大学出版社（四川省成都市光华村街55号）
网　　址	http://cbs.swufe.edu.cn
电子邮件	bookcj@swufe.edu.cn
邮政编码	610074
电　　话	028-87353785
照　　排	四川胜翔数码印务设计有限公司
印　　刷	四川煤田地质制图印务有限责任公司
成品尺寸	170 mm×240 mm
印　　张	17.25
字　　数	373 千字
版　　次	2024 年 3 月第 1 版
印　　次	2024 年 3 月第 1 次印刷
书　　号	ISBN 978-7-5504-5510-8
定　　价	92.00 元

前　言

党的十八大以来，中央全面从严治党，不断通过改革顶层设计，推进制度创新，持续完善监管体系，强化对权力运行的监督，查处了一大批官员，使违法违规的蔓延势头得到有效遏制。同时，公司层面被查处的违规高管数量也有所增加。这说明，一方面，中央反腐败斗争的纵深推进，对高管违规形成了有效震慑；另一方面，防止内部人控制"看门人"的独立董事治理功能和治理实践有待深入研究。在 KM 药业股份有限公司（简称"KM 药业"）财务造假案中，5 名曾任或彼时在职的独立董事被判承担 3.69 亿元的连带赔偿责任。这对 KM 药业独立董事的勤勉义务及独立性予以了否定，引发了社会对整个独立董事生态的深思，也对完善独立董事制度及强化独立董事履职责任提出了新要求。

需要说明的是，独立董事制度源于西方的治理实践。独立董事体系的建立产生于西方的董事会中心主义的特殊语境。在独立董事制度作为舶来品被引入中国资本市场后，我们不仅要考虑中国经济转型升级的背景，更要明确中国本土社会环境中非正式制度下的独立董事对高管违规的约束成本。

中华文明五千多年的发展历程中形成了大量非正式制度，不仅包括新制度经济学中概括的文化习惯、人文风俗、意识形态、道德规制等，也包括中国社会普遍存在的人情、面子、关系等。此外，中国经济转型升级的背景为基于新制度经济学研究非正式制度提供了条件。这些是本书选择非正式制度作为切入点的原因。

本书基于本土社会环境中的非正式制度，对独立董事与高管违规治理之间的关系进行深入分析，并分别从外部社会文化环境下的个人监督风格、中观社会网络环境下的社会互动和行为连锁、内部社会关系环境下的群聚效应的角度进行实证检验。本书得到以下四个方面的结论：

第一，本书从外部社会文化环境下的个人监督风格的角度出发，探究了独立董事对高管违规治理的作用。在负面外部社会文化环境的影响下，独立董事通过直接观察或间接听闻获得对违规行为的认知，并将其抽象为符号，映射在大脑中，进而使其对自己的个人行为产生影响。这导致中国的独立董事表现出"友善"的治理特征，很少出具否定意见，如我们在清洁审计意见中可以体会到"积极"和"无过"两种明显的语义。本书基于说话者与听话者的语言-印象整饰取舍模式和博弈模型，分析独立董事的"积极"和"无过"语义背后的行为逻辑。实证分析发现，在独立董事的清洁审计意见中，"积极"和"无过"语义越明显，高管违规的可能性越大。研究还发现，负面社会文化环境、儒家思想和个体特征均是影响因素。其一，负面社会文化环境形成的道德推脱增大了独立董事的清洁审计意见中"积极"和"无过"语义对高管违规的正向影响。其二，儒家思想中的"信"和"义利观"有助于减少独立董事"说好话"和言不由衷的情况。其三，个体的从军经历和高校工作经历有利于提升独立董事的道德底线和专业胜任能力，以弱化清洁审计意见中"积极"和"无过"语义对高管违规的正向影响。此外，笔者对异地独立董事的积极语义和高管隐性违规进行中介效应检验，发现积极语义通过异地独立董事的挤出效应对高管隐性违规产生影响。

第二，本书从中观社会网络环境下的社会互动的角度出发，探究了嵌入社会网络的独立董事行为对高管隐性违规治理的影响机制。研究发现，在中国的传统文化背景下，独立董事基于人情、关系及面子进行治理。治理过程中存在社会网络越广，企业高管在职消费水平越高的现象。但本书并非一概而论地认为独立董事的行为促进了高管隐性违规。企业产权性质不同，则影响机制有差异：在个别国有企业，独立董事会"睁一只眼，闭一只眼"地监督，帮助高管隐匿机会主义行为，提高自娱自利性质的在职消费水平，导致高管隐性违规，并体现为与高管"合谋"治理；在某些非国有企业，独立董事利用其社会资本帮助公司建立完善的高管激励制度，使公司与外部组织建立广泛的合作关系，以提高货币薪酬补充性质的在职消费和增加正常的职务性在职消费，并体现为与高管"协同"治理，且"协同"治理的作用明显大于"合谋"治理的作用。

第三，本书从中观社会网络环境下的行为连锁的角度出发，探究连锁独立董事在高管显性违规治理过程中所起的作用。承担监督职责的独立董事虽然旨在减少高管违规现象，但不力的监督可能增强高管违规在连锁公司中的传染效应。更为重要的是，针对高管违规是"谁传染给谁"的问题，本书研究发现，高管违规更可能在同一性质的公司间传染，不同性质的公司的传染概率存在差异。高管违规更倾向于由非国有企业传染给国有企业，但逆向传染的迹象不明显。机制检验发现，独立董事的独立性受损、个人资本的异质性和公司治理水平较低能够解释传染效应的产生。进一步研究发现，在高管被调查处罚的信息公告后，股价下跌在连锁公司也存在传染效应，导致一损俱损的经济后果。

第四，本书从内部社会关系环境下的群聚效应的角度出发，探究了独立董事-高管层断裂带对高管违规治理的作用。本书运用刘等（Lau et al., 1998）的断裂带理论展开研究，发现独立董事-高管层断裂带具有"双刃剑"作用，即在减小高管显性违规的可能性的同时，会增大高管隐性违规的可能性。进一步研究发现：其一，在拥有法律从业背景和高校工作经历的独立董事更多的上市公司，独立董事-高管层断裂带抑制高管显性违规的作用更为显著；其二，异地独立董事对独立董事-高管层断裂带的形成具有催化剂作用，对高管显性违规具有抑制作用，对高管隐性违规具有促进作用；其三，独立董事-高管层断裂带和高管权力制约对抑制高管显性违规形成叠加效应，在高管权力更小的分组，独立董事-高管层断裂带的抑制效应更加显著；其四，双变量模型（Bivariate Probit）进一步验证了独立董事-高管层断裂带有加剧高管违规的倾向，却减小了高管违规被查的概率。

本书的主要研究特色和创新点体现在以下几个方面：

第一，本书按照负面外部社会文化环境→儒家思想→个体特征的研究路线，探究了非正式制度对独立董事形成个人监督风格的影响机制，将重点指向并不被大家所关注的独立董事的清洁审计意见（非否定意见），并通过说话者与听话者的语言-印象整饰取舍模式和博弈模型，分析了独立董事的清洁审计意见中积极语义的行为逻辑，深入探讨了独立董事在外部社会文化环境中的履职风格对高管违规治理所起的作用。

第二，本书讨论了中观社会网络环境下，独立董事所能提供的信息、声望和影响力等资源。以往的文献认为，独立董事社会网络有助于独立董事提升监督能力。本书探讨了在中国本土社会的非正式制度下，独立董事的社会资源对高管隐性违规的作用机制和连锁独立董事的社会资源对高管显性违规的作用机制。研究发现，在中国，出于人情、面子和高管可能提供潜在资源的考虑，独立董事可能利用自身的社会网络为公司协调关系和支招。高管显性违规在连锁公司存在传染效应。与发生高管违规的公司共同拥有连锁独立董事的公司，其发生高管违规的概率更大，但独立董事社会网络能够有效降低高管显性违规在连锁公司间传染的风险。

第三，本书探究了内部社会关系环境下的群聚效应，系统分析了群聚对独立董事治理能力、监督意愿和独立性发挥的影响。在研究方法上，本书使用与以往文献不同的筛选方式，对独立董事和高管团队进行更加细化的分群，并利用多维度指标构造独立董事-高管层断裂带。在研究内容上，本书认为，独立董事-高管层断裂带是一把"双刃剑"。它虽然使高管显性违规现象有所减少，但使高管隐性违规现象有所增加。本书的结论有助于监管部门厘清独立董事与高管团队的内部关系，从而减少高管违规行为。

著者

2023 年 12 月

目　录

第一章 绪论

一、研究背景

违法违规被认为是对国家政治、经济、社会和文化发展的一大威胁。党的十八大以来，反腐斗争以净化政治生态、健全监督体系为主要措施，治理的力度、深度和广度都前所未有。以习近平同志为核心的党中央以"我将无我，不负人民"的使命担当正风肃纪反腐，以壮士断腕的决心意志"打虎""拍蝇""猎狐"，坚决整治群众身边的腐败问题。截至 2021 年 10 月，全国纪检监察机关共立案 407.8 万件、437.9 万人，其中立案审查调查中管干部 484 人，共给予党纪政务处分 399.8 万人。与官员违纪类似，企业高管违规则指企业高管以滥用公共权力的方式谋取私人利益（Aidt，2003）。不同的是，高管违规行为对资本市场的稳定、健康发展及微观市场主体权益的保障有更大影响。根据《中国企业家腐败犯罪报告（2014—2018）》（张远煌 等，2020）披露的数据，2014—2018 年，高管违规涉案人数翻番，总体呈增长态势，其中被较少关注的民营企业高管违规增长率明显高于国有企业高管违规增长率（见图1.1）。在职务方面，58.36% 的涉案高管为企业主要负责人，包括董事长、厂长、经理等；0.93% 的涉案高管为董事及监事；33.73% 的涉案高管为财务部门、技术部门、销售部门等核心部门的负责人。

但是，并不是所有的权力滥用都最终导致违法犯罪。一些处于"灰色地带"的行为，如利用公款进行奢侈性、挥霍性消费，腐化堕落，道德败坏等（黄群慧，2006）虽然没有触犯法律法规，但同样损害了投资者的利益。从本质上讲，不正之风的形成源于价值观的扭曲和理想信念的缺失。高管的价值观和理想信念受到社会环境、社会风气、社会关系和社会文化等非正式制度的影响。

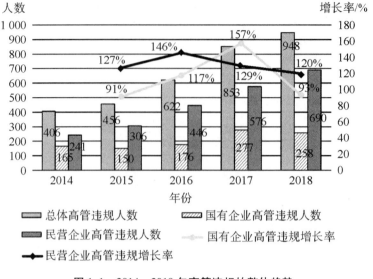

图 1.1　2014—2018 年高管违规的整体趋势

独立董事作为高管违规的监督主体之一，其治理行为同样受到非正式制度的影响。公司聘请独立董事基于的是资源依赖理论。该理论认为，独立董事作为资源提供者，可以提供资本。这种资本包括人力资本（个体的经验、专业知识、非认知能力、声誉）和关系资本（个体同其他公司的联系）。

自 2001 年独立董事制度由西方社会引入中国资本市场以来，其实际治理功能备受争议。部分独立董事在其位而不谋其职、不谋其责，只复制国际经验（梁琪 等，2009），被称为"花瓶"（王兵，2007；Clarke，2006）。2021 年，广州市中级人民法院对全国首例证券集体诉讼案作出一审判决，责令 KM 药业股份有限公司（简称"KM 药业"）因年报等虚假陈述侵权而赔偿证券投资者损失 24.59 亿元；原董事长、总经理马兴田等高管及相关责任人承担连带赔偿责任，其中 5 名曾任和彼时在职的独立董事承担连带赔偿责任，合计赔偿金额约 3.69 亿元。高额罚单是对 KM 药业独立董事勤勉义务及独立性的否定，这引发了社会对整个独立董事生态的深思。大部分学者并不质疑独立董事在履职期间的专业胜任能力，却怀疑独立董事是否诚信，是否故意"睁一只眼，闭一只眼"。独立董事的职能履行是激励机制、外部环境等多种因素共同作用的结果。其中，人情是重要因素之一（Hwang，1987）。作为普遍平等原则的一种变体，人情观念与互惠理论的联系极为紧密。互惠理论认为，组织内部的个体存在互惠关系，他们彼此往来，以达到互利共赢的目的（Dooley，1969；Sweezy，1972；Allen，1974；Koenig et al.，1979）。独立董事的行为逻辑往往内生于中国本土社会的非正式制度。具体来说，这种非正式制度包括外部社会文化环境中的个人监督风格、中观社会网络环境中的社会互动、行为连锁，以及内部社会关系环境中的群聚效应。基于以上理论，我们需要明确：不同视角、不同层面的非正式制度究竟是如何影响独立董事的治理行为和治理效果的，其作用机制是什么，作用效果又如何。对于这些问题，本书将从三个角度分别进行探讨与研究。

外部社会文化环境是独立董事作出个人行为和形成个人监督风格的基础。独立董事搜索周围环境的信息，并对这些信息进行加工，形成相应的认知，预测充满不确定性的未来，进而做出行动决策（Moore et al.，2019）。个人行为的集合形成了外部社会文化环境，而个人又是外部社会文化环境的产物（Bandura，1986），会不同程度地受到外部社会文化环境中他人行为的影响。在外部社会文化环境的影响下，独立董事的思维和意识会发生改变，先前的认识甚至也会改变（Bandura，2002）。在这一过程中，我们不能忽视文化的力量，如儒家文化。儒家是注重以人为本的学术流派。儒家文化为历代儒客信众所推崇，是春秋时期创立的影响最深远、最持久的中华优秀传统文化（徐细雄 等，2019）。儒家学说倡导血亲人伦、现世事功、修身存养、道德理性，中心思想是恕、忠、孝、悌、勇、仁、义、礼、智、信，强调重礼、信善、明德。基于以上理论，我们需要明确：外部社会文化环境是如何影响语言风格，进而影响独立董事形成个人监督风格的；独立董事的个人监督风格对高管违规治理有何种影响，影响的路径和机制是什么，外部社会文化环境又会对这种影响产生何种叠加效应。

个体、组织通过信息互通、资源交换来获得支持（Aldrich et al.，1986；Larcker et al.，2013）。嵌入理论认为，社会行动者基于非同质性建立弱连接，而弱连接更能提供有价值的信息和资源。因此，社会网络所带来的大量信息和丰富资源能够增强个体、组织的独立性，有助于其更好地发挥咨询作用和监督作用（田高良 等，2013；韩洁 等，2015；Kuang et al.，2017；陈运森 等，2018）。然而，对社会网络在独立董事治理高管违规的过程中发挥何种作用，我们还需要深入研究：社会网络的形成，是如以往文献研究结果所显示的那样，有助于独立董事发挥咨询作用和监督作用，还是有助于高管基于同独立董事的社会互动关系而寻租。

连锁董事网络作为社会网络中的一种重要形式，近年来受到学者的广泛关注。连锁董事是指在两个或两个以上公司的董事会任职的董事。这些公司往往处于竞争中。这样，每个董事会中至少有一人知道其他董事会的意见、方案或行动。因此，连锁董事的桥梁作用使得公司不由自主地相互模仿，导致公司行为的"传染"（Kuang et al.，2017）。作为监督者的独立董事是否会因交叉任职而使高管违规行为在任职公司间传染呢？如果是，我们需要明确：谁是传染源，谁是被传染者；传染的具体机制是什么；社会网络在传染的过程中发挥了什么样的作用。

独立董事与高管的关系将影响独立董事的任职效果。在中国的传统文化中，人们倾向于依靠关系来办事；在经济转型时期，企业往往通过非正式制度来加强自身同外界的联系（Peng et al.，2003；Peng，2004）。因此，建立社会关系被认为是独立董事按资源依赖学说进行治理的深层次原因。这些社会关系包括独立董事与高管的友好私人关系，如老乡关系、校友关系、师生关系等。大部分学者认为，独立董事与高管建立友好私人关系，有助于独立董事融入公司内部，获得更多私人信息，从而履行监督职能（Adams et al.，2003；陈霞等，2018；李莉 等，2020）。但也有学者认为，独立董事与高管建立友好私人关系，需要支付一定的成本，会导致高管的机会主义行为和短视行为（罗肖依 等，2021）。例如，在 KM 药业财务造假案中，在被判承担连带赔偿责任的 5 名独立董事中，有 4 名与原董事长马某某一样，有高校工作经历，并且有 2 名与马某某来自同一所高校。因此，基于以上理论与事件，我们需要明确：独立董事与高管（董事、高级管理人员）的相似特征（人口特征、个人经历）是否会导致群体的聚合和分类，形成内外部群体，从而影响独立董事的治理效果。如果是，那么内外部群体应当以何种标准来划分；刘等（Lau et al.，1998）的断裂带理论是否适用；独立董事-高管层断裂带对独立董事监督职能的发挥产生的是积极作用，还是消极作用，抑或是"双刃剑"作用。

二、研究意义

（一）理论意义

1. 丰富独立董事治理的研究内容

本书从理论层面清晰地分析了独立董事在高管违规治理过程中的功能、作用与效果。虽然从现代公司治理视角而言，独立董事承担着保护投资者权益的责任，但是独立董事基于自身利益的考虑，特别是在非正式制度的影响下，未必能对高管违规实行有效监督。本书的研究旨在探讨独立董事治理高管违规的实际效果，深化人们对独立董事作用的认识。

2. 完善公司层面的违规治理理论

关于公司层面的违规治理，过去的文献多侧重于讨论公司内部的治理机制，而有关外部社会文化环境的影响研究相对缺乏。本书基于内外部综合治理的视角，将外部社会文化环境下的个人监督风格、中观社会网络环境下的社会互动、中观社会网络环境下的行为连锁，以及内部社会关系环境下的群聚效应统一纳入分析框架，以探讨非正式制度与独立董事治理高管违规的耦合关系。本书的研究有助于人们深化对公司层面反腐的认识，改变轻高管违规的研究偏见，满足日益增长的减少高管违规的研究需求。本书在细化高管违规类型的基础上，检验了内外部因素共同作用下的治理效果，回应了中小股东的利益保护诉求，有助于人们强化对公司层面违规内涵及内外部综合治理理论的认识。

3. 拓展非正式制度影响公司治理的研究

一方面，在以"关系本位"为特征的非正式制度中，关系具有特殊的意义：没有关系，事情可能不好办（Davies et al., 1995）。建立和维护关系是企业家、管理者普遍关注的问题（Luo, 2000）。另一方面，在有关公司治理的研究中，特别是在有关独立董事内部治理的研究中，鲜有文献深入探究独立董事与高管的人情关系等。本书通过对多样化的非正式制度建立量化指标，考察了不同视角、不同层次的非正式制度下，独立董事的履职差异和履职效果，有助于人们理解独立董事的任职困境，从而拓展非正式制度影响公司治理的研究。

（二）实践意义

1. 有助于持续推进反腐工作

党的十八大以来，以习近平同志为核心的党中央以强烈的历史责任感、深沉的使命忧患意识和顽强的意志品质，大力推进党风廉政建设和反腐败斗争，在这场"输不起的斗争"中向党和人民交出了一份优异的答卷。然而，我国学术界还存在轻高管违规、重官员违法的研究偏见，公司层面存在高管违规犯罪的人数有所上升的现象。这些使我们认识到，有必要通过实证研究来检验内外部的治理效果，从而为高管违规治理提供经验证据。本书分析了高管违规治理过程中，独立董事的作用发挥情况和功能提升途径，防止投资者的权益因高管违规而受损，从而切实保护投资者的利益，为"十四五"期间持续完善反腐败治理体系，建设中国特色现代企业制度提供整体性与系统性的指导。

2. 有助于完善独立董事制度

独立董事制度自 2001 年由西方社会引入中国资本市场以来，就处于渐进式的完善过程中。与部分西方国家的以董事会为中心的公司治理机制已经相对完善不同，在非正式制度的影响下，中国的独立董事制度的健全是一个长期的系统性工程。本书以高管违规治理为研究对象，从考察独立董事的治理效果入手，明确资本市场在顶层设计、提名、选聘及履职等方面对独立董事制度提出的要求，从而为加强独立董事生态建设作出贡献。

3. 有助于改进公司治理制度

尽管以往的研究对独立董事发挥公司治理作用有所质疑，但长期的实践证明，引入完善的独立董事制度有利于提升公司治理水平，优化公司治理结构，增强董事会决策的科学性。2019 年修订的《中华人民共和国证券法》的实施和注册制改革的推进，进一步强化了对投资者的保护，也对独立董事发挥制衡作用提出了更高要求。本书尝试展现非正式制度下独立董事的任职困境，推动建立健全独立董事制度，使独立董事在公司治理体系中起到强有力的作用。

三、相关概念界定

（一）高管违规

企业高管被赋予企业的经营权和管理权，是公司治理的主体，行使的是公共权力。高管违规类型的划分通常根据显露程度进行。按照行为是否明显触犯法律的不同，高管违规类型划分为显性违规和隐性违规（Yao，2002；徐细雄，2012；徐细雄 等，2013；赵璨 等，2013）。显性违规更为严重，甚至可能构成犯罪。这样，违规高管不仅将面临司法机关的立案侦查，而且会被追究法律责任。隐性违规却具有矛盾性，这是因为其虽然违背委托代理的基本精神（徐细雄，2012），但依然符合相关法律法规，没有突破法律监管的底线。

1. 显性违规

显性违规是指企业高管作出的明显触犯法律法规的行为。显性违规，即以寻租和设租的形式以权谋私，是权和利的交换、交易。权，指公共权力；利，指涉及追求物质享受或精神享受的利益。权和利的交换、交易的结果是损害公共利益，危害经济发展（Bentzen，2012），阻碍社会进步（Gupta et al.，2002）。高管违规在一定程度上涉及权和利的交换，是违规利益与违规成本权衡后的结果；是违规动机、违规机会和自己"合理化"调节三方面共同作用的结果；是高管在监管压力下，将违规动机转化为显性违规行为的过程。例如，《中华人民共和国公司法》对违规出资的界定是虚假出资及公司成立后的抽逃出资。在这个过程中，严格地讲，违规并未涉及权力的"出卖"，而涉及权力的"滥用"（徐细雄，2013）。

2. 隐性违规

隐性违规是指企业高管作出的未明显触犯法律法规的行为。但在隐性违规中，企业高管会通过隐蔽的途径来滥用公共权力，如利用公款进行奢侈性、挥霍性消费等（黄群慧，2006）。高管违规的具体表现形式如表1.1所示。

表1.1　高管违规的具体表现形式

高管违规形式	具体表现形式	内容
显性违规	权钱交易	受贿、行贿、索贿、敲诈勒索、接受回扣等
	以权谋私	贪污、侵占、私分、挪用公司资产，挥霍国有资产等
	滥用职权	违反规定对外投资、担保、融资、为他人代开信用证，违反规定在境外注册公司、投资参股、购买上市公司股票、购置不动产，挪用公款，违规收购，进行内幕交易等
隐性违规	公款消费	用公款购买高档小汽车、装修豪华办公室、添置不必要的办公用品等，用公款参与高消费娱乐活动、旅游，用公款支付或报销应当由个人承担的住宅购置费、住宅装修费、物业管理费等生活费用，超过规定标准报销差旅费、业务招待费（黄群慧，2006），领取超额薪酬，以构建商业帝国为目的进行过度投资等

显性违规和隐性违规具有明显异质性。一方面，两种违规是以显露程度的不同来进行区分的，但这并不是说显性违规是堂而皇之的（任何一种违规行为都是隐蔽的），而是说违规行为触犯法律法规的明显程度不同；另一方面，两种违规造成的经济后果不尽相同。总体来讲，无论是显性违规还是隐性违规，它们都会给公共利益造成一定程度的损害。然而，对隐性违规会带来什么样的经济后果，学术界并未得出统一的结论，反而形成了代理观、效率观等观点。

（二）非正式制度

非正式制度是相较于正式制度而言的。正式制度是指国家或组织统一制定并确立成文的规则，包括宪法、法规及其实施细则、行政规范和合约等。与正式制度不同的是，非正式制度更加关注组织内部各层级的关系。非正式制度是一个比较宽泛的概念。我们可以从经济学、法学、社会学、政治学等学科出发对其进行阐释和定义。下面，本书主要从社会网络环境和社会文化环境两个方面进行介绍。

1. 社会网络环境

个体不是孤立存在的，而是受到其所在空间其他个体的影响。人与人互动，就形成了社会网络。社会网络由节点和节点间的弧组成。其中，社会能动者是社会网络中的节点，关系则是社会网络中节点间的弧。社会能动者可以是自然人，也可以是企业，还可以是国家。这些节点之所以被称为社会能动者，并可以互动，是因为它们具备主观能动性。自然人的特征既包括性别、年龄、受教育程度等客观特征，又包括认识、观念、道德等主观特征；企业的特征既包括地理位置、规模等结构特征，又包括文化体系、管理者的领导风格等治理特征；国家的特征包括价值观等文化特征。节点间的相互作用形成了关系。自然人之间的关系有上下级关系、师生关系、朋友关系、亲属关系、合作关系等，企业之间的关系有投资与被投资关系、担保与被担保关系、供应与销售关系等，国家之间的关系有国际贸易关系、国际合作关系等（Wasserman et al.，1994；Scott，2011）。

社会网络中的节点相互作用，就形成了社会互动。这样的社会互动带来"社会规则""同伴影响""邻里效应""从众心理""模仿""传染""羊群行为"等（Granovetter，1979）。金克斯等（Jencks et al.，1989）描述了社会互动的本质：其一，社会互动是一种相互作用，个体行为倾向会随群体行为倾向的变化而变化；其二，社会互动是一种情境互动，个体行为倾向会因群体成员外生特征的不同而有差异；其三，社会互动是一种相关效应，即同一群体中的行为主体因具有相似个体特征或面临相似制度环境而作出相似的行为，如对舞弊行为，社会网络中的群体可能会进行效仿（Manski，2000；陈刚，2013）。

2. 社会文化环境

社会文化环境是指伴随社会发展进程而形成的包括思想观念、价值取向、生活习惯、文化传统和社会风俗等在内的非正式制度，在一定程度上反映当地社会的基本特点和文化气息，对当地发展形成潜移默化的深远影响。跨国并购的失败，在很大程度上是因为企业对不同文化"水土不服"。行为金融学认为，文化等非正式制度在企业决策中很重要，即使这些决策是由全球化背景下经验丰富的职业经理人做出的（Hail et al.，2006；Shao et al.，2010；Gungoraydinoglu et al., 2011；Li et al., 2011；Giannetti et al., 2012；Griffin et al., 2013；Li, 2013）。

（三）连锁董事

在公司治理领域中，连锁董事网络是重要的社会网络。当一个人同时在多个公司的董事会任职时，这几个公司的董事会就因这个人而联系起来，并形成网络中的节点。这个人就是连锁董事。随着中国资本市场近年来的高速发展，连锁董事的比例也逐渐攀升。拥有连锁董事的公司在 2020 年达到 92.94%，是 1999 年的三倍。其中，连锁独立董事在连锁董事中的占比如下：2001 年为 17.39%，2002 年飙升至 56.75%，2014 年达到 78.69%，2020 年为 77.97%①。2002 年的情况有很大变化，原因之一是中国证券监督管理委员会于 2001 年出台规定，要求上市公司的独立董事人数不得少于董事会人数的 1/3，独立董事任职的上市公司不得超过 5 家。独立董事制度吸引了更多的外部董事进入董事会。因此，董事会不仅由内部董事组成，也由外部董事组成，并且大多数由独立董事构成。2013 年 10 月，中央组织部印发《关于进一步规范党政领导干部在企业兼职（任职）问题的意见》，导致独立董事大面积辞职。有数据显示，连锁独立董事在连锁董事中的占比在 2014 年达到顶峰，此后逐年下降。

四、研究思路和研究内容

本书主要研究嵌入中国本土社会的非正式制度如何影响独立董事在高管违规治理过程中的职能履行，以及社会群体的相互作用如何影响独立董事的治理有效性。具体而言，本书综合运用代理理论、资源依赖理论、互惠理论、社会网络理论、社会认同理论和非正式制度理论的研究成果，采用多种研究方法，按照提出问题→文献综述→分析问题→实证检验→研究结论的技术路线展开研究。各章的研究内容及研究方法如下：

第一章为绪论。本章的研究目标是根据现实背景提出研究问题。首先，本章基于我国资本市场的高管违规案例和独立董事的履职现状，指出题目选择的背景和原因，从而说明本书研究的理论意义和实践意义。其次，本章界定了本

---

① 数据由本书作者整理得到。

书涉及的相关概念,包括高管违规、非正式制度和连锁董事。再次,本章明晰了本书的主要研究思路和各章的研究内容及研究方法。最后,本章总结了本书的研究特色和创新点。本章采用的研究方法为逻辑归纳法。

第二章为文献综述。本章的研究目标是从高管违规的原因、高管违规的治理、高管违规的经济后果,独立董事职能与制度的有效性、独立董事的履职行为与公司行为、独立董事的社会关系与公司行为,连锁独立董事的成因、连锁独立董事与公司行为、连锁独立董事网络与公司行为,非正式制度与中国经济发展、非正式制度与中国社会结构、非正式制度与中国企业发展等方面进行文献总结和脉络梳理,挖掘以往文献研究的亮点和不足,指出本书针对以往文献研究的补充与突破。本章采用的研究方法为文献分析法。

第三章为理论基础与分析。本章的研究目标是立足代理理论、资源依赖理论、互惠理论、社会网络理论、社会认同理论和非正式制度理论,搭建非正式制度下独立董事治理高管违规的分析框架,阐释非正式制度、独立董事、高管违规治理三者的作用关系;基于博弈模型,分析三者的互动关系。本章采用的研究方法为博弈分析法和理论分析法。

第四章为独立董事监督风格与高管违规。本章从外部社会文化环境下的个人监督风格的角度出发,探究了独立董事对高管违规治理的影响及作用机制。例如,独立董事发表的意见符合圆滑处事、避实就虚的语言规则。又如,在非否定的清洁审计意见中,友善的积极语义体现了独立董事的行为逻辑。本章基于说话者与听话者的语言-印象整饰取舍模式和博弈模型分析了独立董事的清洁审计意见中的情感对高管违规的影响。检验结果表明,在独立董事的清洁审计意见中,友善的积极语义越明显,则高管违规的可能性就越大。进一步的研究表明,负面社会文化环境、儒家思想和个体特征是机制影响因素。此外,友善的积极语义通过异地独立董事的挤出效应对高管隐性违规产生间接影响。

第五章为独立董事社会网络与高管违规。本章从中观社会网络环境下的社会互动的角度出发,探究了嵌入网络的独立董事行为对高管违规治理的影响机制。研究发现,在中国的"关系本位"文化背景下,独立董事基于人情、关系及面子进行治理。治理过程中存在社会网络越广,企业高管在职消费水平越高的现象。企业产权性质不同,影响机制有差异:在个别国有企业,独立董事会"睁一只眼,闭一只眼"地监督,帮助高管隐匿机会主义行为,提高自娱自利性质的在职消费水平,导致高管隐性违规,并体现为与高管"合谋"治理;在某些非国有企业,独立董事利用其社会资本帮助公司建立完善的高管激励制度，使公司与外部组织建立广泛的合作关系，以提高货币薪酬补充性质的在职消费和增加正常的职务性在职消费，并体现为与高管"协同"治理，且"协同"治理的作用明显大于"合谋"治理的作用。在企业高速发展阶段，"合谋"作用和"协同"作用更加明显。强有力的外部监督能够有效抑制国有企业的"合谋"治理。2012年，《十八届中央政治局关于改进工作作风、密切联系群众的八项规定》的出台对"合谋"治理和"协同"治理均有抑制作用，但"限薪令"带来的多米诺骨牌效应对非国有企业的影响更大。独立董事的社会网络对在职消费的影响在国有企业中呈倒 U 形特征。独立董事的社会网络足够庞大时，能够抑制国有企业的"合谋"治理。

第六章为连锁独立董事与高管违规。本章从中观社会网络环境下的行为连锁的角度出发，探究连锁独立董事在高管显性违规治理方面发挥的作用。具体来讲，高管违规在连锁公司存在传染效应，即与发生高管违规的公司共同拥有连锁独立董事的公司，其发生高管违规的概率更大。更为重要的是，针对高管违规是"谁传染给谁"的问题，本章的研究发现，高管违规更可能在同一性质的公司间传染，不同性质的公司的传染概率存在差异。高管违规更倾向由非国有企业传染给国有企业，但逆向传染的迹象不明显。机制检验发现，独立董事的独立性受损、个人资本的异质性和公司治理水平较低能够解释传染效应的产生。进一步的研究发现，在高管被调查处罚的消息公告后，股价下跌在连锁公司也存在传染效应，导致一损俱损的经济后果。

第七章为独立董事-高管层断裂带与高管违规。本章从内部社会关系环境下的群聚效应的角度出发，探究了独立董事-高管层断裂带对高管违规治理的影响。本章运用刘等（Lau et al., 1998）的断裂带理论进行分析，发现独立董事-高管层断裂带具有"双刃剑"作用，即在减小高管显性违规的可能性的同时，增大高管隐性违规的可能性。进一步的研究发现，拥有法律背景和高校工作经历的独立董事对高管显性违规的抑制作用更为显著。

第八章为研究结论及政策建议。本章的研究目标是归纳研究结论，充分揭示结论中的政策内涵，为独立董事制度的完善与改进及高管违规治理提出政策建议。同时，本章指出本书研究中的不足，并在此基础上对未来的研究进行展望。

本书的技术路线如图 1.2 所示。

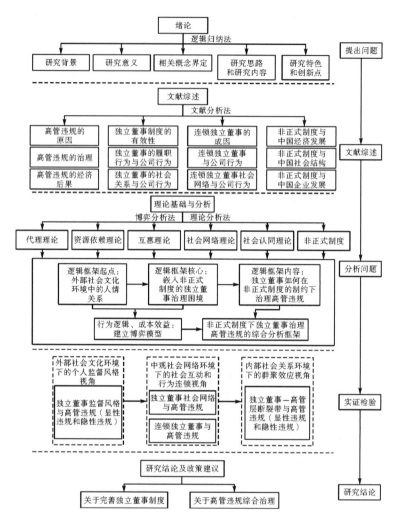

图 1.2　本书的技术路线

五、研究特色和创新点

本书的研究特色和创新点体现在以下几个方面：

第一，本书按照负面社会文化环境→儒家思想→个体特征的路线，探究了非正式制度对独立董事形成个人监督风格的影响机制，将重点指向并不被大家所关注的独立董事的清洁审计意见（非否定意见），并通过说话者与听话者的语言-印象整饰取舍模式和博弈模型，分析了独立董事的清洁审计意见中友善语义的行为逻辑，深入探讨了独立董事在社会文化环境中的履职风格对高管违规治理的作用。

第二，本书讨论了中观社会网络环境下，独立董事所能提供的信息、声望和影响力等资源。以往的文献认为，独立董事的社会网络有助于提升其监督能力。本书探讨了在中国本土社会的非正式制度下，独立董事的社会资源对隐性违规的作用机制和连锁独立董事的社会资源对显性违规的作用机制。研究发现，在中国，出于人情、面子和高管可能提供潜在资源的考虑，独立董事可能利用自身的社会网络为企业协调关系和支招。高管显性违规在连锁公司存在传染效应。与发生高管违规的公司共同拥有连锁独立董事的公司，其发生高管违规的概率更大，但连锁独立董事网络能够有效减小高管显性违规在连锁公司间传染的风险。

第三，本书探究了内部社会关系环境下的群聚效应，系统分析了群聚对独立董事治理能力、监督意愿和独立性发挥的影响。在研究方法上，本书使用与以往文献不同的筛选方式，对独立董事和高管团队进行更加细化的分群，并利用多维度指标构造独立董事-高管层断裂带。在研究内容上，本书认为，独立董事-高管层断裂带是一把"双刃剑"。它虽然使显性违规现象有所减少，但使隐性违规现象有所增加。本书的研究结论有助于监管部门厘清独立董事与高管团队的内部关系，从而减少高管层的违规行为。

第二章 文献综述

一、高管违规的原因、治理及经济后果

（一）高管违规的原因

高管违规的原因来自宏观层面、中观层面和微观个体层面。

1. 宏观层面

宏观层面的因素包括经济转型和政府放权、薪酬管制、政府干预、文化习俗等。

（1）经济转型和政府放权。中国的经济体制转型经历了从计划经济体制到计划经济体制与市场经济体制并行的双轨制，再到社会主义市场经济体制三个阶段。在实行计划经济体制与市场经济体制并行的双轨制这一特殊阶段，计划经济体制遗留下来的一些问题，如政府部门参与经济活动的程度较高、范围较广等，是形成高管违规的重要原因（孙刚 等，2005）。政府部门的工作人员既是规则的制定者，又是活动的参与者。一方面，在经济转型升级的背景下，高度集中的计划经济体制逐渐瓦解，而新的市场经济体制尚在建立中，社会对利益的诉求逐渐多样化（张卓 等，2021），经济活动和发展轨迹超出了原有的计划经济体制的约束范围，各类寻租活动和地下经济活动导致违规问题出现；另一方面，地方政府的权力相对较大，以致寻租机会越来越多（胡鞍钢 等，2001）。违规是自上而下或自下而上形成的，使个体突破约束临界值，并最终在个体间蔓延（Robert et al.，1995）。随着社会主义市场经济体制的建立，中央政府于1994年在财政领域实行分权改革。但在当时，无论是法律监督机制还是企业内部监督机制，都不健全。在部分国有企业私有化的过程中，一些企业高管滥用权力、低估国有资产价值，以利于私有企业以超低价购进的现象开始出现，造成国有资产流失（黄群慧，2006）。

（2）薪酬管制。经济体制改革使得各行各业的收入都有了很大幅度的提升。何（He，2000）认为，与同阶层的群体相比，较低收入带来的压力会导致违法违规的出现。薪酬管制在国有企业改革进程中影响到国有企业高管。当企业高管的薪酬过低时，特别是在自己和他人的收入差距拉大时，薪酬契约就很难驱动企业高管勤勉尽责地管理和经营。激励不足的后果是，企业高管出现消极心态，并期望以在职消费、资产侵占等显性违规方式来弥补薪酬的不足。

（3）政府干预。大政府、小市场是中国经济转型升级中表现出来的重要特征。国有企业需要达成政府部门制定的多重目标（Lin et al.，1998），包括社会责任目标、经济目标等。多重目标模糊了国有企业高管的经营业绩和经营行为的因果关系，为国有企业高管将寻租合理化找到借口。政府部门在促进就业、减少财政赤字、实行平台融资等方面对国有企业形成依赖的同时，也会在国有企业陷入困境时伸出援助之手，这进一步为国有企业高管在违规后推卸责任提供了托词（徐细雄 等，2013）。

（4）文化习俗。法伦等（Fallon et al.，2012）从同伴的社会学习角度考察不道德行为的影响，认为不道德行为受社会学习、社会认同和社会比较过程的约束。社会学习是指个体通过观察和学习同伴的行为来调整自己的行为，如果同伴在某一不道德行为中受益，那么这种行为的可接受性就得到了强化，这种行为就更有可能被模仿。社会认同强调个体通过行为实现由个人身份到社会身份的转变，并根据所在的社会群体来定义自己，以保持这种社会身份。个体会根据自己的社会身份来评估同伴的不道德行为，并采取行动。在不道德行为频繁出现的环境中，同伴会为不道德行为提供规范引导（McCabe et al.，1993）。同伴的不道德行为的普遍存在会使个体产生愤怒等负面情绪，从而增加个体作出不道德行为的可能性。布拉斯（Brass，1998）认为，违规是建立社会关系的一种手段，个体通过违规可向社会网络中心靠拢。

在中国的传统社会中，"关系本位"文化根植于"关系"理念（秦亚青，2009）。正如费孝通所说，我们的传统社会格局，就好像把一块石头丢在水面上所发生的一圈圈推出去的波纹。每个人都是推出去的圈子的中心。被圈子的波纹所推及的就发生联系。每个人在某一时间、某一地点所动用的圈子不一定相同。财富、名誉、权力、人情等社会资源通过个人的社会关系获取（周雪光，1999）。人情是社会资本的一种形式，是人际互动及利益往来的桥梁（Yang，1994）。"世事洞明皆学问，人情练达即文章。"这句话就反映了一种非正式的社会义务。中国人在编织关系网络的同时，也被社会义务所束缚（Yeung et al.，1996）。从本质上讲，人情是人们互惠往来的原动力（Tsui et al.，1997）。如果一个人忽视了互惠往来，那么他就会"丢面子"，会损害相关方的利益、伤害相关方的感情，最终危及关系网络的建立。违规就在这种互惠来往中衍生。一方面，人情避开了公共权力的掌握者与普通人之间的正式制度和规则，通过利益输送达到公权私用的目的。情压制了理，违规就出现了。虽然公共权力的掌握者受到正式制度和规则的约束，但其很难从人情关系中抽离，成为"不通情理"的人；相反，往往会运用隐蔽的手段挣脱正式制度和规则的束缚。另一方面，人情能够模糊上级与下级的博弈关系，使他们彼此信任，降低风险和成本，在这个过程中，自下而上的监督受到"碍于面子"的影响。中国的传统社会非常重视面子（Park et al.，2001）。面子是无形的货币，影响个体的社会地位和物质财富。

儒家文化是春秋时期创立的影响最深远、最持久的中华优秀传统文化。"罢黜百家，独尊儒术"是董仲舒提出的建议汉武帝实行的统治政策。儒家文化自此成为我国封建社会的主流意识形态。儒家思想重礼、信善、明德。李文佳等（2021）根据儒家文化的影响强度测定了儒家文化对不同公司所起的作用，发现办公场所和注册地周围200千米内的孔庙数量越多，则公司出现违规行为的概率越低；受儒家文化熏陶越深的公司越爱惜名誉。

2. 中观层面

中观层面的因素包括高管权力、治理环境、治理机制等。

（1）高管权力。英国历史学家阿克顿提出，权力导致违规，绝对的权力诱发绝对的违规（Lord Acton，2001）。中国古代的先贤早在春秋时代就开始思考权力与治国的辩证统一关系。孔子在《论语·颜渊》中提出"君君、臣臣、父父、子子"，强调了权力的神圣，主张统治者树立威信以治理国家。在现代社会，权力是稀缺资产，被少数人掌握。别布丘克等（Bebchuk et al.，2003）提出了管理层权力理论，论证了管理层可能会利用权力为自己谋取更高的薪酬，高管层可能会利用权力寻租和作出机会主义行为。权力带来的便利不仅体现在狭义的薪酬契约方面，还体现在广义的隐性薪酬方面，其中包括在职消费。格林斯坦等（Grinstein et al.，2004）认为，管理层能够影响董事会的决定，并在并购中获得与并购绩效无关的额外收益。卡纳等（Khanna et al.，2015）认为，权力会在一定程度上增大公司违规的可能性。权力越大的高管在舞弊时，手法越隐蔽、越具有迷惑性。

在国内，少数国有企业缺乏明确的所有权主体，未能对管理层进行充分的监督和约束，出现由内部人控制的治理问题。国有企业管理层的权力普遍大于民营企业管理层的权力，因此国有企业的高管更有机会利用权力寻租。一方面，权力越大，高管越难受到规则的制约。国有企业的权力集中是政府放权改革的结果。另一方面，国有企业的"一股独大"①造成企业实际控制权的转移。在隐性违规方面，洪等（Hung et al.，2008）发现，国有企业和私营企业都存在私设"小金库"的现象，目的是向私人分配收益，如奖励高管超额薪酬、满足高管的高消费需求等。权小锋等（2010）发现，管理层的权力越大，则私人收益也越大。

（2）治理环境。"坏木桶"理论认为，个体的非伦理行为，如违规等在很大程度上受到外界环境的影响，其中个体所在的组织和团队产生的影响最大。彼得森（Peterson，2002）通过建立不道德氛围评价模型，在有道德规范的组织和无道德规范的组织中观察个体的不道德行为，认为个体的不道德行为与道德氛围、伦理气候有关。罗（Luo，2005）认为，包括工作环境和制度环境在内的组织环境有助于违规的形成，制度环境包括制度的透明、制度的公平和制度的可实践性等。他认为，组织行为会反映违规，包括系统性违规、操作性违规等。他同时认为，组织绩效来自违规，组织结构能够抵制违规。为了避免发生大规模的违规，组织必须建立一个强大的体系以抵制违规行为。阿弗拉斯等（Umphress et al.，2010）从组织认同和个体互惠的角度出发，研究不道德行为。他们认为，拥有强烈互惠信念、高度认同组织的员工可能会参与亲近组织的不道德行为。公司治理文化是社会环境文化的缩影，包括公司的经营目标、经营理念等。刘（Liu，2016）创造性地评价了公司治理文化及公司违规文化。结果显示，公司违规文化越浓厚，舞弊等违规行为出现的概率就越高。

（3）治理机制。较低的公司治理水平直接导致高管违规的发生（Watson et al.，2010）。一方面，在委托代理过程中，自利行为的出现源于高管激励机制的失效（Cui et al.，2002；Balkin et al.，2000）。高管激励包括物质激励和非物质激励。物质激励包括薪酬激励、股权激励等；非物质激励包括职业晋升、职业培训等职业激励，办公环境改善、企业文化塑造等环境激励，尊重需求、满足自我实现需求等精神激励（程隆云 等，2010）。例如，在环境激励方面，维维奥拉等（Wiewiora et al.，2013）认为，良好的组织氛围、完善的公司制度及优秀的企业文化能够增强高管的归属感。高管会放弃自利行为，并愿意承担公司风险。另一方面，公司治理的约束机制一旦失效，管理层就会拥有更大的自由裁量权，从而在会计评估方面，做出对自己有利的选择（Hogan et al.，2008）。

---

① "一股独大"指在上市公司的股本结构中，某一股东占有最大比例，可以绝对控制该公司的经营。

3. 微观个体层面

"坏苹果"理论认为，个体特征方面的差异会导致舞弊等非伦理行为。这些个体特征包括道德水平、个人经历、工作满意度、价值观等。科尔伯格（Kohlberg，1969）立足心理学的研究视角，认为不同发展阶段的个体的道德水平不同。伴随着道德水平的提高，个体作出非伦理行为的概率会降低（Rest，1986）。除了年龄的增长会强化人们的道德认知外，教育也能够提升个体的道德水准。德拉波塔斯（Dellaportas，2006）强调，在商业和会计课程中增加道德教育，能够提高学生的道德底线，从而使他们在职业生涯中减少非道德行为。黄等（Huang et al.，2003）分析了国有企业的道德风气与高管违规的关系，认为玩忽职守、傲慢自大的道德风气助推了高管违规，最终导致企业破产。还有学者从国籍、宗教、性别、年龄、教育、就业等方面探讨非伦理行为（Ford et al.，1994）。博尔科夫斯基等（Borkowski et al.，1998）运用敏感性分析（Meta-analysis）开展研究，发现女性的伦理态度较男性的伦理态度更明确。同时，随着年龄的增长，伦理态度和伦理行为似乎变得更加道德。高管的个人经历也是影响违规的重要因素。服过兵役的首席执行官（CEO）对管理决策、财务制度和公司绩效产生影响，如更倾向于选择较低的投资，不太可能参与欺诈活动。因此，拥有从军经历的高管所运营的企业往往表现出较高的道德水平，也更少参与违规商业活动（钟熙 等，2021）。

格莱塞（Glaeser，2006）使用美国联邦违规定罪案例来分析违规原因，发现在教育水平越高的州及富裕程度越低的州，违规行为越少。违规与收入、种族的相关性较弱。违规与就业存在微弱的负相关关系。

本部分从宏观层面、中观层面和微观个体层面分析了高管违规的原因。在宏观层面，在中国经济转型升级的背景下，在新旧经济体制过渡的时期，各类寻租活动导致违规问题出现。同时，我国政府以放权改革的方式谋发展，激发市场活力，加之监督机制不健全，这些都加快了高管违规行为的蔓延。在"关系本位"文化中，关系是一种隐性资源，而利益交换则是形成和维护关系的重要途径，违规就在互惠往来中衍生。在中观层面，高管权力的集中、治理机制的不完善，为高管违规提供了内部环境。在微观个体层面，高管违规与道德水平、个人经历、工作满意度、价值观相关。本书将着眼于社会文化、个体特征等非正式制度，将其与扮演"看门人"角色的独立董事纳入研究框架，探讨两者对高管违规的影响。

（二）高管违规的治理

1. 优化宏观环境

近年来，中国共产党以伟大的历史主动精神、巨大的政治勇气、强烈的责任担当推动全面从严治党，坚定不移地推进党风廉政建设，反腐败制度建设取得了新成就。

（1）健全党的组织生活制度，开创全面从严治党新局面。2012年，中央八项规定的颁布开启全面从严治党新征程。为彻底解决官僚主义、形式主义、享乐主义、奢靡之风的"四风"问题，中央出台了一系列指导意见，包括在形式上和行动上厉行节俭、规范公务行为、严禁公款吃喝等，使党内组织生活逐渐严起来、实起来，同时在遏制国有企业高管的隐性违规方面取得了显著成效。王茂斌等（2016）通过双重差分法（DID）测算了党的十八大后"反腐新政"对公司治理的影响，发现反腐制度的出台有助于提高公司治理水平，有效减少盈余管理情形。钟覃琳等（2016）用同样的方法观测到，党的十八大后商旅招待费明显减少。晏艳阳等（2018）测算了2013年前后的隐性违规数据，发现高管的在职消费金额有所下降。

（2）深入推进组织体系建设，形成强大工作合力。党的十八大以来，相关机构持顺了组织关系，明确和落实了反腐责任，增强了违规治理的整体效能。

其一，新设国家监察委员会，颁布《中华人民共和国监察法》，将国有企业管理人员列入监察对象。2018年，我国成立国家监察委员会。其主要职责是维护党的章程和其他党内法规，检查党的路线方针政策和决议执行情况，对党员领导干部行使权力进行监督，维护宪法法律，对公职人员依法履职、秉公用权、廉洁从政及道德操守情况进行监督检查，对涉嫌职务违法和职务犯罪的行为进行调查并作出政务处分决定，对履行职责不力、失职失责的领导人员进行问责，负责组织协调党风廉政建设和反腐败宣传等。国家监察委员会对下列公职人员和有关人员进行监察：中国共产党机关、人民代表大会及其常务委员会机关、人民政府、监察委员会、人民法院、人民检察院、中国人民政治协商会议各级委员会机关、民主党派机关和工商业联合会机关的公务员，以及参照《中华人民共和国公务员法》管理的人员；法律、法规授权或受国家机关依法委托管理公共事务的组织中从事公务的人员；国有企业管理人员；公办的教育、科研、文化、医疗卫生、体育等单位中从事管理的人员；基层群众性自治组织中从事管理的人员；其他依法履行公职的人员。

其二，创新巡视制度，加强党内监督，体现国家治理能力现代化。探索实行"三个不固定"①，以巡视为契机，强化对党员干部的监督管理。部分学者从巡视监督的运作机制和实施效果的角度进行了研究。郑文靖（2013）认为，巡视监督的重要特征是自上而下。巡视监督能够从源头上遏制腐败，从而具备长效的反腐治理功能。唐大鹏等（2017）的研究认为，巡视组巡视内部控制情况，能够对被巡视的中央企业产生"威慑效应"和"说服效应"，从而使其更为关注内部控制改进。孙德芝等（2018）从"威慑效应"和理性选择理论的角度解释了党的十八大后巡视监督能够有效减少国有企业违规行为的原因。

其三，改革领导体制和工作机制，落实责任主体，党委承担管党治党的天然职责。国有企业的党委书记、董事长在双责并履的情境下，能够有效降低违规风险（郝健 等，2021）。党组织成员与董事会成员、监事会成员、高管层之间的交叉任职能够有效减少国有企业高管的隐性违规行为（严若森 等，2019），抑制高管干预薪酬制定、攫取私人利益的行为（马连福 等，2013），防止国有资产流失（陈仕华 等，2014）。国有企业中的纪检监察部门参与违规治理，能够显著抑制高管获取非货币性私有收益（陈仕华 等，2014）。这说明，党组织成员参与公司治理，有助于加强党风廉政建设、提高监督管理水平。

（3）搭建反腐曝光平台，提升全民监督违规行为的积极性。

其一，搭建自下而上的腐败监督平台，夯实群众监督基础。党的十八大后，各级政府开通了腐败举报网站，不少地区升级了原有的平台，采取互动举报方式，如邮箱举报方式、信箱举报方式等，建立了举报有回应、来访有反馈的举报机制。自下而上的监督有力地调动了群众的力量，提升了群众的反腐积极性，织密了反腐的"天罗地网"。李莉等（2019）通过各地的网络问政平台获取投诉信息，发现 2008—2012 年的民众投诉率呈逐年上升状态，但 2012 年后的民众投诉率大幅下降，这足以说明我国的反腐倡廉工作取得了重大成效。

其二，强化新闻舆论监督，发挥传媒在监督中的积极作用。戴克等（Dyck et al.，2008）认为，媒体的监督能够对企业形成"声誉效应"，从而减小企业违规的可能性。米勒（Miller，2006）认为，媒体可以扮演企业的监督者或"看门人"角色。乔（Joe，2009）认为，媒体对董事会的违规行为予以曝光，能够有效震慑管理层，敦促其采取修正措施，从而增加股东财富。休斯

---

① "三个不固定"：巡视组组长不固定、巡视的地区和单位不固定、巡视组与巡视对象的关系不固定。

顿（Houston，2010）研究了商业银行的集中度和所有权数据，发现国家资本占比越大的媒体，其曝光程度就越高，对商业银行的违规贷款治理就越有效。国内学者也对媒体监督的效果进行了研究。刘文革等（2003）从全社会视角出发进行分析，认为违规治理仅限于事后处罚是不够的，我们应建立全社会的事前监督、检举的治理机制，提高全社会的道德水平。于忠泊等（2012）认为，媒体的报道能够提高市场对盈余信息的关注度，增加管理层的压力，改变管理层的盈余管理行为。罗进辉（2012）研究了媒体报道的治理效果，发现高质量的媒体报道能够降低企业的第一类代理问题和第二类代理问题的解决成本，起到外部监督的作用。翟胜宝等（2015）的研究发现，媒体能够有效减少国有企业的隐性违规现象。杨德明等（2012）却认为，只有在政府部门插手干预时，媒体才能发挥一定的治理作用，如抑制高管天价薪酬等乱象。孔东民（2013）认为，媒体虽然能扮演监督者的角色，协助约束管理层，但在某些特定的情况下，媒体与当地企业存在"合谋"行为。

2. 治理中观环境

治理中观环境包括内部治理、外部治理等方面的内容。

（1）内部治理。内部治理包括股权激励、薪酬激励、晋升激励、内部控制等方面。

①股权激励方面。大多数支持代理理论的学者建议企业将对首席执行官（CEO）实行的股权激励，如给予股票、期权，作为监督的补充方式。这是一种公认的公司治理机制，能使管理层的利益与股东的利益相一致（Tosi et al.，1994；Jensen et al.，1990）。适当的激励，可以引导 CEO 做出长期最大化股东财富的决定（Beatty et al.，1994）。奥康纳等（O'Connor et al.，2006）认为，对高管实施股权激励，给予股票、期权，究竟是抑制还是助长高管的非道德行为，取决于高管是否两职合一。冯根福等（2012）构建了非对称的纳什（Nash）讨价还价模型。倘若管理层的持股比例为 γ，在职消费为 C，那么管理层的实际在职消费水平为 $(1-\gamma)$ C。也就是说，管理层的持股比例上升时，管理层的在职消费水平会降低。这里假定的在职消费是协议性在职消费，能够降低企业成本，提升企业价值。

②薪酬激励方面。杰森等（Jensen et al.，1976）认为，引入激励薪酬能使管理者的利益与股东的利益保持一致，从而减小道德风险。莱肯（Leiken，1996）认为，只有政府部门给予公务员一份令他们满意的报酬，他们才有能力抵御贿赂这样的诱惑。里杰基根姆等（Rijckeghem et al.，2001）使用低收入国家的工资数据实证研究了薪酬与违规之间的关系。他们认为，公务员薪酬与违

规之间存在统计上的显著负相关关系，如果要治理违规，就需要大幅提高工资。国内学者万广华等（2012）赞同"高薪养廉"的观点，认为增加公务员的工资能够对治理腐败发挥积极作用。余雅洁等（2018）在对我国的公务员"微腐败"问题进行逻辑推演后得出结论，认为优化公务员薪酬结构，将基本工资提高60%，并建立工资正常增长机制，能够有效防止公务员"微腐败"。赵璨等（2013）认为，在薪酬激励方面，需要对显性违规和隐性违规分别看待。对显性违规，在中央企业中，高薪具有抑制作用，但是在地方国有企业中，高薪不具有抑制作用；而对隐性违规，高薪不仅没有抑制作用，反而具有促进作用。2014年，"限薪令"①的出台标志着中央企业高管的薪酬制度改革拉开帷幕。

③晋升激励方面。纪志宏等（2014）发现，在国有企业中，在薪酬激励、股权激励受到限制的情况下，晋升激励成为相当重要的激励方式。曹伟等（2016）认为，个别国有企业高管在有相当大的晋升可能性的时候，会采取隐性违规方式，以建立和维持各种关系，为晋升铺平道路；而在晋升无望时，更可能采取显性违规的方式，滥用手中的权力，以免其"过期作废"。盛明泉等（2018）发现，个别国有企业高管在晋升无望时，可能会从其他渠道寻求补偿，如增加在职消费、窃取企业利益，从而给企业带来更大的风险。

④内部控制方面。内部控制是防止违规的有效治理方式（Damania et al.，2004）。杨德明等（2015）认为，良好的内部控制能够营造诚实守信的环境，从而使企业遵循法律法规，将违法违规扼杀在摇篮中。严格的内部控制活动会对高管形成威慑。及时准确的信息沟通，可以降低委托-代理的信息不对称程度。因此，高质量的内部控制可以减少高管违规的发生。周美华等（2016）在论述违规治理机制时，提到内部控制能够约束代理人的行为，同时保证委托人按照内部控制制度对代理人进行监督。内部控制有利于高管履行好经营职责，防止违规的发生。内部控制的作用机制是，通过控制管理层的权力来减小违规发生可能性（胡明霞 等，2015）。内部控制对违规的抑制作用，特别是对隐性违规的抑制作用在国有企业中更为明显（牟韶红 等，2016）。内部控制与

---

① 中共中央政治局于2014年8月29日召开会议，审议通过了《中央管理企业负责人薪酬制度改革方案》，该方案最核心的内容是对行政任命的央企高管人员及部分垄断性的高收入行业的央企负责人的薪酬水平实行限高，以此来抑制央企高管获得畸高薪酬，缩小央企内部分配差距，使得央企高管人员薪酬增幅低于企业职工平均工资增幅。会议指出："其他中央企业负责人、中央各部门所属企业和地方国有企业负责人薪酬制度改革，也要参照《中央管理企业负责人薪酬制度改革方案》精神积极稳妥推进。有关部门要加强统筹协调和指导监督，推动改革顺利实施。"这就意味着，地方国有企业改革迈出了实质性步伐。

外部审计在高管违规治理的过程中发挥的是替代效应还是互补效应，一直备受争议。替代效应的支持者认为，内部控制在事前对高管的在职消费进行了规范，因此在职消费的风险在内部控制质量高的企业被降到较低水平。互补效应的支持者认为，内部控制与外部审计互为补充，一个着重事前预防和事中控制，另一个则强调事后审查和追责。外部审计能够为内部控制打好环境基础，内部控制则会为外部审计提供信息支撑。

（2）外部治理。注册会计师审计（也称"社会审计"）制度自1980年重建以来，经历了恢复起步、初步确立、规范发展和趋同提高四个发展阶段（刘明辉 等，2008），帮助人们取得了一系列辉煌成就（汪寿成 等，2019）。注册会计师审计的目的在于，维护资本市场秩序，保护社会公众利益，遏制财务造假，提升会计信息质量。《中华人民共和国审计法》明确规定了注册会计师的审计责任。《中国注册会计师审计准则第1141号——财务报表审计中与舞弊相关的责任》规定，注册会计师应当履行合理的审计程序，获取充分、适当的审计证据，评估识别审计过程中的舞弊和舞弊嫌疑。因此，注册会计师承担的是"经济警察"的责任，在高管违规中应当发挥重要的外部监督作用。王彦超 等（2016）认为，注册会计师能够在监督的过程中有效降低国有企业高管过度吃喝的程度。这是因为吃喝越严重的国有企业，越容易被出具非标准无保留审计意见（简称"非标审计意见"）。王丽娟 等（2019）认为，注册会计师能够通过审查财务报表、账单凭证来发现漏洞，从而抑制高管违规行为。达利瓦（Dhaliwal，2010）认为注册会计师的财务专业知识能够帮助他们在审查过程中发现高管舞弊迹象，从而最大限度地揭露奢靡享受等隐性违规行为。注册会计师能够利用审查结果引起外部（如媒体、监管部门和投资者）的关注，从而向被审计单位施压。

外部治理包括政府审计、市场治理、外部股权治理等方面的内容。

①政府审计方面。政府审计是国家治理的重要组成部分（刘家义，2012）。政府审计在依法治国中发挥着极其重要的作用（张立民 等，2014；谭劲松 等，2012；蔡春 等，2012；彭华彰 等，2013）。地方审计机关责任人的监督能够显著抑制地方国有企业高管的在职消费（褚剑 等，2021）。国内不少学者也对政府审计影响高管违规进行了相对丰富的研究，并得到了一致的结果，即政府审计能够抑制高管违规，包括显性违规和隐性违规（李佳 等，2021；刘瑾 等，2021；胡志颖 等，2019；周微 等，2017）。作为外部治理的一种，池国华等（2021）认为，政府审计在监督高管的在职消费方面与内部控制形成互补关系，两者相互促进，能发挥更大的治理作用。

②市场治理方面。中国的 A 股市场是做多市场，但融资融券交易的引入，使卖空机制——公司治理中重要的外部监督机制得到建立。卖空机制能够提高公司治理效率，能够对委托-代理进行有效约束（陈胜蓝 等，2017）。佟爱琴等（2019）论述了卖空机制的事前威慑作用对高管隐性违规的治理效果。

③外部股权治理方面。李维安等（2008）论述了机构投资者参与公司治理的动机会随持股比例和市值占比的提升而增强，指出机构投资者在专业能力、信息获取和资金实力方面比个人投资者更拥有优势，因此，机构投资者的高管违规治理效果更为显著。李艳丽等（2012）和孙世敏等（2016）认为，一方面，机构投资者拥有突出的技能和丰富的行业经验，熟悉产业信息和行业信息，能够对公司进行有效监督；另一方面，机构投资者也是监督者，双重身份使得其在参与公司治理时更有监督欲望，从而减少高管违规现象。

3. 约束微观个体

约束微观个体需要从加强思想道德建设、提升受教育程度等方面入手。

（1）加强思想道德建设方面。开展思想政治工作能够提高企业高管的思想觉悟和理论水平，使其树立正确的价值观、人生观和世界观，确立远大理想，并不断奋斗、执着向上。在党的建设中，思想建设具有引领性、贯通性、支配性的作用（颜晓峰，2019）。杨爱华等（2006）认为，廉政教育能够发挥预防作用，使人不想违规。

（2）提升受教育程度方面。格莱塞（Glaeser，2006）研究了违规与受教育程度的关系，发现良好的教育能使人追求更高的精神境界，有利于减少违规的发生。王一江等（2008）认为，较高的受教育程度能够保证个体获得较高的社会地位，得到社会的认同与尊重，而违规的曝光可能使这一切毁于一旦，因此考虑到高昂的机会成本，个体会避免作出违规行为。

本部分从宏观层面、中观层面和微观个体层面对高管违规治理的相关文献进行了梳理和整合。

从优化宏观环境来看，我们应当以政府部门为主导，完善相关制度。

从治理中观环境来看，我们可以从内部治理和外部治理两方面入手。内部治理以完善监管制度、监督体系为主导，从股权激励、薪酬激励、晋升激励等方面展开；外部治理的核心内容包括两点：一是制约高管权力，二是完善监督结构。

从约束微观个体来看，我们应加强思想道德建设，提高受教育程度。本书的研究建立在前人的研究基础之上，提出针对高管违规的中观环境治理应在宏观环境中展开。一方面，笔者考虑到高管违规的原因来自宏观层面、中观层面和微观个体层面，因此建议从中观环境入手，结合宏观环境，对高管违规行为进行整治；另一方面，从相关文献看，高管违规治理应多方推进、多角度进行，而不应采取单一的方式。

（三）高管违规的经济后果

1. 宏观层面的经济后果

谢菲尔等（Sheifer et al., 1993）认为，高管违规可以推高价格，降低产出质量和服务水平，可能比高税收更具破坏性，因为其伴随着不确定性。从毛罗（Mauro, 1995）开始，不少学者从宏观经济的角度出发考察了高管违规的经济后果。这些研究发现，高管违规与 GDP 增长存在负相关关系。纳克等（Knack et al., 2006）分析了违规发展的各种路径，包括降低公共服务质量等，得到了相似的结论。但也有学者认为，高管违规是社会发展的"润滑剂"（Huntington, 2008），能够打破管制的约束，消除不完善制度的不良影响。雷（Lui, 1985）建立了"排队模型"，探讨了高管违规的正面效应。"排队模型"认为，政府部门的工作人员在向排队等候的个体发放许可证的时候，以不同的时间偏好实行价格歧视，导致个体可以通过贿赂的方式插队，从而降低等候的机会成本。

2. 中观层面的经济后果

高管违规在市场经济体制不健全的时期具有"润滑剂"和"保护盔甲"的双重作用。莱夫（Leff, 1964）和利恩（Lien, 1986）认为，高管违规是政治制度、经济制度不完善的体现，能够帮助企业免遭偏见和敲诈。亨廷顿（Huntington, 1968）和贝克等（Beck et al., 1986）认为，高管违规能够帮助企业优化资源配置。蔡等（Cai et al., 2011）将娱乐性支出和差旅费支出作为一种衡量企业违规程度的手段。他们发现，娱乐性支出和差旅费支出对企业的发展产生"混合效应"。一方面，娱乐性支出和差旅费支出是企业为与政府部门建立良好关系而发生的隐性违规支出；另一方面，娱乐性支出和差旅费支出是企业为与客户建立良好关系而发生的正常业务支出。然而，娱乐性支出和差旅费支出总体上对企业绩效，包括全要素生产率和劳动生产率都有显著的负向影响。国外学者针对高管违规给企业带来的经济后果形成了多种观点。一部分学者认为，高管违规会阻碍企业成长。菲斯曼等（Fisman et al., 2007）认为，违规率每增加 1%，企业增长率就降低 3%。另一部分学者则认为，企业通过违规，能打破垄断竞争的局面，提高经济效率，推进创新（Krammer, 2013）。

在国内学者中，支持发展观的学者认为，高管违规对企业发展、资源获取、对外投资等有促进效应。李捷瑜等的（2010）研究发现，高管违规刺激了企业发展，这是因为高管能够利用"关系资本"，使企业获得更多的扶持和帮助。刘锦等（2014）驳斥了高管违规在企业创新投入中具有挤出效应和替代效应的观点，认为企业不可能在制度不确定的时期以违规战略替代创新战略，也不可能只寻租而不考虑收益，但寻租的确能为企业带来更多好处，如税收优惠、融资支持等，这些都有利于企业开展创新活动。赵颖（2015）利用2012年的世界银行调查数据开展研究，发现高管违规对企业销售额的增加有正向影响，但高管违规的效应呈倒 U 形。徐业坤等（2016）探讨了高管违规对投资的摩擦效应和润滑效应，认为高管违规可以减小外部不确定性和降低风险，具有优化资源配置的功能，因此高管违规显著提高了中国民营企业的投资水平。张璇等（2017）研究了吃喝消费对企业出口的影响。他们在区分企业产权性质时发现，吃喝费用的增加会减少民营企业的融资约束，进而提高企业的海外销售额，但这一现象在国有企业中并不多见。在招待费开支影响融资约束方面，梁上坤等（2017）、刘锦等（2018）也得到了同样的验证结果。

支持阻碍观的学者认为，高管违规对资本市场反应、信息质量提升、产品竞争有显著的负面效应。张蕊等（2017）发现，在高管构成职务侵占罪并被相关部门查处后，市场上会出现负面消息，投资者会降低之前估计的企业价值。陈骏等（2019）认为，企业有动机进行盈余管理，以掩盖寻租行为，这会影响财务信息质量。辛大楞等（2019）考察了中国企业的营商环境，发现高管违规不利于产品升级和质效提升。

3. 微观个体层面的经济后果

从微观个体的角度来看，高管违规曝光后的主要影响为声誉受损。罗伯茨等（Roberts et al.，2002）认为，高管违规曝光不仅会使企业价值大幅下降，而且会对高管个人的声誉造成消极影响。部分学者根据违规曝光→声誉受损→声誉恢复的路线，研究公司治理的改进措施（Farber，2005；谢香兵 等，2020）。谢香兵等（2020）认为，声誉受损的高管会通过采取比违规曝光前更有效的治理措施来恢复声誉，如提升独立董事的比例。薛健等（2017）从威慑理论的角度出发，分析媒体曝光对高管的威慑效应，认为高管不得不考虑自己的声誉、社会地位及经济现状，因此媒体曝光能够有效抑制高管的隐性违规行为。

二、独立董事相关文献综述

（一）独立董事制度的有效性

以往文献主要通过董事会与企业价值、特定事件之间的关系，推断独立董事的监督功能（Rosenstein et al.，1990；Brickley et al.，1994；Agrawal et al.，1996；Cohen et al.，2004；Gendron et al.，2004；Srinivasan，2005；Turley et al.，2007）。这类研究的内在逻辑是，在不能直接观察监督活动的条件下，使用特征来评估独立董事的监督能力是合理的处理方式。人们普遍认为，独立董事不仅具备监督职能，也具备咨询职能（Masulis et al.，2014）。但独立董事的实际违规治理功能一直饱受争议，部分独立董事在其位而不谋其职、不谋其责，被称为"花瓶"（王兵，2007；Clarke，2006）。独立董事制度在推出之初，就备受争议。与欧美国家自发形成不同的是，独立董事制度在我国的实践只是对国际经验的复制（梁琪等，2009）。部分学者对独立董事制度的建立进行了评价。郑志刚等（2009）检验了独立董事制度自 2001 年建立以来的治理效果，发现直接治理效果并不明显。独立董事制度需要与其他公司治理机制相结合，才能充分发挥治理作用，如调动大股东的治理积极性、实行薪酬激励等。肖曙光（2007）建立了独立董事防范股东相容性风险和代理人相容性风险的混合策略纳什均衡模型，发现独立董事能够防范代理人相容性风险，因此他认为，增强独立董事治理功能的政策、制度还有待完善。郑春美等（2011）的研究发现，独立董事仅象征性地发挥了一些监督作用，很多企业对独立董事参会是有所顾忌的，因此我们应该赋予独立董事特别职权。姚伟峰（2011）认为，独立董事制度不能发挥提高公司运营效率的作用，原因是独立董事的能力参差不齐。当独立董事拥有良好的教育背景、较高的社会地位时，是能够发挥治理作用的，因此独立董事制度改革应该从人才选拔入手。李海舰等（2006）认为，可以成立独立董事协会，以提升独立董事制度的有效性。

担任独立董事常被人们认为是名利双收的美差（周繁 等，2008）。原因如下：其一，独立董事能得到更多的经济收益、物质激励；其二，独立董事受到的监管处罚力度较小。美国对独立董事失职的惩治力度相当小（Black，2006）。独立董事在因监管不力而导致企业受到监管部门处罚时，并不需要承担重大连带责任（辛清泉 等，2013）。

独立董事身兼数职①的现象十分普遍（肖泽忠 等，2007）。这衍生出两种理论：一是资源支持理论，二是小蜜蜂理论。

（1）资源支持理论。支持这种理论的学者认为，独立董事身兼数职，能够获得多元化的信息，为企业提供重要的外部资源，为企业带来增量价值，有助于企业提升经营业绩、管理效率和盈利能力（郑志刚 等，2017）。

（2）小蜜蜂理论。支持这种理论的学者认为，独立董事不可能有足够的时间身兼数职，因此身兼数职无益于监督功能的发挥（Ferris et al.，2003）。龚红（2021）、刘中燕（2020）、胡元木（2016）则关注了技术独立董事的聘请。技术独立董事对企业研发有正向影响，能够增加研发投入，抑制企业高管对研发投入费用的盈余操纵。技术独立董事更注重企业的长期发展，能发挥技术专家作用，促进创新绩效提升。特别是在高新技术企业中，技术独立董事的技术专家作用更加显著。奥德斯等（Audretsch et al.，2006）关注了学者型独立董事的履职效果。大部分学者型独立董事来自高校或科研机构，具有丰富的专业知识储备和较高的文化水平，能够为企业带来多元化的信息。特别是在民营企业，学者型独立董事提升经营绩效的作用更为显著。但是如果学者型独立董事承担了过多的行政职务，则不利于其履行"行监坐守"的职责。部分学者关注官员独立董事的履职效应。官员独立董事能够帮助企业同政府部门建立联系（Lester et al.，2008），使企业规避政策的不确定性、降低运营风险、获得优势资源，但也可能使企业承担更多的社会责任，如提供就业岗位、捐赠更多的物资等。还有部分学者探讨了拥有其他背景的独立董事的履职效果（见表2.1）。

表2.1 拥有其他背景的独立董事的履职效果

背景	履职效果
拥有税收征管经历	显著减轻企业实际税负（赵纯祥，2019）
外国籍	推动企业进行研发（李卿云 等，2018）
北京籍	有助于企业进行股权再融资、进入高壁垒行业及降低风险（全怡，2017）
拥有投资银行或商业银行工作经历	发挥咨询作用，帮助企业缓解融资困难（刘浩 等，2012）；提升收购方价值（孙甲奎 等，2019）

---

① 这里的身兼数职是指除了在上市公司任职外，还在其他单位任职，如学校、政府部门等。

背景	履职效果
拥有注册会计师执业背景或会计师事务所工作经历	减少关联交易中的私有信息（武立东 等，2019）；减少盈余管理行为，提高财务报表质量（Be'dard et al.，2004）；提高盈余质量（王兵，2007）；降低真实盈余管理程度（蔡春 等，2017）
拥有法律行业工作经历	帮助企业规避法律诉讼（Krishnan et al.，2011）；提高企业的市场价值（何威风，2017）
拥有证券行业工作经历	有助于企业增加持股比例，获得超额收益（何贤杰 等，2014）
院士	增强企业的创新能力（许荣 等，2019）

本部分的文献梳理为完善独立董事制度提供了启示：一是要重视独立董事的个体特征对履职效果的影响，二是要关注人情社会中的独立董事的履职效果。

（二）独立董事的履职行为与公司行为

1. 独立董事辞职

独立董事辞职往往会释放某种信号（Fahlenbrach et al.，2010）。临退休的独立董事往往选择悄悄离开。这些独立董事处于职业生涯的末期，觉得没有必要公开说明自己离开董事会的原因，这样也能维护自己的声誉。公开宣布辞职的独立董事大部分在 50 多岁。这些独立董事中的一部分会以忙碌为由，选择在业绩不佳的时候离职；还有一部分会在离职时公开批评公司。公开宣布辞职的独立董事大多是财务专业人士，如审计委员会成员或薪酬委员会成员。他们因公司业绩疲软而辞职，认为高管操纵了盈利。德瓦利等（Dewally et al.，2010）认为，这种公开辞职行为尽管是独立董事出于对自身名誉的担忧而做出的，但可以作为一种对董事会表现不佳的惩罚手段。在中国，独立董事的提前辞职，往往传递了公司治理失败的信号。下一年，公司财务报表重述的可能性会增大（戴亦一 等，2014）。唐清泉等（2006）从前景理论出发，认为独立董事辞职是独立董事在对继续任职于公司而面临的风险和收益进行权衡后做出的决定，因此独立董事辞职会向市场释放公司未来风险高的信号。张俊生等（2010）、王性玉等（2012）均对独立董事辞职带来的市场反应做了研究，发现独立董事辞职会向市场释放消极信号，对股价有显著为负的影响。方先明等（2018）分析了独立董事辞职公告中的语言，发现非规定性（非年龄原因）辞职发生时，如果独立董事辞职公告中没有感谢字眼，那么市场会作出消极反应。杜兴强等（2021）重点关注了独立董事离任后被公司返聘的现象，发现独立董事返聘期间的公司违规概率显著低于独立董事离职后冷却期间的公司违规概率，同时相对于那些没有返聘或较少返聘独立董事的公司而言，返聘更多独立董事的公司，其违规现象显著减少。结论支持了学习假说，即独立董事的知识积累和学习经验能够提升其履职效率。然而，陈冬华等（2017）认为，独立董事只能连选连任 6 年并不利于学习效应的产生，因此提出应当适当延长独立董事的任期。

2. 独立董事异议

中国证券监督管理委员会在 2001 年颁布的《关于在上市公司建立独立董事制度的指导意见》中明确指出，独立董事应当就公司相关事项发表以下几类意见之一：同意、保留意见及其理由，反对意见及其理由，无法发表意见及其障碍。唐雪松等（2010）以独立董事发表异议的独立意见为研究样本，发现独立董事并不存在通过发表独立意见获得声誉的动机。说"不"反而增加了独立董事离职的可能性，因此兼职少或报酬高的独立董事反而不敢说"不"。参考唐雪松等（2010）的研究，陈睿等（2015）考察了独立董事在说"不"以后的"逆淘汰"效应，发现被独立董事质疑过的上市公司更倾向选聘独立性较弱、声誉较差的独立董事，且在这些公司中，尽职的独立董事的离职率相当高。赵子夜（2014）通过对独立董事就关联交易出具的清洁审计意见进行研究，发现"有功"型清洁审计意见能够在市场中产生 0.7% 的风险溢酬，即独立董事的友好情感表达能为其监督效果提供增量信息。郑志刚等（2016）发现，面临内部反对事项及集体异议的独立董事，在换届时不连任的概率更高。

（三）独立董事的社会关系与公司行为

"人脉是金"是多数中国企业认同的经营理念。在错综复杂的社会关系网络中，企业的日常经营管理和战略方针执行几乎离不开关系。奥等（Au et al., 2000）和杨等（Young et al., 2001）的研究指出，相较于西方董事会，中国董事会的资源依赖功能更为明显。在经济体制转型时期，企业往往需要通过非正式制度来建立与外界的联系（Peng et al., 2003；Peng, 2004），因此建立社会关系被认为是独立董事治理研究中资源依赖学说的支撑。

1. 政治关联

政治关联被认为可以产生信息效应和资源效应。信息效应是指效益好的企业和政府部门工作人员会相互选择，政治关联可以作为一种企业未来业绩良好的标志（孙铮 等，2005），向市场和投资者传递有关企业发展前景和声誉的积极信号。资源效应是指政治关联有助于民营企业增强资源获取能力，获得更多的财政补贴，促使企业提升产品的市场竞争力，降低经营风险，增加自身价值。黄珺等（2016）的研究认为，独立董事的政治关联能够帮助企业获得更多资源，增强融资能力。谢志明等（2014）同样认为，政治关联有助于企业获得更多的支持，但这也导致了相关部门的监督意愿下降。

2. 私人关系

亚当斯等（Adams et al.，2003）建立了友好独立董事模型分析框架，从独立董事与首席执行官（CEO）互动的角度研究了独立董事与高管的同乡关系、校友关系等私人关系对独立董事有效履职的影响，认为独立董事与高管建立友好的私人关系有助于独立董事融入公司内部，获得更多私人信息，也有利于独立董事发挥监督职能，提升公司业绩。陈霞等（2018）分析了独立董事与首席执行官（CEO）的校友关系、老乡关系、同事关系等私人关系，认为良好的私人关系有助于独立董事提升监督能力、咨询能力、资源提供能力。然而，罗肖依等（2021）发现，独立董事与CEO建立友好私人关系，虽然有助于增加公司创新投入、提高绩效，但会衍生出"友好成本"，导致高管在创新过程中出现机会主义行为和短视行为。

3. 师生关系

独立董事与董事长能够通过师生关系快速建立信任，有效降低代理成本，增强独立董事的履职效果。李莉等（2020）认为，独立董事与董事长的师生关系有利于解决公司代理问题。

三、连锁独立董事相关文献综述

（一）连锁独立董事的成因

《中华人民共和国公司法》规定，上市股份有限公司董事会成员应当在五人全十五人。《关于在上市公司建立独立董事制度的指导意见》要求独立董事比例不低于三分之一，独立董事可以兼任不多于五家上市公司的职务。这就为连锁独立董事的形成提供了契机。以往的文献利用资源依赖学说、合谋学说、监督与控制学说、银行控制学说、组织合法性学说、职业生涯推进学说、社会聚集学说对连锁独立董事的成因展开分析，概括起来有公共利益和私人利益两种视角（卢昌崇 等，2009）。

1. 公共利益视角

（1）连锁独立董事促进了企业合谋。密苏奇（Mizruchi，1996）认为，企业通过连锁独立董事来规避同业竞争。彭宁斯（Pennings，1980）和布尔特（Burt，1983）考察了美国上市公司的行业集中度与美国上市公司的横向联系之间的关系。彭宁斯（Pennings）发现两者之间存在正相关关系，而布尔特（Burt）发现，在中等集中度的行业中，连锁程度最高。从某种程度上讲，较高的集中度密切了行业内部的联系。但在集中度最高的行业，由于生产者数量少，因此这些生产者不需要通过连锁来设定价格。卡林顿（Carrington，1981）在对加拿大公司的研究中发现，行业内部连锁和盈利能力之间有密切联系。行业内部连锁不断出现的事实表明，有些连锁是为限制竞争而安排的。德雷斯等（Drees et al.，2013）认为，通过形成连锁独立董事、建立企业战略联盟、合营安排、内包采购安排、并购等方式可以实现企业间的友好交流。

（2）连锁独立董事增强了企业对资源的依赖。企业在资源获取方面的依赖性促进了连锁的形成（Dooley，1969；Pfeffer，1972；Allen，1974；Pfeffer et al.，1978；Pennings，1980；Burt，1983；Ornstein，1984；Galaskiewicz et al.，1985；Palmer et al.，1986；Mizruchi et al.，1988；Lang et al.，1990；Sheard，1993）。连锁独立董事的形成折射出企业为突破资源限制、减小竞争环境的不确定性而做出的努力。企业可以利用连锁独立董事的人际关系来形成新的关系或强化现有的关系，从而更好地获取知识、政策、资源等方面的信息。

根据资源依赖学说，连锁独立董事具有释放合法信号的作用。资源依赖学说认为，企业在市场中的生存、发展与社会认同有直接联系，董事在维护公司声誉方面发挥着重要作用（Parsons 1960），而连锁独立董事被认为是企业获取合法资源、获得认可和支持的重要途径。在投资者进行投资决策时，往往会考量投资的风险与收益。公司通过聘请与其他重要组织有联系的个人，向潜在投资者发出信号，表明其是一家值得支持和认可的合法企业（Mizruchi，1996）。因此，企业对合法性的追求是连锁独立董事出现的重要原因。在这种情况下，企业所寻求的与其说是与另一家企业连锁，不如说是与该企业结盟，以达到提高声望的目的。迪马济奥等（DiMaggio et al.，1983）的研究发现，美国银行在提供贷款时会考量公司的声誉，其可能更偏好那些拥有商业银行任职背景的独立董事所在的公司。

（3）连锁独立董事能对企业进行有效的监督和控制。与资源依赖学说的解释相反，一些学者将连锁独立董事的监督视为一种监测手段。有研究结果显示，连锁独立董事与公司绩效并没有相关性。布尔特（Burt，1983）指出，董事会关系与公司业绩之间的关联性较弱。弗里格斯坦等（Fligstein et al.，1992）发现，董事会关系与公司业绩存在负相关关系，认为商业银行、机构投资者、非公益性组织等都可能派人进驻公司，目的并不在于提高公司业绩，而是进行监督，保证自身利益不会受损。这些不一致的研究结论对连锁独立董事的作用给出了另一种解释，即连锁独立董事试图监控连锁公司，特别是对资金进行监管与控制（Stiglitz，1985；Eisenhardt，1989）。当公司与商业银行的交易频繁时，利益相关者会向公司派驻财务代表，控制公司的资金使用。当公司的资金短缺时，派驻了连锁独立董事的商业银行能够快速掌握公司的情况，以防止财务风险进一步增大（Richardson，1987）。

通过对从公共利益视角探究连锁独立董事成因的文献进行梳理和总结，笔者发现，连锁独立董事是公司内部与外部社会文化环境相联系的纽带。监督与控制学说强调商业银行等机构通过向目标公司安插连锁独立董事来达到维护自身利益的目的。虽然监督和控制学说在组织理论中一直扮演着重要角色（Scott，1992），但很难通过实证模型检验连锁独立董事的监督和控制效果。它与资源依赖学说往往很难区分开。因此，现有的关于连锁独立董事成因的分析大多从资源依赖学说的角度展开（Lang et al.，1990；Stuart et al.，2010；Pombo et al.，2011）。

2. 个人利益视角

（1）职业生涯推进学说。独立董事选择在公司董事会就职，其动机可能源于个人利益（Zajac，1988）。从个人的角度来看，加入多个董事会可能会给独立董事带来更多好处。斯托克曼等（Stokman et al.，1991）和扎伊克（Zajac，1988）提出了连锁形成理论，认为应从创造连锁的个体角度来看待连锁，而不应从公司关系的角度来看待连锁。扎伊克（Zajac）认为，个人加入董事会是为了获得报酬、赢得声誉和建立人脉，这对其将来更好地进入更多的董事会或担任更多的职务有帮助。从上市公司的角度来看，个体被聘请为独立董事的原因很多（Mace，1971）。除了前文提到的独立董事能释放合法信号以外，独立董事还能针对公司战略方针提出意见和建议。公司希望董事会成员认真负责，且总保持友好、折中的态度。最有可能符合以上标准的人是公司领导所熟悉的人，如他们的朋友、校友、同乡等。因此，独立董事往往是从一个相对较小的圈子里挑选出的合适的人。当独立董事被更多的公司聘任并形成连锁效应时，其更有可能被选入新的董事会。而与某一公司断绝关系可能会使独立董事变得不那么受欢迎（Davis，1993）。乌西姆（Useem，1984）引用案例说明连锁对独立董事职业生涯发展的影响：一家保险公司的独立董事在他曾经担任总裁的零售公司被另一家公司收购后，没有被提名进入新的董事会。

（2）社会聚集学说。米尔斯（Mills，1956）认为，连锁独立董事不仅是一个词，它更表明了商业社会的重要特征，是利益共同体聚集的结果。在多个董事会任职是独立董事联系并形成凝聚力的重要方式。组织理论将组织视为行动者，而连锁独立董事则是某一组织控制其他组织的工具。社会聚集学说认为，连锁独立董事是行动者，而组织是他们的工具（Ren，2005）。杨（Yeo，2003）认为，尽管每个国家的文化习俗、社会规则和政治属性不同，但每个国家都存在一定的阶层概念，每个阶层都由背景、价值观相似的个体组成，信息在阶层内部可以顺畅地流通，因此个体十分重视自己在所在阶层的权利和利益。连锁独立董事作为一种聚集手段，能使独立董事形成一个阶层（Domhoff，1983），以增强他们影响经济、社会的力量，从而维护自身利益、捍卫阶层权利。

（3）声誉学说。法玛等（Fama et al.，1983）论证了在多家上市公司任职的独立董事，其声誉比一般独立董事的声誉好。在多家上市公司任职是独立董事专业能力突出的体现。菲希等（Fich et al.，2012）提出了声誉效应的概念。对独立董事来说，在多个董事会任职既能汲取经验，又能提高声誉。钟等（Zhong et al.，2017）发现，只有那些对增强社会认同感、提升自身社会声望有较大需求的独立董事才可能会在多家上市公司兼职。

很多学者尝试弄清楚独立董事连锁到底是出于公共利益的考虑还是出于个人利益的考虑，因此他们采用断裂-重构的方式进行验证，其内在逻辑如下：在独立董事因离职或死亡而导致连锁断裂后，如果断裂的连锁得到重构，那么连锁就被认为是出于公共利益的考虑；否则，连锁就被认为是出于个人利益的考虑（Palmer，1983；Stearns et al.，1986）。最早使用断裂-重构的方式来分析连锁独立董事成因的是科宁等（Koeing et al.，1979）。他们调查了797家美国公司的79个断裂的连锁，其中只有6个得到重构。因此，他们认为，断裂的连锁几乎没有得到重构，独立董事连锁应该归因于个人利益，这与帕尔默（Palmer，1983）和米兹鲁奇等（Mizruchi et al.，1986）的研究结论一致（重构率分别为15%和14%）。但奥恩斯坦（Ornstein，1984）在使用加拿大的数据考察5 354个断裂的连锁时发现，40%得到了重构，这说明独立董事连锁既出于公共利益又出于个人目的。卢昌崇等（2009）利用中国上市公司的数据，考察了1999—2006年的重构率，发现有近1/3的断裂的连锁得到了重构，因此赞同奥恩斯坦（Ornstein）的结论。如果出于个人利益的考虑，那么连锁独立董事是治理层用于对公司实施绝对控制的工具；如果出于公共利益的考虑，那么连锁独立董事是公司获得外部重要资源、应对竞争和减小环境不确定性的有力工具。综上，认清连锁独立董事的成因有利于公司清楚地了解连锁独立董事是否能带来公共利益。

（二）连锁独立董事与公司行为

1. 连锁独立董事对公司违规的影响

独立董事因忙碌导致公司治理弱化（Fich，2006），从而被认为是低效率的监督者（Hallock，1997；Fich et al.，2003；Larcker et al.，2005）。从公司治理的角度出发，部分学者提出了忙碌独立董事假说（Ferris et al.，2003）。该假说认为，在多个董事会中任职会使一个人的精力被过度消耗。由于有效的监督需要投入时间和资源（Fahlenbrach et al.，2010），因此繁忙会导致独立董事没有足够的时间和精力来保持执业灵敏度（Lorsch，1992）。科恩等（Korn et al.，1998）对《财富》世界 500 强榜单中的公司的独立董事进行调查，发现一半以上的独立董事认为，过多的董事会任命会成为负担；56%的独立董事表示，他们拒绝了加入新董事会的邀请，理由是时间不够。这些独立董事认为，过多的董事会任命可能会浪费他们的时间和精力，从而削弱他们监督管理层的能力。有学者在忙碌独立董事假说的基础上提出小蜜蜂学说，认为多席位任职造成独立董事无法专注于任何一家上市公司，会导致公司代理成本随独立董事连锁程度的提高而增加（Shivdasani et al.，1999）。比斯利（Beasley，1996）发现，连锁独立董事任职的上市公司越多，则这些上市公司披露的信息质量就越差，且大部分信息是舞弊性质的财务报表的重述。费里斯等（Ferris et al.，2003）认为，在多个董事会任职的连锁独立董事过于忙碌，无法充分监督管理层，会降低公司的市场价值；此外，连锁独立董事因繁忙而减少监督，可能会增加其他形式的公司代理成本，增大公司面临诉讼的风险。

2. 连锁独立董事对公司治理的其他影响

（1）连锁独立董事的声誉效应保证了其治理的有效性。繁忙的独立董事选择多职位兼任，一个重要原因是声誉激励。声誉激励能够促使连锁独立董事发挥监督、治理作用。

（2）连锁独立董事的学习效应为组织间的信息传递提供了可能。凯斯特（Keister，1998）及帕克等（Park et al.，2001）的研究表明，连锁独立董事的社会网络对公司绩效的提升有积极影响，原因是连锁独立董事能带来丰富的资源。阿尔梅达等（Almeida et al.，1999）认为，专利持有人等创新型人才在公司间的流动会造成知识的局部转移，知识会随人才的流动而嵌入不同的组织。人才的流动一方面助推了新知识的产生，另一方面驱动了知识在不同网络群体中的传播。以往的文献证实了连锁独立董事的学习效应会导致公司在进军新的产品市场、股票期权回购、股权激励和会计计量方法选择等方面相互模仿（Reppenhagen，2010）。国内学者的研究包括连锁独立董事对会计师事务所选择、并购目标选择、社会责任报告披露、公司信息质量提升、内部控制等的影响。陈仕华等（2012）发现，连锁独立董事所在的连锁公司在会计师事务所选择上具有显著的一致性。韩洁等（2014）赞同连锁独立董事具备信息传递功能的观点，认为连锁公司成为并购目标公司的可能性更大。韩洁（2015）从组织间模仿的视角出发开展研究，发现连锁公司对目标公司的信息披露起到积极作用。刘斌等（2019）认为，连锁独立董事任职的连锁公司存在很强的会计信息可比性，这些公司的会计政策处理方式趋同。廖方楠（2020）论证了连锁独立董事的声誉效应和学习效应，发现连锁独立董事能够促进连锁公司内部控制质量的提高。但也有大量文献研究了连锁独立董事的低效治理，具体如下：

①连锁独立董事因忙碌而影响其治理的有效性。亚当斯等（Adams et al.，2010）建立了收益成本模型，认为越繁忙的独立董事在每一项工作中投入的精力越少，但他们同时指出，那些被认为繁忙的独立董事，正是因为拥有突出的能力，才被选入多个董事会，这弥补了他们时间不足的缺陷。豪斯（Hauser，2018）认为，连锁独立董事的减少能够提升公司业绩，从而证实了连锁独立董事的忙碌给公司带来负面效应。

②连锁独立董事的信息传递可能产生负面影响。霍斯奇尔（Haunschild，1993）证实了连锁独立董事任职的两个公司回购股票期权的概率相同。布朗（Brown，2011）认为，连锁独立董事能够促进公司使用相同的避税手段，如将购买人寿保险作为避税措施。邱等（Chiu et al.，2013）从财务重述的角度出发，验证了连锁公司在盈余质量层面的相似性，指出前序任职公司如果出现财务重述，那么这极有可能导致后序任职公司也出现财务重述。田高良等（2013）认为，连锁独立董事可能会影响并购公司、目标公司及两者并购后形成的新公司的整体绩效，原因在于连锁独立董事追求个人财富最大化的现象没有引起关注。

（三）连锁独立董事社会网络与公司行为

斯科特（Scott，2011）认为，社会网络是若干不同社会节点的集合。节点，是社会网络中的成员，是串联社会网络的最小单元，通常是个人或组织，而社会网络中的链条可以是某次直接或间接的接触等。节点在不同组织迁移的时候，会为新的组织带来个人知识和隐性资本。在社会网络中，个体具备从中获得关键而稀有的资源的能力。这种能力不是个体与生俱来的，而是个体通过与社会网络中的他人互动获得的，因此波特斯（Portes，1998）称之为社会资本。独立董事的交叉任职形成了独立董事社会网络。具体来说就是，当两个独立董事同时任职于一个董事会时，这两个独立董事就存在关联，并形成连锁。如果这两个连锁独立董事又分别在其他多家公司担任独立董事，那么他们又分别形成多个联结。通过连锁独立董事建立起的联结就是独立董事社会网络中的链条。以往学者基于声誉效应、信息优势对独立董事的履职效果进行了一些研究。本书总结了这些研究中独立董事社会网络带来的正面效应的关键词（见图 2.1）。出现频率最高的是信息资源、声誉等。

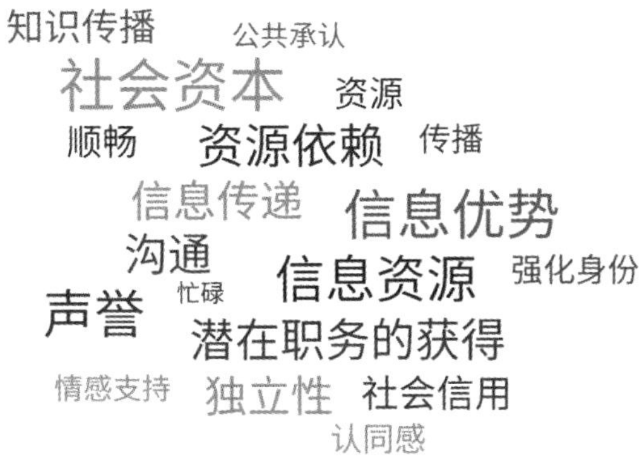

知识传播　公共承认
社会资本　资源
顺畅　资源依赖　传播
信息传递　信息优势
沟通　信息资源　强化身份
忙碌
声誉　潜在职务的获得
情感支持　独立性　社会信用
认同感

图 2.1　独立董事社会网络带来的正面效应的关键词

注：字号越大，关键词出现的频率越高。

陈运森等（2011）认为，越处于社会网络中心的独立董事，越有更多的社会资本和更大的信息优势，且更有能力维护自己的声誉，治理效果也更好，其所在公司的投资效率也更高。同时，声誉效应和信息优势能使高管增强对薪酬业绩的敏感性，从而产生正向效应（陈运森 等，2012）。万良勇等（2014）的研究认为，独立董事社会网络的建立有利于独立董事更好地发挥咨询作用，帮助公司采取并购行动。王文姣等（2017）认为，独立董事社会网络有助于独立董事获得更充分的信息，减少经理人的机会主义行为，降低经理人因信息掌握不充分而做出错误决策的风险。梁上坤等（2018）从信号传递的角度出发，指出处于社会网络中心位置的独立董事会向外界传递出监督和治理效果好的信号，会减小债权人和投资者等相关利益者对会计稳健性的需求。邢秋航等

（2018）从声誉激励的角度出发，指出处于社会网络中心位置的独立董事，其所在的公司更倾向于选择四大会计师事务所，以防止监督不力导致出现重大问题，造成声誉受损。

从社会学的角度看，米尔斯（Mills，1982）和希尔弗（Silver，1990）认为，具有相似个体特征的社会网络能够改变联结个体的道德行为、道德认知，以及基于交换的公允预期回报。黄等（Huwan et al.，2009）认为，独立董事和 CEO 之间的非正式联系基于的是共同的学习、服兵役、生活和工作经历。这些相似的经历，通过同质性促进了行为人之间的互动，增进了行为人之间的联系。行为人更容易相互理解，这是因为与拥有相似特征和经历的人在一起更自在。因此，与 CEO 个人特征相似的独立董事，其监督意愿有所降低、独立性有所减弱，同与 CEO 个人特征不相似的独立董事相比，前者的治理效果更差，表现为独立董事拥有较高的薪酬，但较弱的业绩敏感性和业绩变更弹性。李成等（2016）通过对独立董事与 CEO 个人特征的相似性进行研究，发现内部联结程度显著正向影响公司避税程度。在信息披露方面，陈运森（2012）认为，独立董事越处于社会网络中心位置，则其所在公司的信息披露质量越高。

四、非正式制度相关文献综述

（一）非正式制度与中国经济发展

非正式制度在中国的研究起步于 20 世纪 90 年代。伴随着中国经济体制的转型及中国经济的高速发展，越来越多的经济学家开始重视研究制度对经济发展的影响。中国的经济体制改革是一个渐进式的、不断探索的过程，存在相当长的"双轨制"阶段。制度不均衡是无法避免的，各种制度存在彼此牵扯、相互耦合的关系。在社会发展和经济体制改革中，消除制度不均衡的方式包括诱致性变迁和强制性变迁。林毅夫（1991）强调了意识形态、民族文化、价值观等非正式制度在诱致性变迁中的关键作用。他认为，对制度创新主体或统治者来说，诱致性变迁的交易费用与社会意识形态、习惯等非正式制度直接相关。同时，制度创新主体或统治者的偏好、理性程度直接影响制度的设计和建立。对个人来说，在诱致性变迁出现时，固有观念的改变、信息接收的速度取决于价值观、习惯等。孔泾源（1992）阐述了马克思主义与儒家思想在计划经济体制下的指导作用。随着技术的进步和经济的发展，意识形态、民族文化等非正式制度成为持续提高制度创新效率和节约诱致性变迁交易费用的重要力量。樊纲（1995）同样论述了非正式制度在经济体制转型过程中的重要地位，指出中华传统文化中存在部分非理性元素。在发展中国家，特别是在经济处于转型时期的中国，非正式制度在制度均衡过程中发挥着基础性作用，对资源配置、社会转变、经济稳定和福利完善产生了巨大影响（王跃生，1997；张继焦，1999；陆铭 等，2008）。基于这样的分析路径，我们可以尝试寻求制度均衡中有利于发展更高水平的社会主义市场经济和推进中国式现代化的有利因素，并发现正式制度和非正式制度在中国经济高质量发展时期的新形态。

总之，在中国的悠久历史长河中，有法度严明、制度健全的时期；也有分崩离析、法治缺失的时期。但非正式制度在不同发展时期较为稳定、独立地影响着正式制度，同时又以内部均衡的方式存在、演变着，并渗透到中国经济转型时期的各个方面，产生了积极的效果。

（二）非正式制度与中国社会结构

中国的经济体制改革与社会结构变化密切联系。李培林（1995）论证了社会结构变化是除政府干预和市场调节以外的一只实现资源优化配置的"看不见的手"，并提出"社会潜网"理论。另外，他从推动社会结构变化的基础性力量的视角对正式制度进行论述和探讨，指出正式制度的形成经历了无数次试错。孙立平（1993）认为，改革开放对中国社会结构变化具有重要意义，使得社会能够独立提供资源和自由活动空间，催生了大量行业组织和俱乐部，并对社会生活、经济发展产生了深远影响。

（三）非正式制度与中国企业发展

改革开放以来，中国的企业经历了经济发展模式的转变，其组织形态、结构系统均发生了显著改变，归纳起来包括：第三产业的崛起促进了商业流通企业大力发展，商业银行、电信公司等社会公用企业迅速扩张。广播电视媒体脱离财政拨款而独立核算，多种所有制的出现打破了单一公有制的格局，股份制企业和租赁制企业不断成长、壮大。经济转型时期的正式制度不完善、法律和约束机制缺失，导致企业在"双轨制"运行过程中，不可避免地会发生摩擦和冲突。几千年来形成的非正式制度就作为正式制度的补充，成为企业发展的重要资源。李培林（1993）系统阐述了传统农村中亲缘、地缘网络，家族和姻亲圈，乡亲和语言圈在乡镇企业形成过程中的潜在重要作用，以及"社会潜网"对乡镇企业的影响机制。李雪灵等（2018）发现非正式制度在企业打入市场、同政府部门建立关系的过程中发挥了促进作用。

第三章　理论基础与分析

一、代理理论

根植于信息经济学的代理理论有两大部分内容：委托代理理论和实证主义代理理论（Jensen，1983）。

委托代理理论的研究者关注的是委托代理关系。委托代理理论可以应用于雇主-雇员、律师-客户、买方-供应商等代理关系（Harris et al.，1978）。委托代理理论的重点是确定委托人和代理人之间的最优契约、行为和结果。模型假设三个方面的内容：委托人和代理人之间的目标不一致，有一个可衡量的结果，以及有一个比委托人更厌恶风险的代理人。

实证主义代理理论着重识别委托人和代理人之间的冲突，并阐述限制代理人自利行为的治理机制（Berle et al.，1932）。公司持股的分散一方面使股东行使所有权的动机减弱，另一方面使管理者的影响力增强。简而言之，所有权和控制权之间可能出现冲突。所有者的动机包括三个方面：①在风险可控的情况下获得最大利润；②慷慨而公平地分配利润；③创造有利于投资者的市场条件。管理者的动机可能源于对声望、权力的追求。因此，管理者可能更倾向于根据自己的利益行事而不是根据投资者的利益行事。詹森（Jensen，1976）探讨了公司所有权结构是如何驱使管理层与资本所有者的利益相一致的。法玛（Fama，1980）讨论了利用有效资本和劳动力市场限制高管自利行为的效果。法玛等（Fama et al.，1983）将董事会描述为一个信息系统，大公司的股东可以利用其来监控和限制高管的机会主义行为。詹森和他的研究团队将这些成果应用于研究恶意收购等仍有争议的行为。实证主义代理理论关注代理问题的解决机制。一种观点认为，基于结果的契约在抑制代理人出现机会主义行为方面是有意义的。这种契约将代理人与委托人的偏好相结合，由于双方的回报都取

非正式制度、独立董事与高管违规治理研究

决于相同的行为，因此委托人和代理人之间的利益冲突减少了。另一种观点认为，信息系统也能抑制代理人的机会主义行为。这种观点指出，由于信息系统会将代理人的实际行动传递给委托人，因此代理人意识到自己欺骗不了委托人，这就能有效地抑制代理人的机会主义行为。在代理理论中，监督高管行为的重要信息系统是董事会。独立董事介入董事会，可以充当仲裁者的角色，解决高级管理人员与剩余收益索取者之间的代理问题。独立董事有提高自己声誉的动机，因而不会与管理者合谋侵犯剩余收益索取者的权益。

艾森伯格（Eisenberg，1976）认为，独立董事能够解决公司治理中的代理问题。贝辛格等（Baysinger et al.，1989）发现，公司业绩与独立董事比例有相关性，即较高的独立董事比例能显著提高公司业绩。科斯尼克（Kosnik，1987）发现，独立董事会拒绝公司收购者的绿票讹诈①。事实上，很多公司也意识到独立董事存在的必要性。维斯巴赫（Weisbach，1988）发现，公司在经历了一段时期的低速发展后，可能会通过替换内部董事来提升公司业绩。在一项关于 CEO 更替的研究中，维斯巴赫发现在很多股价表现较差的公司和 CEO 离职的公司，董事会是由独立董事主导的，而不是由内部董事主导的。然而，凯斯纳等（Kesner et al.，1986）提供的研究证据表明，独立董事比例与公司违规行为没有直接关系。布鲁德尼（Brudney，1982）指出，只有独立董事介入公司治理，才能保证管理层不越权。由于独立董事具有相对于内部管理人员的较强独立性，因此其能更好地对公司进行监督和管理（Walsh et al.，1990）。

二、资源依赖理论

在组织行为研究中，资源依赖理论的主要观点是，必须将组织同与之竞争和共享稀缺资源的其他组织置于同一背景下进行研究（Yuchtman et al.，1967；Aldrich，1971）。组织之间竞争和共享稀缺资源的后果之一是某个组织会对其他组织形成依赖。组织有效性是指组织利用环境获取资源，同时掌握谈判主动权的能力。佩弗等（Pfeffer et al.，1978）提出的资源依赖理论认为，公司需要与其他组织进行关键资源的交换，以应对外部环境变化带来的挑战。佩弗等（Pfeffer et al.，1978）注意到，当一个公司任命一个人进入董事会时，这个公司希望这个人支持公司，关心公司的发展，不断地将公司介绍给他人。他们认

---

① 绿票讹诈指单个或一组投资者大量购买目标公司的股票。

为董事会的资本包括人力资本和关系资本。扎赫拉等（Zahra et al.，1989）提到了董事会所具有的另外两种功能：服务和建议。他们将服务功能描述为提高公司声誉，帮助公司与其他组织建立联系；将建议功能描述为向 CEO 提供意见和建议，作出分析或提出替代方案，积极参与战略制定。虽然扎赫拉等（Zahra et al.）没有详细阐述他们区分服务和建议功能的理论基础，但这两种功能显然都符合佩弗等（Pfeffer et al.，1978）对董事会向组织提供资源的描述。与此类似，约翰逊等（Johnson et al.，1996）在对董事会的研究中，将服务功能定义为就管理问题向 CEO 和经理提供建议，将资源依赖功能定义为促进公司获取至关重要的资源。希尔曼等（Hillman et al.，2003）认为，监督功能和资源提供功能是董事会的两大功能，两者都与公司业绩相关。他们认为，整合代理理论和资源依赖理论的观点是很重要的，将两者结合，可以减少相关研究领域中存在的短视行为。代理理论和资源依赖理论都忽视了董事会的另一种职能（监督职能），因此这两种理论对董事会影响公司绩效的理解是不全面的。

资源依赖理论的实证研究表明，董事会资源对公司绩效有显著正向影响（Boyd，1990；Dalton et al.，1999；Pfeffer，1972）。其逻辑是，董事会资源有助于公司减少对外部组织的依赖（Pfeffer et al.，1978）和不确定性（Pfeffer，1972），降低交易成本（Williamson，1984），并最终帮助公司提高经营业绩（Singh et al.，1986）。

三、互惠理论

互惠理论的研究者认为，互惠发生在两个或两个以上公司的合作期。这些公司彼此往来、友好互利（Dooley，1969；Sweezy，1972；Allen，1974；Koenig et al.，1979）。在上榜《财富》世界500强的公司中，有大约60%的公司设有商务关系协调员的职位，商务关系协调员的工作就是签订互惠协议。这些协议可以用来排挤竞争对手，稳定价格，限制供应商讨价还价。通过连锁独立董事形成的连锁公司更容易形成这种互利互惠关系。因此，安排连锁独立董事是一个控制相关公司、与相关公司建立互惠关系的较好选择。

除了组织间会形成互惠关系以外，组织内部的个体间也会形成互惠关系。中国向来有"投之以桃，报之以李""滴水之恩，涌泉相报"的传统美德。图恩瓦尔德（Thurnwald，1932）认为，互惠是指个体间的交换过程，是至关重要的社会原则。古德纳（Gouldner，1960）从互惠的角度阐述了社会交换的基本假设，认为互惠是普遍道德规范，在维持社会系统的稳定中发挥着积极作用。陈等（Chen et al.，2009）的研究认为，美国人与陌生人互动的愿望比与朋友互动的愿望更强烈；而中国人更倾向同熟悉的人进行互动，如亲人、同事。李等（Li et al.，2010）将互惠理论运用在领导-员工关系的研究中，他们调查了54个工作小组中的200名中国员工，发现领导-员工关系直接影响员工对工作的满意度及对工作的认真程度。当员工认为领导可能给予自己更多报酬时，会提高工作投入程度。黄（Hwang，1987）的研究认为，互惠在中国属于人情范畴。人情意味着一种社会机制，个体可以利用这种社会机制获取所需的资源。人们倾向于在与周围不同的人互动时采用多种行为标准（Fei，1948；Hsu，1953）。当资源分配者被要求分配一种社会资源以使诉求者受益时，资源分配者首先会仔细考虑其与诉求者之间的关系。在这种情况下，资源分配者可能陷入所谓的人情困境。如果资源分配者坚持公平原则，拒绝给予诉求者特殊的帮助，那么资源分配者可能会破坏其与诉求者之间的关系。因此，在很多情况下，资源分配者无法拒绝人情，从而满足诉求者的需求。

四、社会网络理论

（一）嵌入理论

嵌入理论通常被认为起源于格兰诺维特（Granovetter，1973）的弱关系理论（SWT）。但格兰诺维特的老师怀特（White）早在《市场的起源》"Where Does the Market Come From?"一文中就将市场看作一个大网络，指出生产行为是生产者在市场的大网络中通过模仿学习而形成的，包括定价等。但由于怀特在描述网络时，语言晦涩，含义不被人们所理解，因此格兰诺维特针对社会网络的研究才引起人们的广泛关注。格兰诺维特（Granovetter）的弱关系理论的第一个前提是，两个人之间的联系越紧密，他们的社交世界就越有可能重叠——他们将与相同的第三方建立联系。这种联系具有传递性。但是，同质性是弱传递性的。这是因为，如果 A 与 B 相似，而 B 又与 C 相似，那么 A 与 C 可能也有一些相似之处。从某种程度上讲，联系是由相似性引起的，这也会导致相联系的事物的传递性较弱。SWT 的第二个前提是，桥接关系是新颖想法的来源。桥接关系指一个人与其朋友的朋友之间的联系。在图 3.1 中，A 与 G 的关系为桥接关系。格兰诺维特（Granovetter）认为，牢固的关系不太可能成为新信息的来源。原因如下：桥接关系可能不太牢固。根据 SWT 的第一个前提，如果 A 和 G 有强关系，那么 G 应该和 A 的其他强关系朋友有弱关系。但如果这是真的，那么联系 A 和 G 的就不可能只是一座桥梁。因此，只有弱关系才能形成桥梁，也才是新信息的最佳潜在来源。

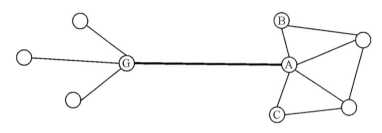

图 3.1　弱关系理论中 A 与 G 的桥接关系

格兰诺维特用 SWT 解释为什么人们经常通过熟人而不是密友获得有关工作的消息。这说明拥有更多弱关系的人更容易取得成功。格兰诺维特还将 SWT 应用于群体层面。他认为，许多紧密联系的组织或公司，其地方凝聚力很强，但全球凝聚力较弱；相比之下，弱关系较多的组织或公司，其地方凝聚力较弱，但全球凝聚力较强。

但格兰诺维特（1985）批判了过度社会化和个体利己行为导致的社会化不足现象。经济在现代社会中是一个日益分离、分化的领域，经济交易不再由那些交易者的社会义务来定义，而由个体收益的理性计算来定义。个体按计算结果行事，并不过多地受到社会网络和社会环境的影响。格兰诺维特不赞成过度社会化。他认为，个体应该嵌入合适的社会网络。不同的社会网络和社会环境会对个体行为产生不同的影响，这些影响在不同个体身上会有细微的差异。他举了一个火灾的例子，用于解释社会网络和社会环境对个体行为的影响。当公共场所，如电影院、剧院发生火灾时，人们就会拼命地往出口跑，而出口往往会产生拥堵，造成大部分人无法逃生。如果是家中着火，则人们不会像在公共场所那样形成拥堵，而是会有序离开。如果社会网络和社会环境不会对个体行为产生影响，那么人们在公共场所的逃生行为与在家中的逃生行为应该没有区别。之所以有差异，是因为所处的社会网络和社会环境带来的影响是不同的。

关于劳动力市场中强关系和弱关系的有效性，实证研究提供了好坏参半的结论。格兰诺维特（1974）对波士顿郊区的研究表明，专业人员通过弱关系获取工作信息的频率高于通过强关系获取工作信息的频率。然而，渡边（Watanabe，1987）发现，在日本东京，专业技术工作者的情况正好相反。此外，在纽约北部地区的一份调查数据显示，弱关系比强关系更容易获得帮助（Lin et al.，1981）。尽管荷兰的一项研究（DeGraaf et al.，1988）重复了这一结果，但在底特律地区的一项调查（Marsden et al.，1988）没有观察到关系强度和社会地位之间的联系，这意味着在争取社会资源方面，强关系和弱关系可能同等重要。边（Bian，1997）的分析和发现进一步拓展了社会网络在我国环境中的运用。他发现，在中国，强关系的作用大于弱关系，强关系是求职者的重要社会资源、社会资本，有助于求职者获得更多的求职机会。他在对天津的一项调查中发现，工作机会几乎来自强关系而不是弱关系，直接或间接的强关系都有助于职位的获得，但利用间接强关系的求职者比利用直接强关系的求职者更可能获得优质的工作。

（二）结构洞理论

另一个著名的社会网络理论是布尔特（Burt）的结构洞理论。布尔特（Burt）认为，图 3.2 中的节点 A 和节点 B 虽然拥有相同数量的联结点，但节点 A 的社会网络比节点 B 的社会网络能够带来更多的新信息。由于 B 的联系人是相互关联的，因此 B 从 X 处获得的信息很可能与 B 从 Y 处获得的信息相同。相反，三条纽带将 A 与社会网络中的三个小区域联结起来，这些小区域可能知道不同的事情。A 将三个小区域联结起来，形成三个信息池，而 B 只涉及一个信息池。布尔特认为，在任何既定的时间，A 都可能比 B 接收到更多的非冗余信息。这些信息可以被更好地用于工作或作为新想法的来源。布尔特的理论与格兰诺维特的理论有所不同，差异主要体现在语言方面。在布尔特的语言中，A 比 B 有更多的结构洞，这意味着 A 有更多的非冗余联结。在格兰诺维特的语言中，A 比 B 拥有更多的桥梁。但是，无论是非冗余联结还是桥梁，它们带来的结果都是一样的：能获取更多的新信息。由于意见和行为在群体内部比在群体之间更相似，因此跨群体的联系更可能使人改变固有的思维方式和行动方式，从而面临更多的选择。综上，新思想从群体之间的结构洞中产生的概率更大，A 也较 B 更有可能提出好想法。

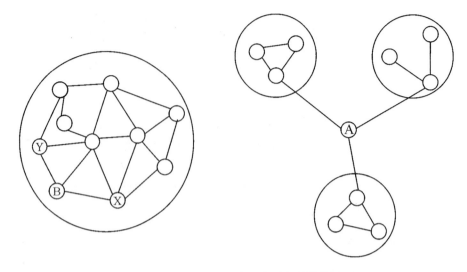

图 3.2　节点 A 比节点 B 有更多的结构洞

格兰诺维特进一步认为，关系的强弱决定了关系是否会起到桥梁作用。布尔特对此并不反对，甚至提供了研究证据，证明了桥接关系属于弱关系，因为其更容易消失（Burt，1992；2002）。区别在于，格兰诺维特更倾向于远端原因（关系的强度），而布尔特更倾向于近端原因（联结）。前者提供了一种具有吸引力的违背直觉的理论，而后者直接抓住了关键要素，从而为理论的发展打下了坚实的基础。布尔特的结构洞理论认为，处于结构洞位置的个体不仅能够获得更多非冗余信息，还可以拥有较强的行动自主性，甚至不依赖任何一个子网络。同时，这样的个体被认为具有更高的社会地位，因为其可以在任何一个子网络中游走。

五、社会认同理论

社会认同指个体意识到自己归属于特定群体，而且他获得的群体成员身份会赋予其某种情感和价值意义（Tajfel，1972）。也就是说，社会认同是群体成员的自我感知，当个体参与群体行动时，社会身份就变得与个体紧密相关。比如，个体在奥运会期间对本国运动员的热情支持，以及对自己国家获得多少金牌的重点关注，都可以用国家（社会）认同来解释。个体的参与感、荣誉感可以从与他人分享某种归属感中获得，个体甚至无须与他人有密切关系或共同利益。

社会认同理论借鉴了费斯廷格（Festinger，1954）的社会比较理论，认为个体有一种向上的驱动力，这种驱动力会导致个体同与自己相似或优于自己的人进行比较。这些比较使个体能够对自己的能力、立场态度和经验进行评价。社会认同理论假设，一个人的社会认同可以通过比较来阐明，但一般来说，这种比较是在群内或群外进行的。个体对积极自我评价的渴望为社会群体的断裂奠定了基础。从一定程度上讲，个体对群内认识的倾向性会使个体采取积极行动，这反过来会进一步增强个体对群体成员身份的认同。群体分化形成了不同特征，而比较和对群体成员身份的追求则有利于协调群内的差异。当社会认同显著时（如我是中国人），一个人就能意识到自己所具有的能将自己同他人区别开来的特征。早期的研究证据表明，当任意定义的群体成员身份突出时，被测试者会偏向选择自己所属的类别，尽管他们不知道其他成员是谁，也没有获得任何奖励（Turner，1981）。可见，是群体成员的自我认知，而不是群内的人际关系或群外的社会压力导致了群体行为的一致性和协调性。

六、非正式制度

（一）新制度经济学中的非正式制度理论

新制度经济学派的代表人物诺斯对非正式制度概括如下：非正式制度是指人们建立的更普遍、更容易流传下来的约束人与人之间的关系的非成文行为规则。尽管制度的变迁造成了社会发展轨迹的不同，但是非正式制度被保留下来，并被称为部分文化遗产（North，1990）。通过语言、行为的相互影响及知识的传播，非正式制度得以一代一代传承。非正式制度的出现和持续存在得益于新制度经济学中的"新经济人"假设，追求效用最大化是"新经济人"的行为偏好。新古典经济学对人的自利行为进行了拓展，提出了机会主义和回避义务。有学者认为，"新经济人"有采用一切手段，坚持机会主义，追求利益最大化的倾向，尽管在这一过程中可能作出非伦理、非道德的行为，甚至损人不利己的败德行为（Richard，1994）。阿尔奇安等（Alchian et al.，1972）认为，造成市场失灵的原因是机会主义行为，并把机会主义行为归入回避义务的范畴。他们指出有限理性的双方并不能在交易合约中做到面面俱到，因此企业应通过协调手段杜绝偷懒和机会主义行为。

（二）社会学中的非正式制度理论

在社会学中，斯塔德克（Startk）和维克多（Victor）所在的社会学派研究了族亲、社会网络、组织关系、文化传统对社会经济发展的影响。瓦尔德（Walder，1988）阐述并研究了中国 20 世纪 80 年代以前，计划经济体制下的人际关系对关键资源再分配的影响。他发现，领导更偏好下属中与自己亲近的员工。这种关系是正式关系和私人关系结合的产物。基于这种关系，人们更容易形成小团体，从而违背公平原则。在组织之外，存在一种横向社会关系，即通过正式聚集而形成的短期或长期关系，如战友关系、同窗关系、老乡关系、邻居关系等。这些关系可能被用来谋求超额收益。这些关系的建立并不单纯出于情感表达，也可能出于特殊目的，如在一定时期或一定范围内对关键资源进行再分配。在社会学范畴，非正式制度对社会发展具有潜在的巨大影响。

（三）非正式制度：人情、关系及面子

在中华五千年文明史中，"关系"二字已经根植于人们的内心。在中华人民共和国成立前，在物资匮乏的年代，百姓的生活是充满不确定性的。土地、食物和水资源的供给有限，加上天气变幻莫测，这些使得百姓经常遭遇饥荒。恶劣的生存环境为关系萌生提供了土壤。人们通过加入宗族等寻求大于家庭力量的支持。

根据孔子的说法，"仁"是一种内在品德，即"克己复礼"，指的是克制自己的不正当欲望，使自己的言行符合礼制，正所谓"非礼勿视，非礼勿听，非礼勿言，非礼勿动"。可见，在儒家思想中，关系被赋予了负面的评价。儒家思想鼓励对他人"乐善好施"，而不是将他人作为实现欲望的工具。汉代的班固在《白虎通义》中说："三纲者，何谓也？君臣、父子、夫妇也。""纲"被用来定义社会中最亲密的关系，反映了封建社会中君臣、父子、夫妇之间的一种特殊道德关系。在儒家思想中，人与人之间的道德关系通过"伦"来体现，父子、君臣、夫妇、兄弟、朋友构成了"五伦"。"伦"代表的是人与人相处的"差序"，这与费孝通提出的"差序格局"类似。从理论上讲，"差序格局"是在"伦"的基础上建立的等级制度，是对"伦"的拓展与延伸。而在实践中，"差序格局"表现为以自我为中心的具有伸缩能力的社会关系法则（费孝通，1998）。人们按照血缘、地缘、经济、政治、文化形成了"差序格局"的同心圆圈子。当问题的解决超出个人能力范围时，社会关系网络就会被利用起来，以实现预期目标（Redding et al.，1982）。"差序格局"模糊了私

人关系与公共利益、正式制度与习俗惯例的界限，帮助私人实现目的、谋取利益（肖瑛，2014）。

面子是一种无形资本，象征着个人的地位、尊严和财富。维护面子对很多人来说很重要。面子有助于人们建立和拓展自己的关系网络（Yeung et al.，1996）。人情是另一个与关系有关的名词。在本质上，社会关系网络中的互惠规则就源于人情。关系并没有规定人情交换的范围或频率。社会成员通过一种无形的、不成文的互惠规则、公平准则联系在一起。如果一个人忽视了互惠规则，就会颜面扫地，破坏社会关系网络中相关方的感情，并最终危及社会关系网络。

独立董事作为理性经济人，嵌入复杂的社会关系网络中，其行为举止被打上了关系的烙印，并随社会环境的变化而改变。独立董事在不同的社会环境中建立的关系会反过来影响独立董事监督责任、咨询义务的履行。因此，在分析独立董事对高管违规的监督效果时，我们不能忽视独立董事所处的社会环境及社会关系网络。

（四）非正式制度：个人技巧及惯例

个人技巧类似于惯例，在组织实践中发挥重要功能，是刻画个人行为的基础，因而技巧和惯例是演化经济学中的基本概念。技巧指的是对一种工作方法的熟练灵活运用。尽管技巧的获取需要具备一定的基础知识，但这些知识大多是默示知识（Polanyi，1983），即讲授人难以清楚说明的操作知识。一般来讲，有三种原因限制了默示知识的传递：一是信息传递所需的速率与完成操作的速率不一致，前者大大低于后者。二是储备的操作知识有限，有些操作可能基于本能，而操作人并不知道具体理论。三是以点概面地根据局部想象整体并不容易。在运用技巧进行操作的过程中，行为人往往意识不到其面临无数行为选择，这种行为选择往往也构成了技巧本身。技巧的优势在于，它使人们能够高效地避开只有依靠审慎选择才能完成的操作。尽管技巧的使用过程可能是谨慎的，但审慎选择可能导致行动的拖沓，甚至失误。个人技巧的长期使用可能成为习惯。《说文解字·习部》中对"习"的解释为"数飞也"，即鸟在学习飞翔时须不断地振翅，从而掌握飞行技巧。因此，习惯、惯例强调动作的不断重复。在组织实践中，惯例类似基因一样存在于所有制度中，它承载着组织中的固有信息、专业技能和默示知识，并不断在信息的传递过程中被复制，具有一定的惰性和一定时期的稳定性。个人技巧和惯例随着时间的推移而发展、变化。熊彼得（Schumpeter，1934）认为，创新指新组合的出现，也指在原有惯例的基础上重新进行整合。如果新组合能够在操作方面给予人们明晰的指导，那么其就属于有效创新。

在实证研究中，许多关于公司决策的研究隐含了新古典主义观点。在该观点中，公司管理者同质、无私地加入生产过程。不同管理者被认为是彼此的完美替代者。在这种情况下，单个管理者对公司决策的影响很小。两家拥有相似技术、要素和产品市场条件的公司，无论是否拥有相同的管理团队，都会做出相似的选择。对管理上的差异如何转化为企业的选择，有两种截然不同的解释。

第一种解释是，标准代理模型的延伸。在标准代理模型中，如果公司的经营状况不好或资源有限，那么管理者可以将自己的独特风格强加于公司，为公司打上个人习惯的"烙印"。根据这种观点，管理者的影响力可能会随内外部控制的减弱而增强。此外，如果某种管理风格比惯例更能提高绩效，那么管理严格的公司可能会选择风格更适合的管理者。

第二种解释是，管理者在公司实践中的特定效应是新古典主义模型的扩展。在新古典主义模型中，管理者与公司的匹配目标各不相同。在这种情况下，管理者并没有将他们独特的个人技巧和风格强加给他们领导的公司，而是被公司有目的地选择。例如，董事会在需要决定是否进入外部扩张阶段时，会聘请一位有进取心且在战略扩张方面有经验的新经理。伯特兰等（Bertrand et al.，2003）发现，只有当公司的最优策略随时间的推移而发生变化时，投融资、财务等方面的治理实践中才会产生显著的管理者效应。事实上，如果一个公司给定的最优策略是不变的，那么新任管理者的风格将只是对前任管理者风格的延续。葛永波等（2016）研究了管理者的个人监督风格和管理习惯，看其究竟是随意"烙印"在公司中，还是要经过公司的理性筛选和主动识别。结论与伯特兰等的研究一致，支持了企业主动风格假说的成立。罗勇根等（2021）认为，高管的知识储备、思维惯性影响其对宏观形势的认知，进而对公司管理行为产生影响。

（五）非正式制度：儒家思想及中华优秀传统文化

儒家学说始于周公，由孔子整合并继承，成为影响中国人心理和行动的重要力量。从"礼"到"仁"，儒家思想作为中国社会道德的源泉，在无形中规范着人们的行为并强调自觉性。道德观需要在人与人的互动中不断强化，并以国家、社会群体、家庭为单位推广、普及。根据儒家思想建构起的社会具有坚实的理论基础，强调人人参与。儒家思想对"礼"既强调应"人人遵从，面面俱到"，又把它提升到区分人与飞禽走兽的、人之所以为人的高度。概念本身没有确切的含义，但会随着情况的改变而变化。儒家思想在中国社会的各方面都达成了统一，从家庭孝道延及事君治国，从修身齐家到平天下，将家与国、个人与社会、仁与义、孝与忠融为一体，成为中华优秀传统文化的重要组成部分。事实上，儒家思想作为中国重要的文化伦理，已深深扎根于中国人的内心。在快节奏的现代社会中，它填补了一些人的精神空虚（Du，2015）。总之，儒家学派提出了一套实用规则，用以约束人们的行为，从而激发了人们对权威的尊重、对和谐的渴望，使人们表现出保守、满足、宽容（Fam et al.，2009）。卢（Lu，1997）指出，中国的商业伦理起源于中国文化。可见，作为中华优秀传统文化的重要组成部分，儒家思想对指导中国人的行为发挥着巨大作用。

七、独立董事治理高管违规的分析框架

（一）独立董事监督高管的理论分析

塞贝利斯（Tsebelis，1990）建立了一个博弈模型，将犯罪看作罪犯与警察之间的博弈。塞贝利斯（Tsebelis）发现，在均衡状态下，刑罚的加重对犯罪行为没有影响。然而，惩罚的增加会降低执法的频率。因此，为了在均衡状态下减少犯罪活动，相关部门必须调整警察的报酬结构。根据塞贝利斯（Tsebelis）的观点，本书建立了独立董事-高管违规博弈模型。

1. 模型的基本假设

本书构建了由独立董事、高级管理人员（以下简称"高管"，包括内部董事、执行董事、董事会秘书、经理、财务负责人等）两类主体参与的监督机制。独立董事对高管的机会主义行为进行监督，从而识别高管的道德风险和逆向选择问题；同时，独立董事通过提升内部控制效率、健全高管激励机制等途径，抑制高管违规行为的发生及恶化，间接对高管违规行为进行监督。身为"理性经济人"的高管坚持自身利益最大化，因此会面临违规和不违规的两难选择。对高管来说，他们首先会考虑是否需要违规。他们的最优选择是违规，因为从自身利益最大化的角度看，只要违规不被发现，他们就可以获得违规带来的额外效用。因此，高管的行动后果既包括违规带来的额外效用，又包括本书第二章讨论的违规后果。这样，高管也可能选择廉洁。独立董事也面临两种选择，一种是监督；另一种是不监督，甚至是合谋。基于上面的分析，我们可以发现，独立董事和高管存在较为明显的博弈。为了进一步考察两者在高管违规治理过程中的行动策略选择和博弈均衡，本书构建了独立董事-高管违规博弈模型。在不考虑社会环境中个体间的社会互动时，模型的基本假设如下：

（1）博弈方参与主体：独立董事和高管。

（2）理性经济人假设：独立董事和高管都是理性经济人，都追求自身利益最大化，且在追求自身利益最大化时不会考虑其他博弈方的利益。高管在公司治理过程中会作出违规和不违规的行为，以实现自身利益最大化；独立董事对高管违规行为会选择监督或不监督，甚至合谋，以实现自身利益最大化。

（3）策略：在独立董事和高管的博弈中，高管有两种策略，即违规和不违规；独立董事也有两种策略：监督和不监督（合谋）。

（4）假定高管选择违规，这时如果独立董事选择监督，则独立董事的得益为0；如果选择不监督，则独立董事会因偷懒、节省监督精力而得益 R。高管违规时，如果被独立董事监督，则高管会被惩罚，得益为负数（$-P$）；如果监督缺位，则此时高管会获得违规带来的额外效用 X。

（5）假定高管选择不违规，这时如果独立董事选择监督，则独立董事的得益依旧为0；如果选择不监督，则独立董事同样会因偷懒、节省监督精力而得益 R。此时，独立董事选择监督与否都不会对高管产生影响，高管的得益均为0。

（6）高管违规的概率为 P_g，选择不违规的概率为 $1-P_g$；独立董事选择监督的概率为 P_c，选择不监督的概率为 $1-P_c$。

2. 博弈的构建

根据以上假设条件，本书不考虑社会环境中个体间的互动关系，并构建独立董事-高管违规博弈模型（见表3.1）。

表3.1　独立董事-高管违规博弈模型（1）

项目		独立董事	
	是否违规	监督（P_c）	不监督（合谋）（$1-P_c$）
高管	违规（P_g）	（$-P$, 0）	（X, R）
	不违规（$1-P_g$）	（0, 0）	（0, R）

在不考虑社会环境中个体间的互动关系时，独立董事选择占优策略——不监督（合谋），而高管会根据独立董事的占优策略，选择自己的占优策略——违规。因此，这个博弈模型是纯策略的完全占优策略（违规，不监督）。我们

可以预见，在独立董事-高管违规博弈模型中，独立董事和高管会选择有利于实现自身利益最大化的策略，从而导致独立董事对高管违规的监督缺位。

3. 考虑社会环境中个体间互动关系的博弈模型假设

在中国的"关系社会"中，我们需要考虑人情因素。人情指的是一套社会规则。为了与他人和睦相处，人们必须遵守这些社会规则。这些社会规则包括两种基本社会行为：①通常情况下，人们会通过交换礼物、相互问候、彼此拜访来建立和巩固社交网络；②如果一方面临困难，那么另一方应该施以援手，体现人情（Hwang，1987）；③竞争弱化，将人情用于公司治理、社会治理，任人唯亲。不以能力为人才选择条件，而是讲感情、论友情，导致基本的绩效考核制度失效。

因此，在考虑社会环境中个体间的互动关系时，独立董事-高管违规博弈模型假设将发生一定的变化。

（1）假设高管选择违规，独立董事选择监督，将带来如下损失：

第一，独立董事因与高管关系紧张而被评价为不近人情，因此，"面子上挂不住"；进一步地，独立董事将不被高管介绍到别的董事会，失去其他任职的机会。我们将这些损失记为$-C_1$。

第二，独立董事没有偷懒，选择监督，付出精力的损失记为$-C_3$。同时，独立董事因监督而提高声誉，得益记为C_2。

（2）假设高管选择违规，独立董事选择不监督（合谋），且独立董事因没有履行监督职责而降低声誉，损失记为$-C_2$，将带来如下得益：

第一，独立董事因放松对高管的监督而与高管拉近关系，将来会有更多的任职机会，会被优先介绍。我们将这些得益记为C_1。

第二，独立董事偷懒，选择不监督，节省精力的得益记为C_3。

（3）假设高管选择不违规，独立董事选择监督，则独立董事的得益只包括因监督而提高声誉的部分C_2，其损失只包括因没有偷懒而付出监督精力的部分$-C_3$。

（4）假设高管选择不违规，独立董事选择不监督，则独立董事的得益只包括因偷懒而节省监督精力的部分C_3，其损失只包括因没有履行监督职责而降低声誉的部分$-C_2$。

（5）在以上分析中，得益和损失处于理想状态。如果独立董事的差声誉传递和好声誉传递互为相反数，那么实际情况可能复杂得多，因为"好事不出门，坏事传千里"，坏名声的传播往往要比好名声的传播快。《史记·周本纪》写道"一举不得，前功尽弃"，认为好名声的多年积累抵不过坏名声的一次传播，可见坏名声带来的损失在实际生活中往往大于好名声带来的得益。此外，如果关系密切的收益 C_1 与关系疏远的损失 $-C_1$ 互为相反数，那么实际情况可能也会更复杂。关系密切的收益应该远低于关系疏远的损失。在模型建立时，我们假设其互为相反数。

根据以上假设条件，本书考虑社会环境中个体间的互动关系，并构建独立董事-高管违规博弈模型（见表3.2）。

表3.2　独立董事-高管违规博弈模型（2）

项目		独立董事	
	是否违规	监督（P_c）	不监督（合谋）（$1-P_c$）
高管	违规（P_g）	（$-P$，$C_2-C_1-C_3$）	（X，$C_3-C_2+C_1$）
	不违规（$1-P_g$）	（0，C_2-C_3）	（0，C_3-C_2）

根据表3.2，我们不难看出，模型（2）与模型（1）不同，是一个混合策略的博弈模型。在初始的（违规，监督）状态下，高管会根据自身利益最大化选择占优策略，即不违规，同时独立董事会在不违规的情况下选择监督策略，以实现利益最大化，此时的状态变为（不违规，监督）。当 $C_3 > C_2$ 时，独立董事会选择占优策略，即不监督，（不违规，监督）的平衡状态被改变，进入（不违规，不监督）状态，而高管基于自身利益最大化的考虑选择违规，进入（违规，不监督）的平衡状态。当 $C_3 < C_2 - C_1$ 时，这一平衡状态将再次被改变，高管会选择不违规。随着高管的占优策略从违规到不违规的改变，独立董事的占优策略相应地从违规状态下的监督变为不违规状态下的监督，最终保持（不违规，监督）的平衡状态。因此，博弈模型（2）包括两个平衡状态，即（不违规，监督）和（违规，不监督）。

4. 模型的解及诠释

（1）当高管违规的概率为 P_g 时，独立董事监督和不监督的得益分别为

监督得益：$\pi_1 = （C_2-C_1-C_3）P_g + （1-P_g）（C_2-C_3）$

不监督得益：$\pi_2 = （C_3-C_2+C_1）P_g + （1-P_g）（C_3-C_2）$

当独立董事监督和不监督的得益无差异时，我们可得到在博弈均衡时，高管违规的概率。

令 $\pi_1 = \pi_2$

即 $（C_2-C_1-C_3）P_g + （1-P_g）（C_2-C_3） = （C_3-C_2+C_1）P_g + （1-P_g）（C_3-C_2）$

$P_g = （C_2-C_3）／-C_1$ （式3.1）

从式（3.1）中我们可以看出，高管违规的概率与高管违规的收益与惩罚无关，而与独立董事监督时的成本和收益相关。当独立董事因监督而与高管关系紧张，遭到圈内排斥，失去更多晋升机会时，损失越大，P_g越小，高管不愿与独立董事"撕破脸"。

（2）当独立董事监督的概率为P_C时，高管违规和不违规的得益分别为

违规得益：$\pi_3 = -PP_c + (1-P_C) X$

不违规得益：$\pi_4 = 0 \times P_c + (1-P_C) \times 0$

令 $\pi_3 = \pi_4$

即 $-PP_c + (1-P_C)X = 0 \times P_c + (1-P_C) \times 0$

可以得到 $P_C = X/(X+P)$

由此，这个混合策略的纳什均衡为

$P_g = (C_2-C_3) / -C_1$

$P_C = X/(X+P)$

这说明高管的混合策略如下：根据$P_g = (C_2-C_3) / -C_1$的概率选择违规，根据$1-P_g = 1- (C_2-C_3) / -C_1 = (C_3-C_1-C_2)/-2C_1$的概率选择不违规；独立董事的混合策略如下：根据$P_C = X/(X+P)$的概率选择监督，根据$1-P_C = P/(X+P)$的概率选择不监督。

为了对以上博弈问题进行更充分的讨论，下面本书以图3.3和图3.4所示的方式再次进行分析。

图3.3中，横轴代表高管违规的概率，它在0到1连续分布，高管违规的概率为P_g，高管不违规的概率为$1-P_g$。纵轴代表独立董事在高管违规策略下选择不监督的期望得益。独立董事选择不监督的最高期望得益（C_2-C_3）和最低期望得益（$C_2-C_3-C_1$）的连线与横轴的交点P_g，即高管选择违规的最优概率，也即高管选择违规的临界概率。

如果独立董事的混合策略中概率分布不变，减少独立董事与高管关系破裂的一系列损失（C_1到C_{1S}），则独立董事选择监督的期望得益依旧大于0，此时独立董事依旧会选择监督策略，高管违规的新均衡点为P_g'。

如果独立董事的混合策略中概率分布不变，增加独立董事与高管关系破裂的一系列损失（C_1到C_{1M}），则独立董事选择监督的期望得益小于0，此时独立董事会选择不监督，高管违规的新均衡点为P_g''。只要高管违规的概率不超过P_g，高管就是安全的，不会被发现，因此高管的混合策略是违规与不违规的均衡概率分布（P_g'', $1-P_g''$）。

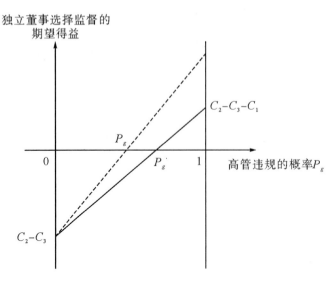

图 3.3　高管的混合策略

笔者对独立董事选择监督或不监督的混合策略用同样的方法来确定概率分布。

从图 3.4 中我们可以发现，加大对高管违规的处罚力度会使 P 值增大，导致线条从 -P 移动到 -P'。当独立董事的混合策略中概率分布不变时，高管违规的期望得益小于 0，则高管会停止违规。高管减少违规会使独立董事更偏好选择不监督（$C_3 > C_2$），独立董事选择监督的概率从 P_c 下降为 P_c'，此时高管违规的期望得益恢复为 0，高管会重新选择混合策略。而高管的混合策略概率分布不以违规的处罚和得益为前提，因此加大对高管违规的处罚力度虽然在短期内可以抑制高管违规，但从长期看，会对独立董事的监督产生替代作用，促使独立董事不监督。

但需要注意的是，以上分析基于的是一些特定条件。在分析高管的混合策略时，本书假设了损失（C_1）的增加和减少两种情况。结果显示，两种情况均对高管违规的混合策略的均衡状态变化产生影响。在分析独立董事的混合策略时，本书假设独立董事在不监督时，节省精力的得益大于差声誉传递的损失（$C_3 > C_2$）。但在实际情况下，C_1 的变动同 C_2 与 C_3 及社会环境有很大关系。

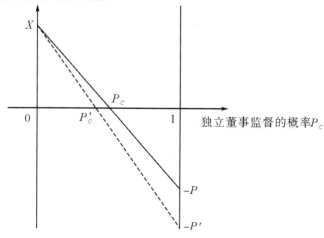

图 3.4　独立董事的混合策略

（二）非正式制度影响独立董事监督高管的理论分析

根据上文的博弈模型进行分析，本书在考察独立董事的混合策略及高管的混合策略时，假设了损失（C_1）的增加和减少两种情况，以及独立董事在不监督时，节省精力的得益（C_3）大于差声誉传递的损失（C_2）。这三个因素的变化是由外部社会文化环境决定的。

一方面，在中国的社会环境中，关系具有特殊的意义。建立和维护关系是企业家、管理者普遍关注的问题（Luo，2000）。建立关系成为社会交换的一种方式。在社会交换中，个体所得就是建立、维持关系的收益。外部社会文化环境也会对收益产生影响。

另一方面，面子，即声誉，关乎"别人怎么看我"。在一个相对封闭的空间，个体因共事合作等建立起连接（朱瑞玲，2012）。个体往往非常重视他人对自己的评价。但"面子"到底价值多少，"丢面子"会给个体带来多少损失，"争面子"又可以使个体获益多少，这些都由外部社会文化环境所决定。具体来说，人情、面子和外部社会文化环境的相互作用如图3.5所示。

（1）内部社会关系根植于群体间社会网络，群体间社会网络又根植于外部社会文化环境。

（2）人情、面子起源于最小的封闭单位。如果没有相对稳定、固定的社会组织，那么人情、面子意识可能被淡化，这也说明人情、面子产生于"熟人社会"。

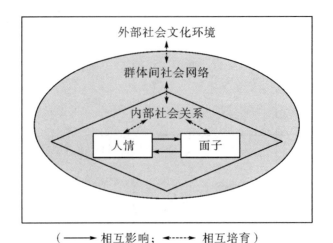

（——→ 相互影响；◄---→ 相互培育）

图 3.5 人情、面子和外部社会文化环境的相互作用

（3）人情与面子相互关联，两者并非单独存在。但现实中也存在既不讲人情又不留面子的情况。

（4）内部社会关系中个体的亲疏将直接影响人情的建立与否，以及"争面子、保面子、留面子、护面子"的收益高低。

制度环境影响独立董事监督高管违规行为的分析框架如图 3.6 所示。

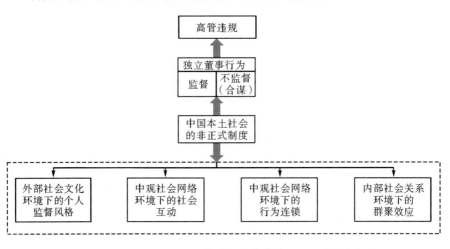

图 3.6 制度环境影响独立董事监督高管违规行为的分析框架

基于以上分析，本书试图探究中国本土社会的非正式制度对独立董事监督高管违规行为的影响。

本书将中国本土社会的非正式制度分为外部社会文化环境下的个人监督风

格、中观社会网络环境下的社会互动、中观社会网络环境下的行为连锁，以及内部社会关系环境下的群聚效应。

1. 外部社会文化环境下的个人监督风格对独立董事行为的影响

（1）模型分析角度。根据前文的博弈模型分析，独立董事在治理高管违规的过程中有潜在的选择不监督（合谋）占优策略的倾向。外部社会文化环境会影响独立董事因与高管建立亲近关系而面临的得益和损失，从而影响高管的混合策略的概率分布。

（2）理论分析角度。儒家文化对中国人思想的影响是根深蒂固的（何轩，2009）。儒家文化崇尚"人情关系"，认为人情是中国社会中人与人相处的社会法则。在"人情关系"的指导下，为了避免内部冲突，"均等法则"开始出现，并且其适用范围并不局限于"君君，臣臣，父父，子子"，而是扩展到朋友、同僚等多种社会关系中。"人情关系"模糊了严格的制度边界。封建社会的"人情关系"不仅存在于人与人的日常相处中，也存在于刑事处罚中。在儒家思想中，明辨是非的态度主要取决于"人情关系"，其他的判断标准有时候并不重要。"亲亲相隐"中的"隐"指沉默不言、缄默不语，关系的密切与否直接决定了人们是选择"隐"还是"不隐"。这就引出儒家文化的第二个思想：中庸之道。

何轩（2009）认为，中庸之道时时刻刻都在指导着中国人的言行。在中庸之道的影响下，中国人的行事特点是：①注重自我约束，不以物喜、不以己悲，不会将情绪写在脸上；②知道自己的行动会波及他人，并对波及的后果了然于心；③根据情景、对象的变化给出恰到好处的方案；④能够通过自我修正、审时度势等反馈机制不断完善自己的方案。在中庸思想的指导下，大部分人在组织行动中会保持沉默（Pinder et al.，2001；Dyne et al.，2003；何轩，2009；李锐 等，2012）。三缄其口、遇人说话讲三分并不利于组织决策，甚至可能使独立董事在监督过程中因失职而酿成大祸（Fuller et al.，2007）。综上，可见独立董事在高管违规治理过程中，可能受到"亲亲相隐"的儒家思想的影响，对高管违规行为进行隐瞒甚至包庇；也可能因恪守中庸之道而保持沉默。

2. 中观社会网络环境下的社会互动和行为连锁对独立董事行为的影响

在对相关文献进行综合分析后，笔者发现，独立董事在不同董事会任职形成"圈子"，能够为自己带来声誉资本、个人资本和社会资本。

第一，通过社会网络，独立董事能够传播声誉（Freeman，1979）。如果独立董事处于社会网络的中心位置（Kilduff et al.，2003），那么其可能会被更多的人知晓和认识，这会为其提供隐性社会信用证明。同时，居于社会网络中心位置的独立董事本身也具有社会号召力，能够以自己为中心，建立虚拟小团体，并吸引精英人士加入，形成"精英圈层"。此外，向外界释放声誉良好的信号，有助于独立董事获得更多的就职机会，减少职业生涯到头的顾虑，从而更好地为投资者发声。

第二，处于社会网络中心位置的独立董事，能够以其社会号召力和影响力，轻松地获得更多与治理相关的，且难以通过公开渠道获得的信息和知识，有助于增加个人资本和社会资本。这主要体现在，拥有会计、金融工作背景的独立董事能够为公司的财务决策和信息披露提供监督和咨询服务，拥有法律工作背景的独立董事有助于控制和降低公司的重大法律风险。信息越多元，越有助于独立董事掌握高管不愿被监督者了解的私有信息。处于社会网络中心位置的独立董事往往能够进行更加专业、更加有效的治理。

第三，社会网络中的独立董事因在不同董事会任职而能获取更大量更有效的信息（Granovetter，1974），并在不同公司形成桥接作用，传递不同公司的治理经验和管理经验，促使连锁公司作出相似的组织管理行为。

3. 内部社会关系环境下的群聚效应对独立董事行为的影响

本书所研究的内部社会关系与通俗意义上的老乡关系、朋友关系、校友关系不同。本书将视角放在独立董事群体与高管群体间的假想分割线上。借鉴刘等（Lau et al.，1998）针对断裂带的研究，本书认为，可视这条分割线与断裂带具有同属性，即分割线越明显，断裂带的距离越大，群体间的相似程度越低。

一方面，独立董事群体与高管群体间断裂带的距离越大、独立董事群体与高管群体的相似程度越低，则独立董事与高管越不容易建立人情关系。王雁飞等（2021）将人的关系图式分为情感型关系图式和工具型关系图式，认为领导和下属的关系图式越一致，越能够增进人际信任，越有利于形成高质量的人情关系，越有助于领导和下属互相帮助、互相体谅。而图式的形成与价值观、经历、个体生理特征等的相似度有关。因此，独立董事群体与高管群体间的相似性越弱，则稳定、相互信任的人情关系越不容易建立，独立董事在高管违规时的合谋意愿就越低。

另一方面，独立董事群体与高管群体间断裂带的距离越大，则独立董事的监督能力就越强。断裂带的存在能够提高独立董事对高管行为的认知理解能力。同质的生存环境不利于独立董事跳出"认知陷阱"，从多元化的角度看待问题的实质。断裂带的存在能使独立董事在与高管的信息交流中，从不同层面看待高管违规行为的形成原因。刘等（Lau et al., 2005）认为，断裂带有助于增强团体内部的凝聚力，促进团体内部成员的沟通和交流，有利于团队内部的协作，有助于团队内部营造稳定、和谐、合作的工作环境，提高独立董事团队的整体监督能力。

综上，本书完成了理论框架的搭建，即从外部社会文化环境下的个人监督风格、中观社会网络环境下的社会互动和行为连锁，以及内部社会关系环境下的群聚效应三个角度出发，展开对独立董事治理高管违规行为的研究。需要指出和强调的是，由于三个角度是社会环境的不同方面，且三个角度相互影响、相互作用，因此本书将它们纳入一个统一的分析框架。外部社会文化环境如何影响独立董事的个人监督风格，又如何影响其对高管违规行为的治理？中观社会网络环境下的社会互动如何影响独立董事的行为，是否有助于实现高管违规治理的目标？内部社会关系环境下的群聚效应能否通过独立董事的行为影响高管违规的发生概率？对这些问题，本书将在以下四个章节的内容中进行具体的实证检验。

第四章　独立董事监督风格与高管违规

从语言学家索绪尔开始，将人类文化和语言学结合研究的思路是，通过人的语言探究人的社会行为（Saussure，1949）。社会互动、社会化、印象形成、社会归因等心理及行为活动与话语交际有关（Van Dijk，1993）。中国本土的语言规则反映了中国人"避实就虚"的友善特点（沙莲香，1989；傅春红，1996）。"说话听声，锣鼓听音"是老百姓在日常生活中对他人的话语作含义分析，并寻找"弦外之音"的经验之谈，即在表达上趋于圆滑和委婉（翟学伟，2017）。独立董事在任职过程中，在发表意见时也遵循这样的友善语言规则。由于独立董事面临职务调整和财富损失的双重压力，因此其出具否定意见的概率相当低（唐雪松 等，2010）。拥有多年独立董事任职经验的学者、复旦大学教授李若山认为，仅仅根据反对意见研究独立董事的作用存在一定的片面性，否定意见的信息含量是巨大的，因为只有在遇到极端尖锐问题或利益反差巨大的情况下，独立董事才可能出具否定意见（李若山，2021）。在 KM 药业财务造假案件中，法院对独立董事承担连带赔偿责任的判决引发了资本市场对独立董事职权、义务等履职问题的广泛讨论和重新审视。在 KM 药业财务信息造假的 2016 年年报、2017 年年报和 2018 年半年报中，部分独立董事都发表了赞成意见。赞成意见是对 KM 药业造假行为的掩饰。

以往对独立董事友善语言的研究以定性说明为主。俞伟峰等（2010）认为，部分独立董事在任职过程中不求有功、但求无过，更擅长发表标准意见。赵子夜（2014）通过人工阅读将独立董事的非否定意见（清洁审计意见）分为"有功"和"无过"两种类型。在"有功"意见中，明显的正面词汇较多。赵子夜（2015）通过分析清洁审计意见中的文字差异，指出独立董事的清洁审计意见能带来较好的市场反应。从微观层面看，女性独立董事，拥有财务、法律专业学习背景的独立董事更擅长出具"有功"意见。从中观层面看，独立董事比例和公司盈利情况影响"有功"意见的出具概率（范合君 等，

2017）。然而，独立董事友善语言的背后是否隐藏着高管违规和犯罪？独立董事友善语言的影响机制是什么？下面，本书将具体分析。

本章基于说话者与听话者的语言-印象整饰取舍模式和博弈模型分析独立董事友善语言的逻辑，并利用 2008—2017 年中国 A 股上市公司的数据进行实证分析，发现独立董事的清洁审计意见中友善语言越明显，高管违规的可能性则越大。研究发现，负面社会文化环境、儒家思想和个体特征是机制影响因素。具体地，负面社会文化环境形成的道德推脱，增大了独立董事的清洁审计意见中积极语义对高管违规的正向影响。儒家思想中的"信"和"义利观"有助于减少独立董事"说好话"和言不由衷的情况。个体的从军经历和高校工作经历有利于提升独立董事的道德底线和专业胜任能力，以弱化清洁审计意见中积极语义对高管违规的正向影响。此外，笔者对异地独立董事的友善语言和高管隐性违规进行中介效应检验，发现友善语言通过异地独立董事的挤出效应对高管隐性违规产生 0.99% 和 1.87% 的中介影响。

需要特别说明的是，在部分上市公司的实践中，独立董事出具的意见，特别是清洁审计意见，可能由董事会秘书或管理层草拟后，送交独立董事签字。这至少能够说明独立董事认可该意见。这是一种简化高效的、体现独立董事态度的方式，并且在这个过程中，独立董事可以自由地、任意地删改或增加内容。本章的贡献在以下三个方面：

第一，本章从非正式制度的视角丰富了高管违规的研究。已有研究从约束失效、激励不足和负面外部环境等视角探讨了高管违规发生的原因，但未对独立董事治理，特别是中国本土社会中非正式制度下的独立董事治理进行深入分析。因此，本章的研究可为了解高管违规及其治理提供支撑。

第二，本章丰富并拓展了独立董事的个人监督风格的研究。本章根据说话时的语言方式分析独立董事的个人监督风格。在研究内容上，本章根据独立董事清洁审计意见中的积极语义分析独立董事的友善监督风格，认为独立董事出具友善意见是对高管的自利行为予以掩饰，解释了资本市场中，独立董事的意见以清洁审计意见为主而高管频繁被罚的现象。不仅如此，本章还从负面社会文化环境、儒家思想和个体特征三方面探究了清洁审计意见中积极语义的影响机制。在研究方法上，本章用定量的文本分析方法计算了清洁审计意见中积极语义和消极语义的含量。以往的研究（范合君 等，2017）主要通过人工阅读的方式，定性评价独立董事清洁审计意见中的文字情感，并没有做出定量分析。

第三，本章为完善独立董事制度提供了参考。一直以来，学术界对独立董事治理职能的发挥多有质疑。KM药业财务造假案中对独立董事承担巨额连带责任的处罚，对完善独立董事制度及落实独立董事履职责任提出了更高要求。本书的研究结论为资本市场的投资者利用独立董事的语言特征了解独立董事的履职效率提供了参考，以及为监管部门优化独立董事生态环境提供了借鉴。

一、文献回顾与研究假设

（一）独立董事的友善语义对高管违规的整体影响分析

在认识社会活动和个体行为的具体方法中，语言分析法对实际研究十分奏效（翟学伟，2017）。不管是个体独白还是群体对话，都是社会交往的表现形式，是一种互动式的社会活动。在社会交际中，个体基于信念和目的选择语言进行表达。乔姆斯基（Chomsky，1989）和辜鸿铭（1999）系统地阐述了语言对人的社会交际产生影响的基本思路。也就是说，社会交际是个体在不同的环境中，以语言为媒介进行的社会交换。福阿等（Foa et al.，1980）因此认为，社会交换是以语言为交易平台展开的，交换双方通过语言选择，在成本与收益的博弈中实现利益最大化。纳普等（Knapp et al.，2014）深入分析了语言在人类活动中的效用，指出在人际交往中，人们精明地计算着过去和将来的交际成本及交际回报，而语言则在计算中成为博弈的规则。博弈的结果是，语言被人们用于同特定的对象建立暂时或永久的互惠关系，这也是语言在社会互动行为中的意义。翟学伟（2017）从印象整饰视角出发，按照语言与自身行为是否统一，将中国人分为正向一致（语言+、行为+），正向不一致（语言+、行为-），负向不一致（语言-、行为+）及负向一致（语言-、行为-）四种类型。中国人基于形式上的互惠，会倾向选择负向不一致，即"给他人面子"。翟学伟的语言分析方法其实是对语言博弈的一种解释，即在交际过程中，理性的说话者会根据自己的观念和经验，以及对语言策略结果的预判选择话语。理性的说话者有如下特点：①根据自己的经验和目的，知道哪些语言策略是可行的；②根据自己的经验和目的及对未来的预判，知道哪些语言策略是成本效益最优的。因此，在翟学伟建立的中国人语言-印象整饰取舍模式的基础上，笔者建立了基于说话者与听话者的语言-印象整饰取舍模式（见图4.1）。

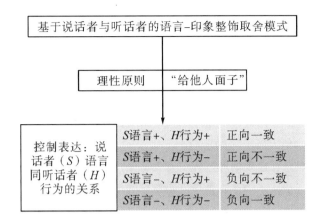

图 4.1　基于说话者与听话者的语言–印象整饰取舍模式

　　语言–印象整饰取舍模式遵从理性原则。所谓理性原则，是指卡舍尔（Kasher，1982）提出的社会互动基本原则，是在给定交际目的后，人们选择以最低成本达到该目的的原则。因此理性原则的出发点是交际目的，方法遵循缺省原则，即"够用即可"，说话者应选择简单的语言表达方式而不是复杂的语言表达方式。王阳明所说的"言不可尽善，善不可尽言"，其原理和理性原则是统一的。可见，正向一致在理性原则下难以形成良好的结果。中国人在语言使用方面具有实用主义的理性特征。在社会互动中，语言的使用受说话者所处社会环境的约束，即中国人既要维护自己的颜面，又要尊重他人的颜面。即使对对方的行为失误一清二楚，人们也会佯装不知道，或者选择"睁一只眼闭一只眼"。说话者遵从这一原则，选择"给他人面子"的语言策略，以达到双方均有面子的最佳效果。因此，负向一致其实是无法满足"给他人面子"这一理性准则的，常使印象整饰不成功。而正向不一致和负向不一致分别是说大话和矫枉过正的语言策略，存在于说话者与听话者的等级、权力、关系不对等时。布朗等（Brown et al.，1987）为了评估交际过程中语言给面子带来的威胁程度（FTA），得到如下表达式：W_x 是在 x 语言策略下对面子的威胁程度。$D(S,H)$ 是说话者与听话者的社会距离。社会距离是指个体在社会网络中的位置差异，相同位置的成员的语言策略具有包容性，即成员处于相同阶层时，$D(S,H)$ 趋近十0。$P(S,H)$ 是听话者对说话者的相对权力值。相对权力能够弱化说话者的语言对听话者的面子威胁。R 是在特定文化中语言本身的强制等级。例如，祈使句"公司务必建立这种激励机制！"以疑问句或陈述句的形式表达时，语言本身的强制等级则大大下降了。一般来说，在中国的"给他人面子"的文化中，用陈述句表达的效果是最优的。考察负向不一致在 FTA

模型下的存在条件，我们可以发现，只有当说话者的权力大于听话者的权力或 $D(S, H) \approx 0$ 时，效果最优才可能存在。同样，在正向不一致时，只有当说话者的权力小于听话者的权力或说话者的社会等级低于听话者的社会等级时，效果最优才可能存在。正向不一致和负向不一致在印象整饰中有避实就虚、声东击西的戏剧作用（付春红，1996）。外国人在社会互动中的利益交换通常是等价的、短暂的。外国人通常采用的是正向一致和负向一致，因此他们不太能理解中国人"给他人面子"的行为。

独立董事在高管违规治理过程中发表意见，所使用的语言就可能存在负向不一致的情况（表4.1为独立董事发表意见的举例）。

表 4.1　独立董事发表意见的举例①

类型	2017 年 KM 药业独立董事针对关联交易的意见	2017 年××董事针对关联公司的担保意见
文字内容	公司日常关联交易的交易价格合理、公允……	……本次担保行为不会对公司的正常运作和业务发展造成不良影响，不存在损害公司及股东利益的情形……
积极语义（友善）	合理、公允	—
无过语义	—	不存在……的情形

为了进一步探讨独立董事和高管的语言策略对社会互动的影响，本章建立博弈模型来分析独立董事在语言策略中的印象整饰。

1. 模型假设

（1）模型参与者包括：理性参与人 1（高管）清楚地知道每一项需要独立董事发表意见的决策的优劣，是信号的发送主体；理性参与人 2（独立董事）是信号的接收者，视高管决策的优劣采取行动。理性参与人的目标函数为自身效用最大化。

（2）高管的决策有优劣之分。G 表示高管需要独立董事发表的意见是此项决策是好决策，是符合公司高质量发展的，不涉及高管的机会主义行为；L 表示高管需要独立董事发表的意见是此项决策是差决策，该决策可能使公司面临高经营风险或高财务风险，并且可能涉及高管的自利行为。

（3）独立董事有两种行动策略。第一种行动策略是说好话，即不仅认可

① 值得注意的是，作者查阅了部分上市公司中不同独立董事针对公司同一事项发表的清洁审计意见，发现意见中存在很大的文字差异。

高管的决策，而且在发表的意见中表示极力赞同，使用"有效""积极""完善""合理""对……有积极影响"等关键词。第二种行动策略是仅赞同高管的决策，而在发表的意见中更多地使用中立词汇，如"不存在""不认为"等。

（4）如果高管做出的一项决策是好决策，那么独立董事可以选择说好话或仅赞同。当独立董事说好话时，其可以获取与高管建立人情关系的得益 U。独立董事因正向一致而被认为"言必有据"，获得良好声誉的传递效用 S。但是同时，过于明显的友善语言会引起其他独立董事的排斥，损失获得独立董事圈子认同的得益 $-C2$。当独立董事仅赞同时，其无法获得 U 和 S 这两项得益或效用，但由于大部分独立董事的意见为仅赞同，因此其可以获得独立董事圈子认同的得益 $C2$。然而，不管独立董事是说好话还是仅赞同，均是对高管的好决策的认可，因此高管不会因独立董事的行为选择而获取边际得益。

如果高管做出的一项决策是坏决策，那么独立董事也可以选择说好话或仅赞同。当独立董事说好话时，其可以获取与高管建立人情关系的得益 U。独立董事因负向不一致而被认为"信口开河"，损失了良好声誉的传递效用 $-S$。同时，独立董事违背了质量准则（说真话）及道德规范，损失遵守质量准则和道德规范的得益 $-C1$。此外，过于明显的友善语言会引起其他独立董事的排斥，损失获得独立董事圈子认同的得益 $-C2$。当独立董事仅赞同时，其损失与高管建立人情关系的得益 $-U$，却获得负向一致的良好声誉的传递效用 S，以及遵守质量准则和道德规范的得益 S。由于大部分独立董事的意见为仅赞同，因此独立董事还可以获得独立董事圈子认同的得益 $C2$。然而，不管独立董事是说好话还是仅赞同，均是对高管的差决策的不否定，因此高管因独立董事的行为选择而获取边际得益 V。

基于上述假设，我们可以根据独立董事发表清洁审计意见的行为及高管的决策反应建立信号传递模型博弈树。组合中的第一个数字表示高管的效用，第二个数字表示独立董事的效用。高管决策-独立董事行为博弈树如图4.2所示。

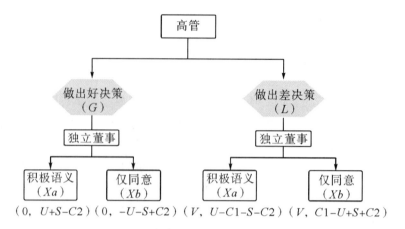

图4.2 高管决策—独立董事行为博弈树

2. 分离均衡情形

如果独立董事观测到高管的行为 G，则其可以明确地作出判断：采取行动 Xa（说好话）；如果观测到高管的行为 L，则采取行动 Xb（仅赞同）。当以下不等式成立时，存在分离均衡：

$$U_1 [Xa, \delta (G)] > U_1 [Xa, \delta (G)] \tag{4.1}$$

$$U_1 [Xb, \delta (L)] > U_1 [Xa, \delta (L)] \tag{4.2}$$

对式（4.1）和式（4.2）进行整理，得到

$$C2-S<U<C1+S+C2 \tag{4.3}$$

我们可以发现，独立董事语言策略的博弈中是否存在分离均衡，同独立董事与高管建立人情关系的得益大小相关，当人情得益是一个中间值时，分离均衡是存在的。

3. 混同均衡情形

混同均衡是指不论高管做出何种决策，独立董事都会选择相同的策略。在混同均衡情形下，独立董事均选择说好话（Xa），或者均选择仅赞同（Xb），且选择某一种策略的效用大于选择另一种策略的效用。

当以下不等式成立时，所有独立董事都会一致地选择说好话（Xa）。

$$U_1 [Xa, \delta (G)] > U_1 [Xa, \delta (G)] \tag{4.4}$$

$$U_1 [Xa, \delta (L)] > U_1 [Xb, \delta (L)] \tag{4.5}$$

对式（4.4）和式（4.5）进行整理，得到

$$U>C2-S \text{ 且 } U> C1+S+C2 \tag{4.6}$$

即

$$U> C1+S+C2 \tag{4.7}$$

我们可以发现，独立董事语言策略的博弈中是否存在混同均衡，同独立董事与高管建立人情关系的得益大小相关，当人情关系得益是一个极大值，且这个极大值大于良好声誉的传递效用、独立董事圈子认同的得益及遵守道德规范的得益时，混同均衡是存在的。

综上，本章一方面基于说话者与听话者的语言-印象整饰取舍模式，指出在理性原则和"给他人面子"的规则下，说话人出现负向不一致和正向不一致的可能性较大；另一方面建立了高管决策-独立董事行为博弈树，分析了负向不一致的混同均衡情形，即独立董事在明知高管做出坏决策的情况下依旧会出具友善意见，而高管做出坏决策的直接后果之一是出现机会主义行为。基于此，本书提出假设4.1。

H4.1：独立董事的清洁审计意见中友善语义越明显，则高管违规的可能性越大。

（二）独立董事的友善语义对高管违规的影响机制分析

从前文的分析中我们可以发现，影响独立董事语言策略的因素为人情关系、声誉、圈子认同及道德规范。综合来看，这四方面又受到负面社会文化环境、儒家思想和个体特征的影响。

1. 负面社会文化环境

个体对未来的不确定性进行预测，要依靠搜索周围环境提供的信息，并对信息进行加工，以激活相应的认知，进而做出行动决策（Moore et al., 2019）。个体的社会行为集合形成了社会环境，同时个体是社会环境的产物（Bandura, 1986）。在社会环境的影响下，个体的行为是在对他人示范行为的观察和学习的基础上形成的，道德和文明等正向行为的示范效应弱于不道德、不文明等负向行为的示范效应，即个体更容易受到他人负向行为的影响（Bandura, 1986; Coyne et al., 2017）。因此，在负面社会文化环境的影响下，观察学习、间接听闻为独立董事习得违规行为提供了渠道。独立董事获得对违规行为的认识，并把违规行为抽象为符号，印在大脑中，进而对自己的行为产生影响。

一方面，从道德推脱的视角看，独立董事在潜移默化的影响下，逐渐将违规行为合理化。班杜拉（Bandura, 2002）认为，道德推脱是指个体通过自我说服、自我加强等内心活动来重新界定非伦理行为。为了摆脱道德约束、规避自我谴责，使非伦理行为以一种危害看似较小的方式呈现在自己或他人面前，他们甚至会将消极行为粉饰为积极行为。道德推脱减轻甚至消除了自我道德制裁。道德推脱并不是孤立地产生于个体心理或个体认知，而是在外部环境的刺激下，由多种因素共同形成。个体在面对道德冲突时，会调整自身的认识及道德水平，以契合外部环境，避免因目标不一致而自责和痛苦（钟熙等，2020；张桂平，2016）。道德推脱理论进一步地认为，个体行为受到道德机制的向心力和道德推脱的离心力的双重影响、共同作用。道德推脱会造成道德机制难以抑制非伦理行为，进而强化个体对非伦理行为合理性的认知，因此道德推脱是非伦理行为在环境刺激和个体自我调节下无法被抑制的重要原因（Moore，2008）。进一步地，班杜拉（Bandura，2002）阐述了道德推脱的三种作用机制：一是重构对非伦理行为的认知，使其合理化；二是忽视非伦理行为的不利后果，减小实施者造成的伤害；三是弱化受害者对非伦理行为的不良感知。因此，在负面社会文化环境中，独立董事可能会重构对非伦理行为的认知，使其合理化，甚至会颠覆对违规的认知，认为违规是"经营之道"（Lui，1985），对高管违规习以为常，同时可能认为高管违规对投资者利益的损害较小，或者并不会对投资者利益造成实质性损害。综上，道德推脱理论解释了独立董事认可高管违规行为——在出具的意见中写"同意"的原因。

另一方面，从集体主义的视角看，在违规行为未得到有效惩罚时，独立董事会认为违规能为企业和高管带来超额收益，从而逐渐形成对高管违规的容忍和袒护，放弃监督行为。社会学学者在中国人的社会行为取向究竟是个人主义还是集体主义上未形成统一意见。费孝通的"自我主义"、梅茨格（Metzger）的"自我确认"都指向中国人重个人，而梁漱溟的"伦理主义"、钱穆的"合群"思想都说明中国人重集体。近年来的社会行为研究又指出，中国人的行为处于个人主义和集体主义之间的模糊地带（翟学伟，2017）。本书总结认为，中国人谋求个人利益，并寻求集体利益的等值，达到个人和集体关系的和谐。考虑到监督可能破坏自己与高管之间的人情关系，进而使自己失去更多的潜在收益，在个人主义和集体主义相统一的思维惯性下，独立董事会选择为高管可能做出的机会主义决策说好话，以袒护高管的自利行为，寻求双方利益的均衡。综上，个人主义和集体主义相统一，解释了独立董事在出具的意见中说好话的原因。负面社会文化环境的作用机制如图4.3所示。

基于此，本书提出假设4.2。

H4.2：负面社会文化环境增强了独立董事的清洁审计意见中友善语义对高管违规的正向影响。

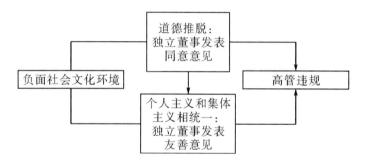

图 4.3　负面社会文化环境的作用机制

2. 儒家文化

儒家文化是中华民族最重要的精神根脉之一（徐细雄 等，2019）。儒家文化渗透在一些中国公司的经营过程中，并通过公司行为予以反映（Fu et al.，2003）。因此，深入探究儒家文化在公司治理中的价值，特别是从微观角度揭示儒家文化在独立董事监督治理中的作用，对提高独立董事监督效率有积极意义。具体来说，儒家文化在独立董事治理高管违规的过程中能产生正面效应和负面效应。

（1）正面效应。儒家倡导"信"，这有利于减少独立董事说好话和言不由衷的情况。在《新华字典》（第 12 版）中，汉字"信"的解释是"诚实，不欺骗"。儒家的"信"不仅指不能欺骗他人，也指不能自欺。儒家思想的核心是"仁"，而"信"是实现"仁"的方式之一。子曰："人而无信，不知其可也。"曾子曰："吾日三省吾身：为人谋而不忠乎？与朋友交而不信乎？传不习乎？"孟子主张"君子居是国也，其君用之，则安富尊荣；其子弟从之，则孝悌忠信"，认为"信"与"孝悌忠"同等重要。可见，儒家文化鼓励人们遵从自己的内心，实事求是。李文佳等（2021）认为，儒家文化对公司的信息披露等有重要影响，有利于提高治理水平。

儒家的义利观有助于独立董事正确对待高管违规行为。孔子明确反对见利忘义的行为，认为克己修身是"德"，指出"君子喻于义，小人喻于利"，表示君子应"见得思义""见利思义"。《增广贤文》中说"君子爱财，取之有道"。可见，只要不违反道德，不损害他人之义，得到的利益是正当的，行为就是可取的，即"富而可求也，虽执鞭之士，吾亦为之。如不可求，从吾所好"。当独立董事处于负面社会文化环境时，儒家的义利观有助于其正确认识高管违规给投资者带来的负面经济后果，进而减少说好话的行为。

基于此，本书提出假设 4.3a。

H4.3a：儒家文化弱化了独立董事的清洁审计意见中友善语义对高管违规

的正向影响。

（2）负面效应。负面效应主要来自儒家的"亲亲相隐"思想。孔子在编纂《春秋》时，秉持"为尊者讳，为贤者讳，为亲者讳"的原则和态度，即在言"信"的同时，也应"讳莫如深"。所"讳"的是尊者、贤者和亲者的隐私、弱点和不足。"亲亲相隐"其实是对儒家文化中倡导的集体主义的具象化。为尊者讳言，目的是维护他们的威严，夸赞他们的功绩。这也是治国、平天下的一种有效方式。

基于此，本书提出假设 4.3b。

H4.3b：儒家文化增强了独立董事的清洁审计意见中友善语义对高管违规的正向影响。

3. 个体特征

（1）专业胜任能力。独立董事欠缺专业胜任能力，会导致自身无法通过高管的前期决策识别出显性违规或隐性违规的征兆，进而认为高管的某项决策是合理、完善和妥当的，并在发表意见时采用正面的文字。谢等（Xie et al.，2003）和伯纳德等（Be'dard et al.，2004）的研究认为，拥有财务或金融工作背景的独立董事汲取了盈余管理的经验和教训，能够有效减少公司的盈余管理行为，提高报表质量。王兵（2007）的研究得到相同的结果：当独立董事中至少有一名会计专业人士时，公司的盈余质量能够得到显著提高。蔡春等（2017）的发现是，有财务专业学习经历的独立董事更能够降低真实盈余管理程度。武立冬等（2019）的研究认为，通过了注册会计师考试的独立董事拥有更强的执业能力和更高的知识水平，能够更好地发现与理解关联交易中的私有信息，识别损害股东利益的关联交易行为。

（2）道德底线。道德底线越低的独立董事，越可能通过说好话对高管的机会主义行为进行包庇。经济学家马歇尔在介绍"理性经济人"时提到，经济学家不应该忽视道德的力量。美国安然公司的 15 名独立董事所具有的专业能力足以为该公司提供强大保障，但道德的缺失让独立董事失去对高级管理人员的有效监控，成了"安然事件"爆发的关键因素。新制度经济学认为，道德等非正式制度能够限制和约束个体做出损人利己的行为。以往的文献对道德的研究集中在个人的从军经历、高校工作经历方面。弗兰克（Franke，2001）比较了美国陆军学院的大学生与普通大学生的价值取向和生活态度，认为前者具有更强的爱国意识和更高的道德水平。国外的大部分学者认为，拥有从军经历的个人更正直、爱国、诚信和乐于奉献，因此在公司治理和自我约束上更自律（Benmelech et al.，2015；Williams et al.，2015；Law et al.，2017）。在中国，情况类似。罗等（Luo et al.，2017）认为，高级管理人员因军队服役经历而形成了强烈的道德意识，因此不愿意非法利用慈善行为。在朱沆等（2020）的研究中，企业家的从军经历使他们更爱国爱岗、兢兢业业，因此慈善行为更多。钟熙等（2021）认为，高管的从军经历赋予了其更高的道德水平，减少了其不道德行为发生的可能性，进而减少了机会主义行为。也有学者探讨了高校工作经历对个人道德行为的影响。柏曼（Bowman，2005）赋予高校学者"道德楷模"的角色定位。江等（Jiang et al.，2007）认为，学者型独立董事拥有较高的道德底线，因此在做出专业判断时更具独立性。弗朗西斯等（Francis，2015）认为，长期的研究、教学使学者型独立董事更具有严谨的工作态度、高尚的道德品质，因此他们所在的公司通常拥有更高的并购绩效、更多的专利、更低的操纵性应计盈余。张晓亮等（2020）认为，高校工作经历有利于 CEO 提高职业操守，涵养道德观念，增强责任意识，抵制不良欲望，从而减少侵占股东权益的在职消费行为。独立董事的友善语义对高管违规的影响机制如图 4.4 所示。

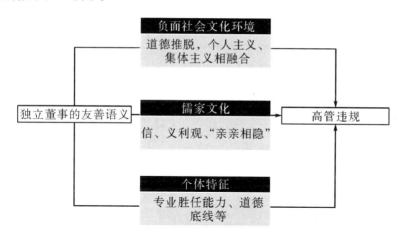

图 4.4　独立董事的友善语义对高管违规的影响机制

综上，独立董事的专业胜任能力有助于其纠正认知偏差，形成对高管违规的正确认识，进而在发表意见时减少盲目吹捧的可能性。同时，较高的道德底线有助于独立董事形成高尚的职业操守，以减少对高管可能存在的机会主义行为的容忍和包庇。

基于此，本书提出假设 4.4。

H4.4：较高的道德底线弱化了独立董事的清洁审计意见中友善语义对高管违规的正向影响。

二、研究设计

（一）研究模型与变量定义

1. 自变量选取

本书将独立董事清洁审计意见中的积极词汇含量（Pos）和无过词汇含量（Neg）作为测度友善与否的情感语义指标。本书借鉴赵子夜（2014）和范合君等（2017）对独立董事清洁审计意见中的积极词汇和消极词汇的归类，结合对独立董事清洁审计意见的研读，将意见中出现的"有效""积极""完善""合理""对……有积极影响"等作为积极词汇和积极语段；将"未发现""不会""不构成""不存在""没有""较""不会对……有影响"等作为无过词汇和无过语段。需要说明的是，按照赵子夜（2014）和范合君等（2017）的研究，部分独立董事在发表意见时"不求有功，但求无过"，会频繁地使用"不存在""不构成"等词汇。清洁审计意见中积极词汇和无过词汇的举例如表 4.2 所示。

表 4.2　清洁审计意见中积极词汇和无过词汇的举例

类型	积极词汇	无过词汇
文字内容	……我们认为公司拟定的《×××激励基金计划》<u>合理</u><u>有效</u>，是依据公司所处行业、结合公司实际经营情况拟定的，有利于进一步健全和<u>完善</u>公司激励约束机制……激励计划措施<u>完善</u>、<u>合理</u>、<u>有效</u>，<u>对</u>公司可持续健康发展<u>有积极影响</u>……	对《×××限制性股票激励计划（2017 年度）（草案）》发表独立意见如下： ①<u>未发现</u>×××公司存在《管理办法》等规范性文件规定的禁止实施股权激励计划的情形…… ②本次激励计划所确定的激励对象中……亦<u>不存在</u>《管理办法》等规范性文件规定的禁止获授股权激励的情形，激励对象的主体资格合法、有效……
关键词提取	有效、完善、合理、对……有积极影响	未发现、不存在

在大多数的清洁审计意见中，积极词汇和无过词汇是共存的，因此本书作出如下定义：当积极词汇多于无过词汇时，独立董事出具的意见即以友善为主的意见。

值得说明的是，并不是所有的高管决策都与机会主义行为相关，因此本书从人事变动事项（包括董事、高管等的变动），董事、高管的薪酬，年度报告事项（财务报告、利润分配、报告的修改与补充等），关联交易，担保事项，投资收购事项，审计事项，股权变动事项，募集资金事项，资产变动事项，其他事项，股权分置改革方案中，剔除了人事变动事项（包括董事、高管等的变动），年度报告事项（财务报告、利润分配、报告的修改与补充等），审计事项，股权变动事项，募集资金事项，其他事项，股权分置改革方案等。原因是，这些项目以固定内容为主，情感信息不明确。

2. 因变量选取

（1）高管隐性违规（Abperk）。高管隐性违规变量用高管超额在职消费水平来衡量。笔者借鉴罗等（Luo et al., 2009）和权小锋等（2010）的模型，依据公司经营管理与发展对在职消费的内在需求，估计在职消费的合理部分，即模型的拟合值，进而测算出在职消费总额中超出合理范围的金额，即高管超额在职消费金额。

$$\text{Perk}_t/\text{Asset}_{t-1} = \beta_0 + \beta_1/\text{Asset}_{t-1} + \beta_2 \Delta\text{Sale}_t/\text{Asset}_{t-1} + \beta_3 \text{PPE}_t/\text{Asset}_{t-1} + \beta_4 \text{Inventory}_t/$$
$$\text{Asset}_{t-1} + \beta_5 L_n\text{Employee}_t + \varepsilon_t \tag{4.8}$$

其中，Perk_t 为从管理费用中扣除薪酬、税金等非在职消费支出后的金额；Asset_{t-1} 为上年年末的总资产，ΔSale_t 为主营业务收入的变化值，PPE_t 为年末固定资产的净值，Inventory_t 为年末存货总额，$L_n\text{Employee}_t$ 为企业员工总数的对数。模型（4.8）分年度、分行业回归后的残差即高管超额在职消费金额。

（2）高管显性违规（Corrupt）。首先，笔者从中央纪委国家监委网站上收集上市公司高管被执纪审查的信息。其次，笔者查阅中国裁判文书网公布的相关判决书，筛选出其中与上市公司高管违规相关的信息。再次，笔者通过百度等搜索引擎及万得（Wind）数据库搜索"违规""犯罪""落马""双规""被调查"等关键词，补充上市公司高管违规数据。由于以上信息的披露时间为高管违规行为被揭露或被惩戒的时间，因此该时间相对于高管违规行为的实际发生时间具有滞后性。本书基于以上信息，追溯每种违规行为的实际发生时间，对每个上市公司当年发生的高管违规行为进行计数，得到高管显性违规数据。

3. 调节变量选取

（1）负面社会文化环境（Region）。负面社会文化环境的测试方法如下：根据何轩等（2016）的做法，本书用中国检察年鉴中披露的地区违规人数除以地区公务员人数。

（2）儒家文化（Confucianism）。参照杜（Du, 2016）和金智等（2017）

的做法，本书用公司注册地到儒家文化传播场所的距离来衡量儒家文化对上市公司独立董事的影响程度。

依照孔庙在历朝历代的发展史，我们可以推断，孔庙对中华文明发展、古代教育规制、民族气节养成都产生了深远的影响。一个区域的孔庙越多，意味着该地区受儒家文化熏陶的程度越高。

笔者通过中国研究数据服务平台（CNRDS）搜索孔庙数据，通过百度地图搜集各个孔庙的经纬度数据及每家上市公司注册地的经纬度数据，并利用经纬度数据统计出以上市公司注册地为圆心、半径50千米以内及100千米以内的孔庙数量，分别记为 Radius50 和 Radius100。

（3）个体特征（Personality）。独立董事的专业胜任能力、道德底线并不能简单地用单一指标进行衡量，其与从军经历、高校工作经历、财务金融工作经历相关，甚至可能与年龄、性别、薪酬等因素相关。本书选取的正向指标有从军经历、高校工作经历、财务金融工作经历。笔者参照赖黎（2017）的做法，从国泰安数据库（CSMAR）的"高管简历"中筛选"从军""入伍""士兵""参军""退伍"等关键词，以了解独立董事是否有从军经历，其余指标都从 CSMAR 中获取。

4. 控制变量选取

根据崔等（Chui et al., 2013）的研究，笔者选取了公司规模（Size）、盈利水平（Roa）、负债水平（Lev）、营利增长率（Growth）、产权性质（Soe）、第一大股东持股比例（Top1）、董事长与总经理两职合一（Duality）、董事会规模（LnbSize）、独立董事比例（Inden）、是否由"四大"会计师事务所审计（Big4）作为控制变量。此外，本书考虑了年度、行业固定效应（Year/Industry Fixed Effect）。在行业分类方面，本书采用中国证券监督管理委员会于2012年修订的《上市公司行业分类指引》中的行业分类标准。主要变量名称及度量方法如表4.3所示。

表 4.3　主要变量名称及度量方法

变量类型	变量名称	变量符号	变量说明
因变量	高管隐性违规	Abperk	用高管超额在职消费水平衡量
	高管显性违规	Corrupt	上市公司当年发生的高管腐败数量

表4.3(续)

变量类型	变量名称	变量符号	变量说明
自变量	清洁审计意见中积极词汇的含量	Pos	清洁审计意见中积极词汇的数量
	以友善为主的意见数量	Majorpos	友善为主的意见指积极词汇多于消极词汇的意见
调节变量	负面社会文化环境	Region	地区违规人数除以地区公务员人数
	儒家文化	Radius50	以公司注册地为圆心、半径50千米以内的孔庙数量
		Radius100	以公司注册地为圆心、半径100千米以内的孔庙数量
	个体特征	Army	拥有从军经历的独立董事数量
		Academic	拥有高校工作经历的独立董事数量
		Degree	拥有本科以上学历的独立董事数量
		Finbank	拥有财务金融工作经历的独立董事数量
控制变量	公司规模	Size	总资产的自然对数
	盈利水平	Roa	总资产收益率
	负债水平	Lev	资产负债率
	盈利增长率	Growth	(本年营业收入÷上一年营业收入−1)×100%
	产权性质	Soe	国有企业取1,非国有企业取0
	第一大股东持股比例	Top1	第一大股东所持股数占总股数的比例
	董事长与总经理两职合一	Duality	董事长和总经理两职合一取1,否则取0
	董事会规模	Lnbsize	董事会人数的自然对数
	独立董事比例	Inden	独立董事占董事会人数的比例
	是否由"四大"会计师事务所审计	Big4	由"四大"会计师事务所审计取1,否则取0

5. 研究模型

构建模型（4.9a）和模型（4.9b）来检验假设 4.1，即验证独立董事清洁审计意见中的友善语义对高管违规的影响。

$$X = \beta_0 + \beta_1 Pos + \sum \beta_j Controls_j + Year/Industry\ Fixed\ Effect + \varepsilon \quad (4.9a)$$

$$X = \beta_0 + \beta_1 MajorPos + \sum \beta_j Controls_j + Year/Industry\ Fixed\ Effect + \varepsilon$$
$$(4.9b)$$

模型中的被解释变量 X 具体包括高管隐性违规（Abperk）和高管显性违规（Corrupt）。

构建模型（4.10a）和模型（4.10b）来检验假设 4.2、假设 4.3a、假设 4.3b 及假设 4.4。

$$X = \beta_0 + \beta_1 Pos + \beta_2 Pos \times Y + \sum \beta_j Controls_j + Year/Industry\ Fixed\ Effect + \varepsilon$$
$$(4.10a)$$

$$X = \beta_0 + \beta_1 MajorPos + \beta_2 MajorPos \times Y + \sum \beta_j Controls_j +$$
$$Year/Industry\ Fixed\ Effect + \varepsilon \quad (4.10b)$$

模型中的被解释变量 X 具体包括高管隐性违规（Abperk）和高管显性违规（Corrupt）。调节变量 Y 具体包括负面社会文化环境（Region）、儒家文化（Confucianism）和个体特征（Personality）。

（二）样本选择和数据来源

由于独立董事的个体特征数据最早从 2008 年开始披露，因此本书以 2008—2017 年我国 A 股上市公司为样本，并按照以下程序进行筛选：①剔除金融公司；②剔除数据缺失的样本；③为了避免极端值的影响，对所有的连续控制变量进行了上下 1% 的缩尾处理。按照上述方法，我们一共获得 2 852 个上市公司的 18 426 个年度观测值。本书中的独立董事意见、财务数据和独立董事个体特征等信息主要来自国泰安数据库；高管显性违规数据来自手工搜集；孔庙数据部分来自中国研究数据服务平台（CNRDS），部分来自手工搜集。

三、实证结果与分析

（一）描述性统计

表 4.4 提供了主要变量的描述性统计。主要变量的描述性统计结果显示，高管隐性违规（Abperk）的均值为 0.000 4，最大值（0.093 1）与最小值（-0.096 4）相差 0.189 5，中位数为 -0.000 2，整体呈右偏分布状态，说明样本公司存在一定程度的超额在职消费。高管显性违规（Corrupt）的均值为 0.117 9，最大值为 7，最小值为 0，中位数也为 0，说明高管违规呈现群体化特征。

在自变量中，清洁审计意见中的积极词汇含量（Pos）的最大值可达 54，均值为 4.339 7，中位数为 3，均值大于中位数，整体呈右偏分布状态，但标准差较大，说明独立董事清洁审计意见中的积极词汇含量在不同上市公司有较大差异。以友善为主的意见数量（Majorpos）具有同样的统计特征，最大值和最小值相差 31，标准差较大，为 2.568，可见，独立董事清洁审计意见中的积极词汇呈现出针对某上市公司集中出现的状况。

在控制变量中，第一大股东持股比例（Top1）的均值为 35.32%，说明在样本上市公司中，"一股独大"的现象较为突出，董事长与总经理两职合一（Duality）的均值为 24.13%，董事会规模（Lnbsize）的均值为 8.59 人（$e^{2.1508}$），但独立董事比例的均值为 37.22%。在有的上市公司中，独立董事比例甚至达到 57.14%，即一半以上的董事为独立董事。我们可以发现，独立董事的意见对高管决策有决定性作用。根据以往文献，如唐雪松等（2010）的研究，独立董事出具否定意见的概率仅为 1.6%，因此独立董事，特别是独立董事的肯定意见对高管决策就尤为重要。

表 4.4　主要变量的描述性统计

变量名	样本量	均值	最大值	中位数	3/4 分位数	最小值	标准差
Abperk	18 426	0.000 4	0.093 1	-0.000 2	0.015 0	-0.096 4	0.029 5
Corrupt	18 426	0.117 9	7	0	0	0	0.432 9
Pos	18 426	4.339 7	54	3	6	0	4.791 8
Majorpos	18 426	2.839 2	31	2	4	0	2.568 0
Size	18 426	22.071	25.949 0	21.899 2	22.791 2	19.673 4	1.266 6
Lev	18 426	0.440 6	0.897 8	0.437 2	0.604 0	0.050 8	0.210 6

表4.4(续)

变量名	样本量	均值	最大值	中位数	3/4 分位数	最小值	标准差
Roa	1842 6	0.041 4	0.206 2	0.036 9	0.068 3	−0.151 0	0.053 8
Growth	18 426	0.203 8	3.231 1	0.118 3	0.293 4	−0.551 9	0.484 4
Lnbsize	18 426	2.150 8	2.708 1	2.197 2	2.197 2	1.609 4	0.198 1
Inden	18 426	0.372 2	0.571 4	0.333 3	0.428 6	0.333 3	0.052 6
Duality	18 426	0.241 3	1	0	0	0	0.427 9
Soe	18 426	0.407 5	1	0	1	0	0.491 4
Top1	18 426	0.353 2	0.748 6	0.333 6	0.456 1	0.089 3	0.150 0
Big4	18 426	0.054 3	1	0	0	0	0.226 7

表 4.5 提供了按照积极词汇含量进行分组的单变量分析，表 4.6 提供了按照以友善为主的意见数量进行分组的单变量分析。表 4.5 显示了独立董事清洁审计意见中的积极词汇含量是否高于行业年度中位数，高于则记为 1，否则记为 0。表 4.6 显示了独立董事以友善为主的意见数量是否高于行业年度中位数，高于则记为 1，否则记为 0。从表 4.5 中我们可以发现，在积极词汇含量高的上市公司，高管在职消费数额大、高管显性违规行为多，差异均在 1% 的水平下显著。根据单变量分析，我们可以初步得出积极词汇和高管违规正向相关的结论。

表 4.5　单变量分析（1）

变量名	积极词汇含量组					
	High 1 = 0（积极词汇更多）	均值	High 1 = 1（积极词汇更少）	均值	均值差异	T 统计量
Abperk	7 880	−0.000 7	10 546	0.001 3	−0.002 0 ***	−4.454 4
Corrupt	7 880	0.103 0	10 546	0.129 1	−0.026 0 ***	−4.036 5
Size	7 880	21.964 0	10 546	22.150 9	−0.186 9 ***	−9.937 0
Lev	7 880	0.415 7	10 546	0.459 3	−0.043 6 ***	−13.983 1
Roa	7 880	0.040 5	10 546	0.042 0	−0.001 5 *	−1.902 5
Growth	7 880	0.165 8	10 546	0.232 2	−0.066 4 ***	−9.224 3
Lnbsize	7 880	2.148 9	10 546	2.152 3	−0.003 4	−1.147 9
Inden	7 880	0.372 1	10 546	0.372 3	−0.000 2	−0.204 1
Duality	7 880	0.234 0	10 546	0.246 7	−0.012 7 **	−1.996 4
Soe	7 880	0.438 5	10 546	0.384 3	0.054 1 ***	7.409 6
Top1	7 880	0.353 4	10 546	0.353 0	0.000 5	0.203 0
Big4	7 880	0.056 3	10 546	0.052 8	0.003 5	1.045 6

注：*、** 和 *** 分别表示结果在 10%、5% 和 1% 的水平下显著。

表 4.6 单变量分析（2）

以友善为主的意见数量组						
变量名	High 2 = 0（以友善为主的意见更多）	均值	High 2 = 1（以友善为主的意见更少）	均值	均值差异	T 统计量
Abperk	7 435	−0.001 0	10 991	0.001 4	−0.002 4 ***	−5.385 2
Corrupt	7 435	0.104 8	10 991	0.126 8	−0.022 1 ***	−3.394 1
Size	7 435	21.954 6	10 991	22.149 7	−0.195 1 ***	−10.284 1
Lev	7 435	0.421 1	10 991	0.453 8	−0.032 7 ***	−10.364 9
Roa	7 435	0.039 5	10 991	0.042 7	−0.003 2 ***	−3.984 9
Growth	7 435	0.169 4	10 991	0.227 0	−0.057 6 ***	−7.929 7
Lnbsize	7 435	2.149 3	10 991	2.151 9	−0.002 6	−0.862 6
Inden	7 435	0.371 4	10 991	0.372 8	−0.001 5 *	−1.844 9
Duality	7 435	0.232 8	10 991	0.247 0	−0.014 2 **	−2.210 7
Soe	7 435	0.441 8	10 991	0.384 2	0.057 6 ***	7.819 9
Top1	7 435	0.352 1	10 991	0.353 9	−0.001 8	−0.814 6
Big4	7 435	0.056 5	10 991	0.052 9	0.003 6	1.066 0

注：*、** 和 *** 分别表示结果在 10%、5% 和 1% 的水平下显著。

（二）相关性分析

表 4.7 提供了全样本所有主要变量的相关性分析。从表 4.7 的结果中我们可以看出，清洁审计意见中的积极词汇含量（Pos）和以友善为主的意见数量（Majorpos）均与高管隐性违规（Abperk）、高管显性违规（Corrupt）正相关，并且在 1% 的水平下显著。结论初步验证了假设 4.1。其余变量并不存在显著的相关性。由于方差膨胀系数（VIF）都小于 2，因此其余变量不具备多重共线性。

表 4.7　相关系数矩阵

变量名	Abperk	Corrupt	Pos	Majorpos	Size	Lev	Roa	Growth	Lnbsize	Inden	Duality	Soe	Top1	Big4
Abperk	1													
Corrupt	-0.003	1												
Pos	0.030***	0.062***	1											
Majorpos	0.040***	0.045***	0.674***	1										
Size	-0.098***	-0.026***	0.162***	0.151***	1									
Lev	-0.179***	-0.004	0.085***	0.103***	0.489***	1								
Roa	0.223***	-0.034***	0.002	0.021***	0.001	-0.380***	1							
Growth	-0.008	0.010	0.107***	0.077***	0.062***	0.036***	0.211***	1						
Lnbsize	-0.037***	-0.027***	-0.061***	-0.024**	0.258***	0.167***	0.007	-0.016**	1					
Inden	-0.031***	0.009	0.048***	0.030**	0.016**	-0.019**	-0.024***	0.010	-0.487***	1				
Duality	0.036***	0.043***	0.049***	0.039***	-0.159***	-0.147***	0.053***	0.024***	-0.179***	0.112***	1			
Soe	-0.080***	-0.096***	-0.128***	-0.110***	0.336***	0.311***	-0.129***	-0.075***	0.252***	-0.055***	-0.277***	1		
Top1	0.017*	-0.064***	-0.051***	-0.027***	0.231***	0.085***	0.097***	0.011	0.024***	0.044***	-0.052***	0.234***	1	
Big4	-0.047***	-0.039***	-0.015*	-0.012	0.356***	0.113***	0.031***	-0.018**	0.095***	0.036***	-0.062***	0.134***	0.134***	1

注：*，**和***分别表示结果在10%，5%和1%的水平下显著（下同）。

（三） 回归结果分析

1. 独立董事的积极词汇与高管违规

为了检验研究假设4.1，本书利用模型（4.9）进行回归，结果如表4.8所示。其中，第（1）列和第（2）列为高管超额在职消费水平，用以衡量高管隐性违规（Abperk）的可能性。清洁审计意见中的积极词汇含量（Pos）的系数为0.000 4，在1%的水平下显著为正；以友善为主的意见数量（Majorpos）的系数为0.000 7，在1%的水平下显著为正。这说明独立董事清洁审计意见中的积极词汇越多，则高管超额在职消费水平越高，高管通过超额在职消费进行隐性违规的可能性就越大。

列（3）和列（4）的指标为高管显性违规（Majorpos）。清洁审计意见中的积极词汇含量（Pos）的系数为0.002 7，在1%的水平下显著为正；以友善为主的意见数量（Majorpos）的系数为0.002 7，在10%水平下显著为正。这说明独立董事清洁审计意见中的积极词汇越多，则上市公司当年发生的高管腐败数量就越多。

表4.8的结果表明，独立董事清洁审计意见中的友善语义越明显，高管越可能出现机会主义行为。假设4.1得到验证。独立董事清洁审计意见中的友善语义对高管违规是一种包庇、掩饰。

表4.8 独立董事清洁审计意见中的积极词汇与高管违规

变量	（1） Abperk	（2） Abperk	（3） Corrupt	（4） Corrupt
Pos	0.000 4***		0.002 7***	
	(6.145 1)		(2.745 0)	
Majorpos		0.000 7***		0.002 7*
		(5.429 9)		(1.767 1)
Size	−0.001 3***	−0.001 3***	−0.003 3	−0.002 8
	(−2.633 5)	(−2.664 7)	(−0.810 9)	(−0.687 3)
Lev	−0.013 5***	−0.013 6***	0.049 5*	0.052 6*
	(−4.957 2)	(−4.982 3)	(1.681 2)	(1.761 0)
Roa	0.111 1***	0.110 2***	−0.254 6***	−0.255 2***
	(12.785 5)	(12.708 7)	(−2.816 4)	(−2.814 8)

表4.8(续)

变量	（1） Abperk	（2） Abperk	（3） Corrupt	（4） Corrupt
Growth	−0.003 2***	−0.003 0***	0.005 1	0.006 4
	(−4.937 2)	(−4.735 6)	(0.655 4)	(0.815 6)
Lnbsize	−0.003 5	−0.003 7	0.021 1	0.019 6
	(−1.277 9)	(−1.347 6)	(0.988 8)	(0.916 7)
Inden	−0.023 7***	−0.023 7***	0.009 9	0.010 9
	(−2.800 1)	(−2.796 0)	(0.110 9)	(0.121 8)
Duality	0.000 3	0.000 3	0.018 5*	0.018 7*
	(0.326 0)	(0.306 6)	(1.654 2)	(1.661 2)
Soe	−0.000 9	−0.000 8	−0.073 3***	−0.074 6***
	(−0.795 6)	(−0.737 8)	(−7.894 2)	(−7.970 2)
Top1	0.003 7	0.003 6	−0.084 4***	−0.085 7***
	(1.192 9)	(1.145 3)	(−3.026 6)	(−3.076 3)
Big4	−0.003 6*	−0.003 5*	−0.043 9***	−0.045 0***
	(−1.815 6)	(−1.795 9)	(−3.921 4)	(−4.013 6)
常数项	0.048 5***	0.048 1***	0.189 5*	0.177 7*
	(4.081 0)	(4.052 7)	(1.915 4)	(1.794 7)
样本量	18 426	18 426	18 426	18 426
R^2	0.074 8	0.075 1	0.022 2	0.021 7
Year & Industry	控制	控制	控制	控制

注：括号内为 t 值，并经过个体聚类（cluster）调整（下同）。

2. 负面社会文化环境、独立董事的友善语义及高管违规

为了验证假设4.2，本书利用模型（4.10）进行回归，结果如表4.9所示。其中，第（1）列和第（2）列以高管超额在职消费水平衡量高管隐性违规（Abperk）时，交互项 Pos×Region 和 Majorpos×Region 分别在10%和5%的水平下显著为正；第（3）列和第（4）列以上市公司当年发生的高管腐败数量衡量高管显性违规（Corrupt）时，交互项 Pos×Region 和 Majorpos×Region 在10%的水平下显著为正。这说明负面社会文化环境会强化独立董事清洁审计意见中的友善语义对高管违规的正向影响。假设4.2得到验证。这可说明，负面社会文化环境不仅直接影响高管违规的发生概率，而且可能通过影响独立董事这样的监督者的行为，使高管违规得以加速。

表 4.9 负面社会文化环境、独立董事的友善语义及高管违规

变量	（1）Abperk	（2）Abperk	（3）Corrupt	（4）Corrupt
Pos	0.000 4***		0.008 6**	
	(6.195 6)		(2.195 1)	
Region	−0.001 0	−0.001 6***	−0.003 3	0.000 7
	(−1.595 6)	(−3.908 9)	(−0.536 8)	(0.098 6)
Pos×Region	0.000 1*		0.001 7*	
	(1.696 0)		(1.691 4)	
Majorpos		0.001 5***		0.007 4*
		(4.367 4)		(1.678 1)
Majorpos×Region		0.000 2**		0.001 3*
		(2.400 8)		(1.784 0)
Size	−0.001 3***	−0.001 4***	−0.002 7	−0.002 7
	(−2.679 4)	(−5.676 3)	(−0.649 0)	(−0.649 0)
Lev	−0.013 2***	−0.013 4***	0.051 1*	0.051 1*
	(−4.821 8)	(−9.562 9)	(1.715 9)	(1.715 9)
Roa	0.111 6***	0.110 6***	−0.257 4***	−0.257 4***
	(12.862 3)	(24.089 0)	(−2.840 2)	(−2.840 2)
Growth	−0.003 2***	−0.003 1***	0.006 4	0.006 4
	(−4.963 0)	(−6.767 7)	(0.822 4)	(0.822 4)
Lnbsize	−0.003 5	−0.003 6***	0.019 4	0.019 4
	(−1.263 9)	(−2.758 7)	(0.909 7)	(0.909 7)
Inden	−0.023 9***	−0.023 8***	0.011 4	0.011 4
	(−2.823 8)	(−5.116 7)	(0.127 2)	(0.127 2)
Duality	0.000 3	0.000 3	0.018 7*	0.018 7*
	(0.330 5)	(0.562 5)	(1.663 8)	(1.663 8)
Soe	−0.001 1	−0.001 0*	−0.073 8***	−0.073 8***

表4.9(续)

变量	（1）Abperk	（2）Abperk	（3）Corrupt	（4）Corrupt
	（−0.961 2）	（−1.919 9）	（−7.818 2）	（−7.818 2）
Top1	0.003 6	0.003 4**	−0.085 5***	−0.085 5***
	（1.141 4）	（2.290 3）	（−3.061 6）	（−3.061 6）
Big4	−0.003 8*	−0.003 8***	−0.043 7***	−0.043 7***
	（−1.953 7）	（−3.733 6）	（−3.899 5）	（−3.899 5）
常数项	0.050 6***	0.042 8***	0.176 9*	0.176 9*
	（4.254 8）	（7.233 4）	（1.741 0）	（1.741 0）
样本量	18 426	18 426	18 426	18 426
R^2	0.075 6	0.075 9	0.022 5	0.021 8
Year & Industry	控制	控制	控制	控制

3. 儒家文化、独立董事的友善语义及高管违规

为了验证假设4.3a和假设4.3b，本书利用模型（4.10）进行回归，结果如表4.10和4.11所示。表4.10中的结果显示，不管是高管隐性违规还是高管显性违规，交互项Pos×Radius50和Majorpos×Radius50均在10%的水平下显著为负。第（3）列和第（4）列以上市公司当年发生的高管腐败数量衡量高管显性违规（Corrupt）时，交互项系数−0.000 6和−0.001 3明显大于第（1）列和第（2）列。这说明儒家文化抑制了独立董事以友善语义容忍高管违规的行为，验证了假设4.3a。假设4.3a的验证足以说明，儒家文化在公司治理方面具有重要的实践意义。然而，表4.11的结果显示，当以半径100千米以内的孔庙数量评估儒家文化的影响强度时，交互项Pos×Radius和Majorpos×Radius仅在高管隐性违规时显著为负。这说明儒家文化有利于抑制独立董事通过友善语义包庇或纵容高管隐性违规，但对显性违规，儒家文化则回天乏术。

表4.10　儒家文化、独立董事的友善语义及高管违规
（半径50千米以内的孔庙数量）

变量	（1）Abperk	（2）Abperk	（3）Corrupt	（4）Corrupt
Pos	0.000 6***		0.004 2***	
	（6.171 8）		（3.053 1）	

表4.10(续)

变量	（1）Abperk	（2）Abperk	（3）Corrupt	（4）Corrupt
Radius50	0.000 7**	0.001 1***	−0.000 3	0.001 0
	（2.525 7）	（3.550 4）	（−0.138 5）	（0.401 5）
Pos×Radius50	−0.000 1***		−0.000 6*	
	（−2.960 3）		（−1.774 9）	
Majorpos		0.001 3***		0.005 9**
		（6.529 8）		（2.399 0）
Majorpos×Radius50		−0.000 2***		−0.001 3**
		（−4.020 2）		（−1.983 1）
Size	−0.001 4***	−0.001 4***	−0.003 1	−0.002 6
	（−2.725 1）	（−2.793 7）	（−0.921 7）	（−0.643 7）
Lev	−0.013 2***	−0.013 4***	0.048 1**	0.051 2*
	（−4.846 8）	（−4.891 6）	（2.100 9）	（1.709 2）
Roa	0.111 6***	0.110 5***	−0.254 5***	−0.256 2***
	（12.830 0）	（12.761 8）	（−3.433 2）	（−2.825 5）
Growth	−0.003 1***	−0.003 0***	0.005 1	0.006 4
	（−4.902 6）	（−4.693 8）	（0.646 9）	（0.823 7）
Lnbsize	−0.003 4	−0.003 6	0.020 0	0.018 7
	（−1.249 4）	（−1.302 6）	（1.135 1）	（0.879 0）
Inden	−0.023 4***	−0.023 4***	0.007 1	0.008 0
	（−2.763 4）	（−2.761 9）	（0.101 4）	（0.089 5）
Duality	0.000 3	0.000 3	0.018 1**	0.018 2
	（0.339 6）	（0.311 2）	（2.086 5）	（1.628 5）
Soe	−0.001 0	−0.000 9	−0.072 7***	−0.074 1***
	（−0.867 9）	（−0.813 6）	（−10.014 1）	（−7.880 7）
Top1	0.003 5	0.003 3	−0.085 1***	−0.086 1***
	（1.103 8）	（1.057 6）	（−3.823 5）	（−3.099 8）
Big4	−0.003 8*	−0.003 7*	−0.042 5***	−0.043 5***

表4.10(续)

变量	（1）Abperk	（2）Abperk	（3）Corrupt	（4）Corrupt
	（-1.925 3）	（-1.910 9）	（-4.245 0）	（-3.873 2）
常数项	0.047 7***	0.046 6***	0.188 0**	0.173 0*
	（4.013 0）	（3.925 6）	（2.347 4）	（1.738 7）
样本量	18 426	18 426	18 426	18 426
R^2	0.076 1	0.077 8	0.022 6	0.022 1
Year & Industry	控制	控制	控制	控制

表 4.11 儒家文化、独立董事的友善语义及高管违规
（半径 100 千米以内的孔庙数量）

变量	（1）Abperk	（2）Abperk	（3）Corrupt	（4）Corrupt
Pos	0.000 6***		0.003 4**	
	（5.473 1）		（2.054 5）	
Radius100	0.000 3**	0.000 4***	-0.001 9*	-0.001 2
	（2.513 2）	（2.876 7）	（-1.845 5）	（-1.022 4）
Pos×Radius100	-0.000 0**		-0.000 1	
	（-2.461 9）		（-0.566 3）	
Majorpos		0.001 2***		0.005 4*
		（5.513 8）		（1.893 2）
Majorpos×Radius100		-0.000 1***		-0.000 4
		（-2.870 1）		（-1.218 8）
Size	-0.001 3***	-0.001 4***	-0.003 1	-0.002 6
	（-2.674 3）	（-2.723 9）	（-0.752 3）	（-0.641 1）
Lev	-0.013 3***	-0.013 4***	0.047 3	0.050 7*
	（-4.864 9）	（-4.884 0）	（1.609 5）	（1.699 7）
Roa	0.111 4***	0.110 3***	-0.253 6***	-0.254 6***
	（12.808 4）	（12.727 1）	（-2.813 4）	（-2.813 7）
Growth	-0.003 1***	-0.003 0***	0.005 1	0.006 4

表4.11(续)

变量	（1）Abperk	（2）Abperk	（3）Corrupt	（4）Corrupt
	（-4.903 7）	（-4.706 8）	（0.648 0）	（0.812 2）
Lnbsize	-0.003 4	-0.003 5	0.019 0	0.017 7
	（-1.240 5）	（-1.289 0）	（0.892 7）	（0.829 9）
Inden	-0.023 5 ***	-0.023 5 ***	0.007 2	0.008 0
	（-2.774 3）	（-2.776 8）	（0.081 0）	（0.089 8）
Duality	0.000 3	0.000 3	0.018 5 *	0.018 7 *
	（0.295 4）	（0.295 0）	（1.656 5）	（1.666 4）
Soe	-0.000 9	-0.000 8	-0.073 4 ***	-0.074 8 ***
	（-0.796 7）	（-0.759 7）	（-7.909 6）	（-7.979 1）
Top1	0.003 5	0.003 5	-0.083 9 ***	-0.085 1 ***
	（1.130 4）	（1.116 1）	（-3.018 5）	（-3.054 9）
Big4	-0.003 7 *	-0.003 7 *	-0.042 1 ***	-0.043 3 ***
	（-1.886 7）	（-1.879 4）	（-3.748 0）	（-3.841 9）
常数项	0.047 1 ***	0.046 2 ***	0.197 1 **	0.181 2 *
	（3.962 2）	（3.891 8）	（1.986 5）	（1.814 9）
样本量	18 426	18 426	18 426	18 426
R^2	0.075 9	0.076 6	0.022 8	0.022 3
Year & Industry	控制	控制	控制	控制

4. 个体特征、独立董事的友善语义及高管违规

为了验证假设4.4，本书利用模型（4.10）进行回归。本书选取了从军经历、高校工作经历、财务金融工作经历作为衡量独立董事道德水平的替代变量。结果显示，只有从军经历和高校工作经历能够显著抑制友善语义对高管违规的正向影响。分析结果如表4.12所示。列（1）、列（2）及列（3）报告了从军经历的负向调节作用，验证了从军经历有助于道德水平的提升，从而弱化了友善语义对高管违规的正向影响。列（4）、列（5）及列（6）报告了高校工作经历的负向调节作用，验证了拥有高校工作经历的独立董事所具有的较高道德水平和道德底线有助于减少独立董事通过友善语义来包庇高管违规的现象。

表 4.12 个体特征、独立董事的友善语义及高管违规

背景	从军经历			高校工作经历		
变量	（1）Abperk	（2）Corrupt	（3）Corrupt	（4）Abperk	（5）Abperk	（6）Corrupt
Pos	0.000 4***	0.002 8***		0.000 5***		0.004 9***
	(6.250 1)	(2.837 1)		(4.863 1)		(2.670 2)
Army	0.000 4	-0.021 5	-0.022 6			
	(0.134 1)	(-1.037 2)	(-1.025 4)			
Pos×Army	-0.000 5*	-0.006 9**				
	(-1.780 7)	(-2.548 6)				
Majorpos			0.002 9*	0.001 0***		
			(1.877 8)	(4.684 7)		
Majorpos×Army			-0.010 2**			
			(-2.014 0)			
Academic				0.001 8***	0.002 0***	0.005 2
				(3.215 0)	(3.284 6)	(1.018 2)
Pos×Academic				-0.000 1*		-0.001 6*
				(-1.705 6)		(-1.810 3)
Majorpos×Academic					-0.000 2*	
					(-1.899 5)	
Size	-0.001 3***	-0.003 3	-0.002 8	-0.001 3***	-0.001 4***	-0.003 2
	(-2.626 4)	(-0.802 9)	(-0.680 7)	(-2.689 6)	(-2.712 6)	(-0.774 4)
Lev	-0.013 6***	0.048 7*	0.051 9*	-0.013 5***	-0.013 6***	0.048 5*
	(-4.969 1)	(1.655 2)	(1.736 1)	(-4.968 8)	(-4.990 6)	(1.651 5)
Roa	0.110 9***	-0.257 4***	-0.257 0***	0.110 4***	0.109 4***	-0.257 3***
	(12.763 9)	(-2.845 9)	(-2.834 7)	(12.718 2)	(12.620 9)	(-2.848 6)
Growth	-0.003 2***	0.005 2	0.006 3	-0.003 2***	-0.003 0***	0.005 2
	(-4.930 2)	(0.664 9)	(0.813 1)	(-4.926 7)	(-4.726 3)	(0.663 8)
Lnbsize	-0.003 5	0.021 7	0.020 2	-0.006 1**	-0.006 3**	0.024 7
	(-1.272 2)	(1.012 5)	(0.946 8)	(-2.086 2)	(-2.131 1)	(1.070 8)
Inden	-0.023 6***	0.013 0	0.013 1	-0.030 0***	-0.029 8***	0.015 2
	(-2.780 7)	(0.145 2)	(0.146 6)	(-3.407 4)	(-3.381 5)	(0.162 7)
Duality	0.000 3	0.018 3	0.018 4	0.000 3	0.000 3	0.018 9*

表4.12(续)

背景	从军经历			高校工作经历		
变量	（1）Abperk	（2）Corrupt	（3）Corrupt	（4）Abperk	（5）Abperk	（6）Corrupt
	（0.311 6）	（1.632 9）	（1.641 4）	（0.341 2）	（0.306 7）	（1.683 1）
Soe	−0.000 9	−0.073 6***	−0.074 9***	−0.001 0	−0.000 9	−0.073 1***
	（−0.807 5）	（−7.912 3）	（−7.987 4）	（−0.867 6）	（−0.814 1）	（−7.883 0）
Top1	0.003 8	−0.084 1***	−0.085 6***	0.003 5	0.003 3	−0.084 5***
	（1.195 9）	（−3.014 2）	（−3.070 3）	（1.112 9）	（1.055 0）	（−3.040 0）
Big4	−0.003 6*	−0.043 6***	−0.044 3***	−0.003 6*	−0.003 6*	−0.044 3***
	（−1.815 4）	（−3.884 6）	（−3.950 8）	（−1.870 1）	（−1.852 1）	（−3.962 8）
常数项	0.048 3***	0.187 6*	0.175 9*	0.054 6***	0.053 7***	0.169 7*
	（4.071 0）	（1.894 9）	（1.776 0）	（4.481 9）	（4.421 9）	（1.679 4）
样本量	18 426	18 426	18 426	18 426	18 426	18 426
R^2	0.075 0	0.022 6	0.022 0	0.076 6	0.076 9	0.022 5
Year & Industry	控制	控制	控制	控制	控制	控制

四、稳健性检验

（一）工具变量法检验

独立董事因说好话，缺乏专业、独立的判断而导致高管违规的发生，因此采用工具变量进行估计是有必要的。本书选取行业内独立董事清洁审计意见中的积极词汇的中值（Posind）作为工具变量。行业内独立董事清洁审计意见的用词对上市公司独立董事清洁审计意见的用词有正向影响，但与该上市公司高管违规没有直接关系，且满足相关性和外生性要求，因此适合作为工具变量。弱工具变量检验的 Wald-F 统计值和 KP Wald-F 统计值大于所有临界值，拒绝存在弱工具变量的原假设。表4.13中，列（1）和列（2）为第一阶段回归结果，Posind 与 Pos、Majorpos 都在1%的水平上显著正相关。列（3）至列（6）的第二阶段回归结果表明，在利用工具变量缓解内生性问题后，独立董事的友善语义与高管违规依旧存在正相关关系。

表 4.13　工具变量法检验

阶段	第一阶段			第二阶段		
变量	（1） Pos	（2） Majorpos	（3） Abperk	（4） Abperk	（5） Corrupt	（6） Corrupt
Posind	4.598 6***	0.787 8***				
		(33.303 9)	(15.506 1)			
Pos			0.000 2**		0.001 9*	
			(1.983 2)		(1.755 3)	
Majorpos				0.001 2**		0.011 0*
				(1.966 7)		(1.755 8)
Size	0.293 6***	0.241 3***	−0.001 2**	−0.001 5***	0.006 9**	0.004 1
	(6.387 2)	(7.093 8)	(−2.468 9)	(−2.821 6)	(2.034 8)	(0.983 8)
Lev	1.800 7***	1.502 6***	−0.013 0***	−0.014 5***	0.011 0	0.001 8
	(8.003 3)	(8.910 3)	(−4.800 7)	(−5.099 9)	(0.535 1)	(0.083 8)
Roa	1.877 8***	2.480 7***	0.111 5***	0.108 9***	−0.335 3***	−0.351 5***
	(2.759 3)	(4.681 9)	(12.844 8)	(12.372 6)	(−4.630 5)	(−4.877 8)
Growth	0.486 4***	0.151 1***	−0.003 1***	−0.003 1***	0.008 1	0.007 2
	(6.932 5)	(3.781 9)	(−4.721 5)	(−4.791 8)	(1.029 0)	(0.903 6)
Lnbsize	−0.298 4	−0.028 2	−0.003 6	−0.003 6	0.001 7	0.003 5
	(−1.122 2)	(−0.145 2)	(−1.321 1)	(−1.331 9)	(0.094 1)	(0.195 3)
Inden	1.037 6	0.470 4	−0.023 6***	−0.023 9***	−0.005 0	−0.006 9
	(1.151 8)	(0.674 0)	(−2.783 7)	(−2.818 0)	(−0.071 0)	(−0.098 4)
Duality	0.238 4**	0.119 8*	0.000 3	0.000 2	0.020 3**	0.019 3**
	(2.493 8)	(1.746 5)	(0.354 3)	(0.247 1)	(2.332 5)	(2.216 1)
Soe	−1.241 8***	−0.736 7***	−0.001 1	−0.000 4	−0.078 1***	−0.071 9***
	(−12.830 4)	(−9.690 2)	(−0.981 8)	(−0.372 3)	(−10.749 4)	(−8.371 3)
Top1	−0.717 4**	−0.148 7	0.003 6	0.003 7	−0.105 2***	−0.101 7***
	(−2.464 8)	(−0.691 0)	(1.159 7)	(1.168 4)	(−4.724 7)	(−4.515 3)
Big4	−1.210 5***	−0.603 7***	−0.003 7*	−0.003 2	−0.052 0***	−0.046 9***
	(−5.753 6)	(−3.722 0)	(−1.893 6)	(−1.612 6)	(−5.114 4)	(−4.302 3)
常数项	−7.116 3***	−3.687 2***	0.047 0***	0.050 1***	0.030 7	0.067 1
	(−6.392 7)	(−4.515 2)	(3.958 8)	(4.143 3)	(0.406 1)	(0.815 3)
样本量	18 426	18 426	18 426	18 426	18 426	18 426

表4.13(续)

阶段	第一阶段			第二阶段		
变量	（1） Pos	（2） Majorpos	（3） Abperk	（4） Abperk	（5） Corrupt	（6） Corrupt
R^2	0.490 8	0.156 3	0.074 2	0.073 4	0.015 4	0.013 8
Year & Industry	控制	控制	控制	控制	控制	控制

替代 Pos 时，弱工具变量检验（Weak identification test）：
Cragg-Donald Wald F 统计量：1.1e+4
Kleibergen-Paap rk Wald F 统计量：1 109.146
替代 Majorpos 时，弱工具变量检验（Weak identification test）：
Cragg-Donald Wald F 统计量：702.580
Kleibergen-Paap rk Wald F 统计量：240.438
大于所有临界值，拒绝存在弱工具变量的原假设，方程不存在弱工具变量

（二）滞前一期检验

为进一步减小内生性的影响，并考虑独立董事的意见出具对高管后期行为的影响，本书将滞前一期高管违规变量（$Abperk_{t+1}$、$Corrupt_{t+1}$）放入模型（4.9），重新对假设4.1进行检验，回归结果如表4.14所示。独立董事清洁审计意见中的友善语义在1%的水平上显著正向影响高管违规，故原结论稳健。

表4.14　滞前一期检验

变量	（1） $Abperk_{t+1}$	（2） $Abperk_{t+1}$	（3） $Corrupt_{t+1}$	（4） $Corrupt_{t+1}$
Pos	0.000 3 ***		0.003 7 ***	
	(4.838 6)		(2.943 6)	
Majorpos		0.000 6 ***		0.004 7 ***
		(4.282 6)		(2.629 7)
Size	−0.002 9 ***	−0.002 9 ***	−0.011 5 **	0.001 8
	(−5.440 6)	(−5.449 7)	(−2.322 8)	(0.392 1)
Lev	−0.009 1 ***	−0.009 2 ***	0.061 9 *	0.016 0
	(−3.132 2)	(−3.149 5)	(1.738 7)	(0.506 0)
Roa	0.124 7 ***	0.123 9 ***	−0.203 9 **	−0.330 2 ***
	(13.040 0)	(12.978 7)	(−2.055 0)	(−3.457 0)
Growth	−0.000 7	−0.000 5	0.017 0	0.016 8
	(−1.160 5)	(−0.937 5)	(1.592 5)	(1.584 2)

表4.14(续)

变量	（1） Abperk$_{t+1}$	（2） Abperk$_{t+1}$	（3） Corrupt$_{t+1}$	（4） Corrupt$_{t+1}$
Lnbsize	−0.002 9	−0.003 1	0.053 8**	0.026 8
	（−1.053 9）	（−1.113 5）	（2.284 2）	（1.138 9）
Inden	−0.018 8**	−0.018 8**	0.002 8	−0.017 6
	（−2.197 0）	（−2.196 1）	（0.028 8）	（−0.183 8）
Duality	−0.000 1	−0.000 1	0.026 5**	0.027 5**
	（−0.126 0）	（−0.146 0）	（2.030 3）	（2.113 1）
Soe	0.000 1	0.000 2	−0.076 7***	−0.082 9***
	（0.108 7）	（0.155 2）	（−7.664 6）	（−8.041 8）
Top1	0.002 3	0.002 2	−0.083 6***	−0.100 4***
	（0.720 0）	（0.676 3）	（−2.598 7）	（−3.145 2）
Big4	−0.002 3	−0.002 2	−0.043 3***	−0.053 7***
	（−1.133 2）	（−1.113 3）	（−3.649 4）	（−4.484 4）
常数项	0.074 8***	0.074 1***	0.302 7***	0.393 3***
	（6.123 4）	（6.076 8）	（2.776 5）	（3.930 3）
样本量	14 932	14 932	14 932	14 932
R^2	0.085 4	0.085 5	0.024 9	0.015 2
Year & Industry	控制	控制	控制	控制

（三）遗漏变量检验

为了防止遗漏变量对模型产生影响，本书在控制公司固定效应后重新对模型（4.9）进行回归，回归结果如表4.15所示。结果显示，在控制公司固定效应后，原结论稳健。

表 4.15　固定效应法检验

变量	（1） Abperk	（2） Abperk	（3） Corrupt	（4） Corrupt
Pos	0.000 1***		0.001 8*	
	（3.014 6）		（1.945 2）	

表4.15(续)

变量	(1) Abperk	(2) Abperk	(3) Corrupt	(4) Corrupt
Majorpos		0.000 3***		0.004 8***
		(3.510 5)		(2.829 4)
Size	−0.001 2*	−0.001 1*	0.060 2***	0.059 9***
	(−1.763 4)	(−1.685 6)	(5.751 6)	(5.670 4)
Lev	−0.008 5***	−0.008 7***	−0.021 8	−0.025 8
	(−2.801 9)	(−2.874 8)	(−0.429 2)	(−0.505 6)
Roa	0.041 1***	0.040 6***	−0.147 9	−0.155 4
	(5.647 1)	(5.573 1)	(−1.510 0)	(−1.587 4)
Growth	−0.002 0***	−0.002 0***	−0.000 5	0.000 1
	(−3.363 5)	(−3.289 8)	(−0.060 6)	(0.017 4)
Lnbsize	0.000 5	0.000 4	−0.080 3*	−0.081 6*
	(0.190 3)	(0.133 7)	(−1.802 8)	(−1.830 0)
Inden	−0.011 9	−0.012 1	0.079 3	0.077 6
	(−1.579 6)	(−1.603 1)	(0.558 6)	(0.547 5)
Duality	−0.001 8**	−0.001 8**	0.009 9	0.010 4
	(−2.054 6)	(−2.021 0)	(0.560 3)	(0.586 2)
Soe	−0.004 0	−0.004 0	−0.014 7	−0.013 5
	(−1.632 4)	(−1.608 1)	(−0.389 7)	(−0.358 0)
Top1	0.013 2***	0.013 0***	0.005 3	0.003 5
	(2.658 3)	(2.612 4)	(0.053 9)	(0.035 7)
Big4	−0.005 6**	−0.005 5**	−0.035 4	−0.035 2
	(−2.150 6)	(−2.138 8)	(−1.516 0)	(−1.505 9)
常数项	0.042 9**	0.041 8**	−1.200 4***	−1.195 5***
	(2.394 4)	(2.341 4)	(−4.039 9)	(−4.024 5)
样本量	18 426	18 426	18 426	18 426
R^2	0.029 4	0.029 6	0.012 3	0.012 6

表4.15(续)

变量	（1） Abperk	（2） Abperk	（3） Corrupt	（4） Corrupt
公司固定效应	控制	控制	控制	控制
Industry	控制	控制	控制	控制

（四）替换变量

为了更加稳健地验证假设4.2：负面社会文化环境增强了独立董事清洁审计意见中友善语义对高管违规的正向影响，本书将Tough（是否处于党的十八大后）作为调节变量。2012年，中央八项规定出台，开启全面从严治党的新纪元，一系列具体指导意见相继发布，使国有企业高管违规行为得到有效遏制。由于党的十八大后，腐败蔓延势头得到遏制，因此笔者将Tough放入模型（4.10）进行回归，结果如表4.16所示。交互项Pos×Tough、Majorpos×Tough只在列（3）和列（4）中显著负相关，这说明党的十八大后，惩治腐败的高压态势有效预防了高管违规，因此独立董事通过友善语义包庇高管违规的行为大幅减少。

表4.16　替换负面社会文化环境变量

变量	（1） Abperk	（2） Abperk	（3） Corrupt	（4） Corrupt
Pos	0.000 4**		0.002 2**	
	(2.404 9)		(2.404 6)	
Tough	−0.002 9**	−0.001 3	0.079 7***	0.098 6***
	(−2.164 1)	(−0.861 7)	(4.773 3)	(5.843 0)
Pos×Tough	−0.000 0		−0.003 4*	
	(−0.172 4)		(−1.806 5)	
Majorpos		0.000 9***		0.009 0***
		(3.177 7)		(2.959 3)
Majorpos×Tough		−0.000 3		−0.007 4**
		(−0.855 4)		(−2.200 1)
Size	−0.001 3***	−0.001 3***	−0.003 3	−0.002 6
	(−2.634 6)	(−2.644 5)	(−0.798 2)	(−0.625 5)

表4.16(续)

变量	（1） Abperk	（2） Abperk	（3） Corrupt	（4） Corrupt
Lev	−0.013 5***	−0.013 6***	0.049 0*	0.053 3*
	（−4.953 3）	（−4.976 3）	（1.666 4）	（1.783 1）
Roa	0.111 1***	0.110 2***	−0.255 4***	−0.254 6***
	（12.785 1）	（12.712 3）	（−2.827 7）	（−2.809 8）
Growth	−0.003 2***	−0.003 1***	0.005 1	0.006 3
	（−4.936 8）	（−4.738 2）	（0.650 4）	（0.807 5）
Lnbsize	−0.003 5	−0.003 7	0.021 0	0.019 6
	（−1.277 5）	（−1.347 3）	（0.982 1）	（0.918 3）
Inden	−0.023 7***	−0.023 6***	0.009 1	0.013 5
	（−2.799 2）	（−2.786 0）	（0.101 8）	（0.151 1）
Duality	0.000 3	0.000 3	0.018 5*	0.018 6*
	（0.326 6）	（0.303 7）	（1.649 3）	（1.655 2）
Soe	−0.000 9	−0.000 8	−0.073 2***	−0.074 6***
	（−0.796 0）	（−0.740 1）	（−7.889 1）	（−7.975 2）
Top1	0.003 7	0.003 5	−0.083 7***	−0.087 6***
	（1.190 9）	（1.124 6）	（−2.998 9）	（−3.135 8）
Big4	−0.003 6*	−0.003 5*	−0.043 6***	−0.045 5***
	（−1.815 8）	（−1.803 0）	（−3.893 4）	（−4.056 9）
常数项	0.048 4***	0.047 4***	0.251 1**	0.157 5
	（4.078 3）	（3.977 0）	（2.504 6）	（1.581 6）
样本量	18 426	18 426	18 426	18 426
R^2	0.074 8	0.075 2	0.022 3	0.021 9
Year & Industry	控制	控制	控制	控制

五、进一步检验

除了验证独立董事清洁审计意见中的友善语义在负面社会文化环境、儒家文化和个体特征的作用下对高管违规的正向影响，本书还试图探究其他间接影响机制。根据前文的假设和推断，本书认为，独立董事在清洁审计意见中使用友善语义的内在动机是，借此建立与高管的人情关系。只有当人情关系的收益远大于声誉、独立董事圈子认同及个人道德规范的收益之和时，独立董事才会选择说好话的行动策略。距离的拉近为个体间的交流提供了便利（马海涛 等，2012），进而使个体成为圈子内的成员（罗进辉 等，2017）。以往的学者利用距离研究了独立董事的治理效果，大部分结论为，本地独立董事可能因地理位置邻近而出现"合谋"行为，从而使独立董事的独立性大大减弱，提高了代理成本（罗进辉 等，2017）。因此，本书认为，独立董事在清洁审计意见中使用友善语义，有利于其建立同本地独立董事的友好关系，导致异地独立董事被挤出。可见，间接影响机制如下：使用友善语义→挤出异地独立董事→高管违规，而异地独立董事的挤出效应则是待验证的中介变量。本书首先通过逐步回归的方法验证挤出异地独立董事的中介效应。其次，为了防止逐步回归过程中出现内生性问题，确保回归结果更加稳健，本书将滞前一期的异地独立董事数量（$F_1Difplace$）作为中介变量的替代变量。最后，在分析直接效应时，本书采用滞前一期的高管违规变量（$Abperk_{t+1}$、$Corrupt_{t+1}$）。笔者建立如下逐步回归模型：

$$Y = \alpha_0 + \alpha_1 Z + \sum \alpha_j Controls_j + Year/Industry\ Fixed\ Effect + \varepsilon$$

$$(4.11a)$$

$$F_1Difplace = \alpha_0 + \alpha_1 Z + \sum \alpha_j Controls_j + Year/Industry\ Fixed\ Effect + \varepsilon$$

$$(4.11b)$$

$$Y = \alpha_0 + \alpha_1 Z + \alpha_2 F_1Difplace + \sum \alpha_j Controls_j + Year/Industry\ Fixed\ Effect + \varepsilon$$

$$(4.11c)$$

其中，Y 具体包括滞前一期的高管违规隐性测度（$Abperk_{t+1}$）和滞前一期的高管违规显性测度（$Corrupt_{t+1}$）；Z 为独立董事清洁审计意见中的友善语义，具体包括（Pos 和 Majorpos）。模型（4.11a）中，α_1 为友善语义对高管违规产生的总效应。模型（4.11c）中，α_1 为控制中介效应后，友善语义对高管违规产生的总效应；α_2 为控制友善语义的影响后，F_1Difplace 对高管违规产生的效应。中介效应为模型（4.11c）中 α_1 与 α_2 的乘积。

第一步，对模型（4.11a）进行回归。检验友善语义对高管违规的回归系数。如果 α_1 显著，则按照中介效应对模型（4.11b）进行回归。在表 4.14 中 Pos 和 Majorpos 的系数显示，α_1 不等于 0，说明总效应显著。

第二步，依次对模型（4.11b）和模型（4.11c）进行回归。在表 4.17 中，列（1）和列（2）检验了友善语义对中介变量的回归系数，均在 10% 和 5% 的水平上显著为负，同时验证了友善语义对异地独立董事的挤出效应。如果模型（4.11c）中 α_1 和 α_2 均显著，且模型（4.11c）中的 $|\alpha_1|$ 小于模型（4.11a）中的 $|\alpha_1|$，则说明中介效应存在。然而回归结果显示，以高管超额在职消费水平衡量高管隐性违规时，F_1Difplace 的中介效应存在。列（3）中，α_1 和 α_2 均显著，且模型（4.11c）中的 $|\alpha_1|$ 小于模型（4.11a）的 $|\alpha_1|$；同样，列（4）中，α_1 和 α_2 均显著，且模型（4.4c）中的 $|\alpha_1|$ < 模型（4.4a）的 $|\alpha_1|$。结论初步验证了挤出异地独立董事的中介效应。为了结果更加稳健，笔者还将进行索贝尔（Sobel）检验和靴带（Boostrap）检验。

表 4.17　中介效应检验模型回归

变量	模型（4.11b）		模型（4.11c）	
	（1） F_1Difplace	（2） F_1Difplace	（3） Abperk$_{t+1}$	（4） Abperk$_{t+1}$
Pos	−0.006 2*		0.000 3***	
	（−1.655 2）		（6.325 6）	
Majorpos		−0.016 6**		0.000 6***
		（−2.428 7）		（6.296 8）
F_1Difplace			−0.000 5***	−0.000 4***
			（−2.810 7）	（−2.748 1）
Size	−0.039 3	−0.037 9	−0.002 9***	−0.002 9***
	（−1.461 3）	（−1.407 7）	（−10.132 0）	（−10.159 5）
Lev	0.239 7*	0.250 5*	−0.009 0***	−0.009 1***
	（1.742 5）	（1.821 2）	（−5.290 4）	（−5.317 5）
Roa	−0.243 6	−0.214 6	0.124 6***	0.123 8***
	（−0.573 9）	（−0.505 2）	（19.789 7）	（19.657 3）

表4.17(续)

变量	模型（4.11b）		模型（4.11c）	
	（1） F_1Difplace	（2） F_1Difplace	（3） Abperk$_{t+1}$	（4） Abperk$_{t+1}$
Growth	−0.014 2	−0.015 5	−0.000 7	−0.000 5
	（−0.562 8）	（−0.615 3）	（−1.229 6）	（−1.000 1）
Lnbsize	2.014 6***	2.017 7***	−0.002 0	−0.002 2
	（13.258 8）	（13.283 7）	（−1.299 1）	（−1.416 6）
Inden	4.150 6***	4.153 9***	−0.016 9***	−0.017 0***
	（7.810 4）	（7.829 9）	（−3.323 3）	（−3.334 9）
Duality	−0.078 9	−0.078 0	−0.000 2	−0.000 2
	（−1.631 9）	（−1.615 7）	（−0.281 9）	（−0.314 5）
Soe	−0.191 5***	−0.196 3***	0.000 0	0.000 1
	（−3.327 3）	（−3.404 2）	（0.066 4）	（0.159 5）
Top1	−0.426 7***	−0.424 3***	0.002 1	0.002 0
	（−2.646 5）	（−2.633 1）	（1.324 7）	（1.239 9）
Big4	−0.340 9***	−0.344 7***	−0.002 4**	−0.002 4**
	（−3.022 8）	（−3.054 6）	（−2.402 3）	（−2.361 1）
常数项	−3.086 0***	−3.090 7***	0.073 4***	0.072 7***
	（−4.610 0）	（−4.611 1）	（11.027 3）	（10.952 7）
样本量	14 932	14 932	14 932	14 932
R^2	0.104 5	0.104 9	0.085 9	0.085 9
Year & Industry	控制	控制	控制	控制

第三步，进行 Sobel 检验和 Boostrap 检验。如果 Sobel 检验结果显著，则说明中介效应存在。在 Boostrap 检验中，如果置信区间不包括 0，则说明中介效应存在。在表4.18 中的 Sobel 检验下，P 值均小于 10%，间接效应的占比为 0.99% 和 1.87%，且在表 4.19 中，Boostrap 检验的置信区间不包括 0，这说明结果具有统计学意义，挤出异地独立董事具备完全中介效应。

表 4.18　Sobel 检验

检验类型	Coef	Z	P	间接效应的占比/%
Sobel 检验 （Z 为 Pos，Y 为 Abperk$_{t+1}$）	2.962e-6	1.835	0.067	0.99
Sobel 检验 （Z 为 MajorPos，Y 为 Abperk$_{t+1}$）	0.000 010 18	2.446	0.014	1.87

表 4.19　Boostrap 检验

检验类型	BCA95%置信区间
Boostrap 检验 （Z 为 Pos）	（5.90e-7，7.08e-6）
Boostrap 检验 （Z 为 Pos 及 MajorPos）	（0.000 038 8，0.000 224 5）

六、本章小结

中国的独立董事表现出友善的治理特征，很少出具否定意见。在独立董事的清洁审计意见中，我们通常可以观测到明显的积极语义和无过语义。本章基于说话者与听话者的语言-印象整饰取舍模式和博弈模型，分析了独立董事的友善语义的行为逻辑，并选取 2008—2017 年中国 A 股上市公司的数据进行实证分析，发现独立董事清洁审计意见中的友善语义越明显，高管违规的可能性越大。机制检验发现，负面社会文化环境、儒家文化和个体特征是机制影响因素。具体地，负面社会文化环境带来的道德推脱增强了独立董事清洁审计意见中友善语义对高管违规的正向影响。儒家文化中的"信"和"义利观"，有助于减少独立董事盲目说好话和言不由衷的情况。从军经历和高校工作经历有利于提升个人的道德底线和专业胜任能力，从而弱化清洁审计意见中友善语义对高管违规的正向影响。此外，本章对异地独立董事进行友善语义和高管违规的中介效应检验，发现友善语义通过挤出异地独立董事对高管隐性违规产生 0.99% 和 1.87% 的影响。

本章的研究为非正式制度下的高管违规治理提供了经验证据，证明了独立董事的个人监督风格亦能够提供增量信息。一方面，友善语义能够影响独立董事的治理效果。部分独立董事抱着"不求有功，但求无过"的心态，较少出具否定意见，因此清洁审计意见中的词汇委婉地表明了独立董事对高管决策的态度和立场。资本市场还需不断完善独立董事制度，以减小非正式制度对独立董事职能发挥的约束，从而更加全面地保护投资者的利益。另一方面，独立董事出具的意见不仅与独立董事自身的道德水平相关，而且受到外部社会文化环境的影响。这为对独立董事开展能力培训和思想教育提供了有益指导。此外，本章的研究结论表明，友善语义可能造成认知的同质性和人情关系的建立，从而弱化独立董事监督的独立性。

第五章　独立董事社会网络与高管违规

自 2012 年中央八项规定出台以来，"三公"经费持续下降。根据财政部数据，2012—2018 年，中央本级"三公"经费财政拨款支出分别为 74.25 亿元、70.15 亿元、58.8 亿元、53.73 亿元、48.25 亿元、43.6 亿元和 39.92 亿元，连续 7 年只降不增。数据的变化表明，中央八项规定的实施取得了显著成效，公款消费、公权力滥用的现象不断减少，腐败蔓延的势头得到有效遏制。党的二十大报告指出："我们持之以恒正风肃纪，以钉钉子精神纠治'四风'，反对特权思想和特权现象，坚决整治群众身边的不正之风和腐败问题，刹住了一些长期没有刹住的歪风，纠治了一些多年未除的顽瘴痼疾。我们开展了史无前例的反腐败斗争，以'得罪千百人、不负十四亿'的使命担当祛病治乱，不敢腐、不能腐、不想腐一体推进，'打虎''拍蝇''猎狐'多管齐下，反腐败斗争取得压倒性胜利并全面巩固，消除了党、国家、军队内部存在的严重隐患，确保党和人民赋予的权力始终用来为人民谋幸福。"鉴于中央的反腐实践，从微观治理层面分析监管监督机制对企业的影响，不仅有助于建立健全企业监督制度，而且有助于推进公司治理体系和治理能力现代化。

独立董事制度是指为完善上市公司治理结构，在上市公司内部形成权力制衡与监督的一种制度。已有研究表明，在一定的条件下，独立董事是保护中小股东利益的"看门人"（唐雪松 等，2010），同时能发挥咨询职能（刘浩 等，2012；刘春 等，2015）。陈运森等（2012）指出，独立董事的治理行为受其所处的社会网络的影响。在社会网络中所处的位置不同，独立董事获取信息、知识的能力有区别，进而影响其治理行为。因此，立足社会网络视角分析独立董事对公司治理的影响具有重要意义。大部分研究发现，社会网络能够带来丰富的社会资本，改善公司业绩（田高良 等，2013），提升投资效率（陈运森 等，2017），减少公司舞弊（韩洁 等，2015；Kuang et al., 2017）。

在职消费的经济效应最初体现在"代理观"中（Yermack，2006；赵璨等，2013；Xu et al.，2014）。随着中央反腐力度的提升，一系列规范在职消费的政策陆续出台，在职消费的正向经济效应逐步体现，"效率观"开始问世（孙世敏 等，2016）。在中国经济转型升级及特殊的人情社会背景下，在职消费的形成可能是诸多因素共同作用的结果，公司治理就是重要的影响因素之一。独立董事作为公司治理的重要组成部分，在其中究竟扮演何种角色？首先，独立董事社会网络带来的丰富社会资本，一方面有助于提升独立董事的监督能力，从而减少"代理观"中的在职消费；另一方面有助于增强独立董事的咨询职能，从而增加"效率观"中的在职消费。其次，在产权性质不同的企业中，独立董事发挥的监督作用和咨询作用也有所不同。在国有企业中，独立董事的监督能力可能受到其职业生涯规划的影响，独立董事甚至可能利用自身丰富的社会资本与管理层"合谋"治理。由于非国有企业受市场竞争的影响更大，因此社会网络关系更丰富的独立董事会促进"代理观"中的在职消费向"效率观"中的在职消费转变，体现出"协同"治理。显然，关于独立董事的社会网络对企业在职消费的具体影响，我们仅通过简单的理论分析尚不足以得出明确的结论，还需进行实证分析。

本章以2006—2017年的中国A股上市公司为研究样本，深入探究独立董事的社会网络对在职消费的影响机制。研究结果如下：

（1）独立董事在社会网络中的中心度越高，其所在公司的在职消费水平就越高，但这并不意味着增大了高管隐性违规的可能性。

（2）在国有企业，独立董事主要增加了自娱自利性质的在职消费，体现出"合谋"治理；在非国有企业，独立董事以提高货币薪酬补充性质的在职消费为主，体现为"协同"治理。"协同"治理的作用明显大于"合谋"治理的作用。

（3）在公司高速发展阶段，"合谋"治理的作用和"协同"治理的作用都得到了强化，但有效的外部监督能够抑制"合谋"治理行为。

（4）笔者将中央八项规定的出台和2014年"限薪令"的发布作为自然实验，发现这些政策的实施显著抑制了独立董事社会网络中心度对在职消费的提升作用。2014年发布的"限薪令"，对非国有企业的抑制作用更大。

（5）独立董事社会网络中心度足够高时，能使国有企业中的独立董事显著减少"合谋"治理行为，促使其发挥监督作用。

本章的主要贡献如下：

（1）本章丰富和完善了独立董事影响企业在职消费的相关研究。来自中国资本市场的实证研究大多支持"代理观"（Yermack，2006；赵璨等，2013；

Xu et al., 2014）。然而，在中国的非正式制度背景下，"效率观"中的在职消费也应该引起关注。本书将独立董事的行为嵌入社会网络，从而深层次分析独立董事的个人特征对治理效果发挥的影响。

（2）本章深化了对独立董事社会网络的认识。已有研究大多认为，社会网络中心度更高的独立董事能够获得更加丰富的信息、资源、知识等社会资本，从而有助于增强自身的独立性，以及更好地履行监督和咨询职能。本章在区分不同产权性质的基础上考察了社会网络对独立董事职能履行的影响，发现在国有企业，社会网络中心度越高的独立董事越可能出现"合谋"治理行为。这一发现有助于人们全面理解独立董事社会网络的作用，对完善独立董事制度起到了参考作用。

（3）从社会网络治理角度看，本章为经济体制转型国家的公司治理提供了经验支撑。在我国的经济体制转型过程中，部分企业出现了"内部人"治理的现象，因此基于西方治理实践的独立董事制度作为舶来品被引入中国的公司治理。本章的研究为完善独立董事制度和内部监督制度，解决"内部人"控制问题提供了参考。

一、文献回顾与研究假设

（一）独立董事社会网络与高管在职消费

在中国的上市公司中，高管在职消费现象较为常见（薛健，2017；王化成，2019）。早期的"代理观"和近年来出现的"效率观"对高管在职消费的影响尚未达成一致意见。詹森等（Jensen et al.，1976）的研究发现，管理人员通常将在职消费作为牟取私利的一种方式。作为公司代理成本，高管在职消费将降低公司价值。耶马克（Yermack，2006）的研究发现，CEO拥有私人直升机的信息一经披露，将引起市场对公司股价的负面反应。不仅如此，当所有权和控制权不一致时，拥有控制权的管理层通过在职消费侵占公司剩余价值的举动，会降低公司运营效率（Luo et al.，2011），引起股价暴跌（Xu et al.，2014），降低业绩薪酬敏感度（耿云江，2016）等。支持"效率观"的学者认为，合理的高管在职消费作为公司正常经营所需，是契约不完备的必然产物，从某种意义上讲，其属于管理层所获得的隐性货币薪酬，对管理层有激励效果，因此有助于提升公司运营效率和未来资产回报（Rajan et al.，2006），提高公司价值（Hart，2001），帮助高管建立与外部组织的友好关系（Yeung et al.，

1996）。已有研究从薪酬管制、职位晋升、非国有企业股东持股等方面探讨了高管在职消费的影响因素（陈信元 等，2009；徐细雄 等，2013；权小锋，2010；周美华，2016；蔡贵龙 等，2018）。也有文献认为，独立董事可以在健全内部控制、优化高管激励机制方面发挥作用（Goh，2009；陈运森 等，2012）。目前，鲜有文献从独立董事社会网络角度展开研究，探讨独立董事社会网络影响高管在职消费的研究更是少见。

社会网络在经济活动中扮演着越来越重要的角色，它是个体、组织交换资源、获取支持的渠道（Aldrich et al.，1986；Larcker et al.，2013）。在中国的资本市场中，一种重要的社会网络形式——连锁独立董事网络近年来受到学者的关注。它是独立董事在多个董事会同时任职而建立的直接联系和间接联系的集合（Kilduff et al.，2003）。由于社会学习效应的存在，嵌入连锁独立董事网络的上市公司可以通过学习和观察等行为来进行商业往来（Burt，1983；Au et al.，2000）。已有文献论证了连锁独立董事能够提升公司业绩、提高公司投资效率、提高会计信息质量、降低公司被诉风险（Kuang et al.，2017；王文姣 等，2017）等。独立董事与外部形成的弱关系联结，能够促进异质性有用信息在公司间传递（Granovetter，1973）。沿用孙世敏 等（2016）对在职消费性质的分类，本章从以下方面具体阐述独立董事网络对在职消费的影响。

首先，独立董事的重要职责之一是监督高管薪酬契约的订立（罗进辉 等，2018）。由于高管会对薪酬制定产生影响，因此这对独立董事的监督提出了挑战。独立董事的治理能力与其个人资本和社会资本直接相关（陈运森 等，2012）。处于社会网络中心位置的独立董事可能拥有更高的社会声望，因此其更有动机监督高管的违规行为，使其减少自娱自利性质的在职消费。

其次，在中国的社会交往中，关系有着特殊含义（Davies et al.，1995）。黄（Hwang，1987）将中国人的关系分成三类，即情感型关系、工具型关系和混合型关系。人们基于"差序格局"，以不同的态度和标准对待不同种类的关系（Fei，1948；Hsu，1953）。不同于情感型关系的建立以血缘、情感为基础，工具型关系的建立以公平原则为基础，混合型关系的建立则依赖于人情。从一面之缘到一见如故只是关系建立的第一步。关系的亲密程度最终取决于双方的交往价值（Ai，2006；Cai et al.，2011）。

最后，面子是人们进行社会交往的重要资源（Hwang，1987），是一种无形的社会资本，它象征着个人声誉，并受到社会地位和物质财富的影响（Hu，1944）。社会学家将面子定义为一种可以赢得社会赞誉的外部象征，包括地位、荣誉、成就、尊严等。本书认为，面子是一个人的社会交往、为人处世原则的综合体现。面子直接关系到一个人的社会关系的建立。

"给面子"是指一方的行为提高了另一方的声望，让另一方感受到尊重。反之，如果一方有过错，而另一方去检举或公之于众，从而使有过错的一方受到社会的关注、非议，那么这样做就是"不给面子"。中国人不但倾向于给自己面子，还倾向于给他人面子，特别是情感型关系中的他人和混合型关系中的他人。这种"给面子"的行为可能表现为言语的委婉或行动的支持。

建立和维持混合型关系的逻辑出发点是理，而非情。理往往包含利益、是非、章程、真假和道理等（翟学伟，2017）。资源依赖理论的主要观点是，组织必须建立在竞争和分享稀缺资源的群体中。基于资源依赖理论，独立董事在参与公司治理、与高管进行社会互动的过程中，或多或少地期望公司或高管能够给自己提供更丰富的社会资本，包括人力资本和关系资本。在上市公司工作，并拥有丰富社会资源的独立董事对资源交换更加敏感。换句话说，他们在资源交换方面是成功的，而对高管的机会主义行为可能视而不见。为了进一步研究独立董事在监督高管机会主义行为时的行动选择和博弈均衡，笔者拟构建一个博弈模型。该模型的基本假设如下：

（1）博弈参与者：独立董事和高管。

（2）理性代理人的假设：独立董事和高管都是理性代理人。他们追求自身利益的最大化而不考虑其他参与者的利益。高管可以通过自娱自乐性质的在职消费来实现自身利益的最大化。独立董事对高管违规的选择是，进行监督，或者放任不管，甚至与高管合谋，以实现自身利益的最大化。

（3）策略：在高管和独立董事的博弈中，高管有两种策略，即进行自娱自乐性质的在职消费（隐性违规）和不违规；独立董事也有两种策略，即监督和不监督（合谋）。

（4）假定高管选择自娱自乐性质的在职消费（隐性违规），这时如果独立董事选择监督，则独立董事的得益为$-M$。$-M$是指损失了前文分析的关系或面子及背后的资源交换；如果独立董事选择不监督，则其会因偷懒和节省监督精力而获得效用R，最重要的是，独立董事可以获取与高管建立人情关系的得益M。当高管选择自娱自乐性质的在职消费（隐性违规）时，如果其受到独立董事的监督，则其会受到惩罚，得益为$-P$。如果独立董事不监督，则高管将获得机会主义行为带来的额外效用X。

（5）当高管不选择自娱自乐性质的在职消费（隐性违规）时，如果独立董事选择监督，则独立董事的得益仍为0；如果独立董事选择不监督，则会因节省监督精力而获取得益R。但是，此时独立董事不管是否进行监督，都不会对高管产生威慑作用，因此高管的得益为 0。

根据以上假设条件，笔者构建了独立董事−高管自娱自乐性质的在职消费（隐性违规）博弈模型（见表 5.1）。

表 5.1　独立董事−高管自娱自乐性质的在职消费（隐性违规）博弈模型

项目	独立董事		
	是否违规	监督	不监督（合谋）
高管	隐性违规（进行自娱自乐性质的在职消费）	$(-P, -M)$	$(X, R+M)$
	不违规	$(0, 0)$	$(0, R)$

首先，独立董事选择占优策略：不监督（合谋）；而高管会根据独立董事的占优策略选择自己的占优策略：隐性违规。因此，这个博弈模型是纯策略的完全占优策略（隐性违规、不监督）。因此，我们可以预测，在独立董事和高管的博弈过程中，独立董事和高管都会选择有利于实现自身利益最大化的策略，这将导致独立董事对高管违规的监督失效或缺失。

其次，社会网络有助于实现信息共享。连锁公司产生的学习效应可以使独立董事洞悉不同公司的内部情况和高管的决策行为，有利于独立董事评估真实业绩，促使公司制定更加有效的激励制度，包括将高管的在职消费作为货币报酬的替代，即货币薪酬补充性质的在职消费（Butle et al.，2012；Engelberg et al.，2013；Geletkanycz et al.，2001；Mizruchi et al.，1996）。

最后，社会网络有助于降低公司的交易成本。根据资源依赖理论，公司为了生存、发展，需要通过竞争获得各种资源（Allen et al.，2009）。公司可以通过独立董事社会网络同其他组织建立广泛的合作关系。在法律制度不完善、信任程度较低的地区，公司更愿意选择同关系密切的供应商或客户进行交易，以降低成本（Kong，2011）。但是，密切关系的建立需要付出成本，这会导致在职消费增加。

基于以上分析，我们提出假设 5.1a 和 5.1b。

H5.1a：在控制其他条件的情况下，独立董事社会网络中心度越高，独立董事所在公司的高管在职消费水平越低。

H5.1b：在控制其他条件的情况下，独立董事社会网络中心度越高，独立董事所在公司的高管在职消费水平越高。

（二）独立董事社会网络、公司产权性质与高管在职消费

若假设 5.1b 得证，则说明独立董事社会网络能够提高公司的在职消费水平，有助于独立董事发挥咨询职能。独立董事对在职消费的影响因公司产权性质的不同而有差异。

第一，在市场化程度更高的非国有企业，高管薪酬是公司中各利益相关方市场化谈判的结果，独立董事在高管激励政策的制定和实施中也能发挥更大作用。国有企业中的高管薪酬大多受政府干预，普遍面临刚性管制（陈东华 等，2005）。在职消费的职务薪酬替代作用在国有企业中相对较小，因而独立董事社会网络带来的社会资本对国有企业高管薪酬制度设计产生的作用也较小。

第二，从社会资源配置的角度分析，在我国的社会主义市场经济体制中，成立国有企业是国家干预经济或参与经济的一种手段（陈东华 等，2005），社会资源更倾向于为国有企业提供。国有企业因其先天的优势（Fan et al.，2007）而减少了对独立董事社会网络的依赖。

第三，基于独立董事职业生涯规划的考虑，在国有企业中，社会网络中心度高的独立董事更可能与高管"合谋"治理。在国有企业任职，有助于独立董事在原单位晋升职务，以及获得加入其他国有企业董事会的机会。出于对职业生涯的考虑和对人情关系的重视，独立董事在监督董事长或经理时容易妥协（郑志刚 等，2012），可能对他们的机会主义行为进行"打盹"监督，甚至可能通过"支招"或"合谋"的方式讨好他们。在国有企业中，高管的在职消费以公款消费为主，其经济性质是隐性牟利（郝颖 等，2018）。因此，社会关系网越广的独立董事，其获得的信息越多，利用在职消费等隐蔽方式获取各种利益的手段也越多，独立董事更有可能帮助高管寻租。

综上，本章认为，社会网络中心度更高的独立董事在非国有企业中能更有效地发挥咨询作用和监督作用，强化在职消费的正向经济效应，产生"协同"治理效果；而在国有企业中，社会网络中心度更高的独立董事可能以其丰富的资源和人脉帮助高管寻租，这不仅不能有效形成在职消费的正向经济效应，而且会提高代理成本，产生"合谋"治理效果。

基于以上分析，笔者提出假设 5.2a 和 5.2b。

H5.2a：在控制其他条件的情况下，独立董事社会网络中心度增加高管在职消费的作用在非国有企业中更小。（"协同"治理效果大于"合谋"治理效果）

H5.2b：在控制其他条件的情况下，独立董事社会网络中心度增加高管在职消费的作用在国有企业中更大。（"协同"治理效果小于"合谋"治理效果）

二、研究设计

（一）研究模型与变量定义

1. 量化高管在职消费和独立董事社会网络中心度

本章中，反映独立董事社会网络中心度的变量为 Center。参考弗里曼（Freeman，1979）和陈运森（2012）等的方法，笔者用程度中心度（Degree）、中介中心度（Betweenness）、接近中心度（Closeness）和特征向量中心度（Eigenvector）4 个具体指标来衡量综合指标独立董事社会网络中心度（Center），以明确独立董事在社会网络中的位置，具体做法如下：①运用独立董事唯一识别编码（ID）构建一模矩阵；②通过分析软件 Python 计算出 4 个具体指标，并以公司为单位计算独立董事社会网络中心度指标（取所有独立董事的中位数）；③考虑到每个具体指标在量纲上的差别会减小异常值突出而导致的指标差异，笔者对 4 个具体指标按年度排序，并将 4 个具体指标分成 10 组，赋值 10~1，将值加总并除以 4，最终得到公司每年的独立董事社会网络中心度指标（Center）。

对于高管超额在职消费的量化，本章借鉴罗等（Luo et al.，2009）和权小锋等（2010）的模型，依据样本公司的经营管理与发展情况，结合高管在职消费的内在需求，估计出高管在职消费中的合理部分，即模型的拟合值，进而测算出高管在职消费中超出合理范围的金额，即高管超额在职消费。

$$\text{Perk}_t / \text{Asset}_{t-1} = \beta_0 + \beta_1 / \text{Asset}_{t-1} + \beta_2 \Delta \text{Sale}_t / \text{Asset}_{t-1} + \beta_3 \text{PPE}_t / \text{Asset}_{t-1} +$$
$$\beta_4 \text{Inventory}_t / \text{Asset}_{t-1} + \beta_5 \text{L}_n \text{Employee}_t + \varepsilon_t \qquad (5.1)$$

其中，Perk_t 为管理费用中扣除了薪酬、税金等非在职消费支出后的金额，Asset_{t-1} 为上年年末总资产，ΔSale_t 为主营业务收入的变化值，PPE_t 为年末固定资产净值，Inventory_t 为年末存货总额，$\text{L}_n \text{Employee}_t$ 为员工总数的对数。模型（5.1）分年度、分行业回归后的残差即高管超额在职消费。

2. 建立模型以检验假设

构建模型（5.2）来检验假设 5.1 和假设 5.2，即明确独立董事社会网络中心度和高管在职消费之间的关系

$$\text{Abperk}_t = \beta_0 + \beta_1 \text{Center} + \sum \beta_j \text{Controls}_j + \text{Firm Fixed Effect} +$$
$$\text{Year/Industry Fixed Effect} + \varepsilon \qquad (5.2)$$

笔者选取公司规模（Size）、盈利水平（Roa）、负债水平（Lev）、产权性

质（Soe）、第一大股东持股比例（Top1）、董事长与总经理两职合一（Duality）、董事会规模（LnbSize）、独立董事比例（Inden）作为控制变量。此外，本章考虑了年度、行业固定效应（Year/Industry Fixed Effect）。

为了考察独立董事的咨询作用和监督作用，在机制检验中，本章引入如下约束变量：①公司成长性（Growth）。该变量以公司营业收入增长率为指标。②公司生命周期。参照李云鹤（2011）的做法，笔者对销售收入增长率、留存收益、资本支出及公司年龄进行打分，并按照综合得分将公司生命周期划分为成长期、成熟期和衰退期。③媒体关注（Media）。筛选400多家重要网络媒体对公司的报道，对标题中出现的负面新闻数量取对数。④分析师关注（Analy）。该变量通过对分析师的跟踪人数取对数来衡量。主要变量名称及度量方法如表5.2所示。

表 5.2　主要变量名称及度量方法

变量类型	变量名称	变量	变量说明
被解释变量	高管在职消费	Abperk	高管在职消费水平
解释变量	独立董事社会网络中心度	Center	根据弗里曼和陈运森的方法设定
控制变量	公司规模	Size	总资产自然对数
	盈利水平	Roa	总资产收益率
	负债水平	Lev	资产负债率
	产权性质	Soe	国有企业取 1，非国有企业取 0
	第一大股东持股比例	Top1	第一大股东所持股数占总股数的比例
	董事长与总经理两职合一	Duality	董事长与总经理两职合一取 1，否则取 0
	董事会规模	Lnbsize	董事会人数的自然对数
	独立董事比例	Inden	独立董事占董事会人数的比例

（二）样本选择与数据来源

本章以 2008—2017 年的我国 A 股上市公司为样本，并按照以下程序进行筛选：①剔除了金融公司；②剔除了数据缺失的样本；③为了避免极端值的影响，本章对所有连续控制变量进行上下 1%的缩尾处理。按照上述方法，笔者一共获得 3 089 个上市公司的 19 850 个年度观测值。

三、实证结果与分析

（一）描述性统计

本章对主要变量做了描述性统计。表 5.3 的结果显示，高管在职消费（Abperk）的均值为 −0.002 3，最大值（0.190 3）与最小值（−0.134 8）相差0.325 1，中位数为 −0.004 3，均值大于中位数，呈右偏分布状态，这说明上市公司的在职消费规模不均衡。独立董事社会网络中心度指标（Center）的均值为 5，最大值是最小值的近 9 倍，这说明独立董事在社会网络中的位置差异明显。表 5.4 的检验结果显示，以中位数的比较为例，非国有企业的高管在职消费水平明显高于国有企业的高管在职消费水平，然而国有企业的独立董事社会网络中心度显著高于非国有企业的独立董事社会网络中心度。这说明独立董事在社会网络中所处的位置对在职消费的影响因上市公司产权性质的不同而存在差异，因此我们还需要进一步作回归分析。未报告的相关性分析显示，主要变量不存在较强的相关关系，这说明模型不具有多重共线性。主要变量的描述性统计如表 5.3 和表 5.4 所示。

表 5.3　主要变量的描述性统计（1）

全样本统计					
变量名	样本量	均值	最大值	中位数	最小值
Abperk	19 850	−0.002 3	0.190 3	−0.004 3	−0.134 8
Center	19 850	5.124 7	8.750 0	5.500	1.500 0
Size	19 850	22.037 3	25.850 9	21.874 2	19.303 0
Roa	19 850	0.053 1	0.237 0	0.042 1	0.001 3
Lev	19 850	0.436 3	0.927 1	0.433 1	0.051 0
Soe	19 850	0.422 3	1	0	0
Top1	19 850	35.491 2	75	33.58	8.870 0
Duality	19 850	0.263 1	1	0	0
Lnbsize	19 850	2.152 3	2.708 1	2.197 2	1.609 4
Inden	19 850	0.371 6	0.571 4	0.333 3	0.285 7

表 5.4　主要变量的描述性统计（2）

变量	单变量检验						均值差异	中位数差异
	非国有企业			国有企业				
	样本量	均值	中位数	样本量	均值	中位数		
Abperk	11 468	0.001	−0.003	8 382	−0.001	−0.005	0.003***	0.002***
Center	11 468	4.978	5.500	8 382	5.325	5.750	−0.347***	−0.250***

（二）回归结果分析

1. 独立董事社会网络中心度与高管在职消费

为了检验假设 5.1a 和假设 5.1b，笔者利用模型（5.2）进行回归，结果如表 5.5 所示。我们可以发现，无论是否控制行业固定效应、年度固定效应，以及无论是否增加其他控制变量，公司的在职消费水平都和独立董事社会网络中心度正相关，即独立董事在社会网络中所处的位置越靠近中心，则独立董事所在公司的高管在职消费水平就越高，从而验证了假设 5.1b，而拒绝了假设 5.1a。

表 5.5　独立董事社会网络中心度与在职消费

变量	（1）	（2）	（3）
Center	0.000 7***	0.000 7***	0.001 0***
	(3.788 0)	(3.940 5)	(5.188 2)
Size			−0.002 4***
			(−5.683 2)
Roa			0.131 3***
			(12.742 7)
Lev			−0.000 3
			(−0.128 9)
Soe			0.001 3
			(1.354 3)
Top1			−0.000 0*
			(−1.906 7)
Duality			0.001 0
			(1.243 0)
Lnbsize			−0.000 2
			(−0.095 0)

表5.5(续)

变量	(1)	(2)	(3)
Inden			−0.009 1
			(−1.248 4)
常数项	−0.003 6***	−0.004 9*	0.043 9***
	(−3.627 7)	(−1.731 5)	(4.438 8)
样本量	19 850	19 850	19 850
R^2	0.002 2	0.005 0	0.063 6
Year & Industry	不控制	控制	控制

2. 公司产权性质、独立董事社会网络中心度与高管在职消费

为了验证假设 5.2a 和 5.2b，本章根据上市公司最终控制人的性质进行分组检验。无论是否控制年度固定效应、行业固定效应和其他控制变量，表 5.6 中交互项 Center×Soe 的回归系数都在 5% 的水平上显著为负。这表明，在国有企业中，独立董事社会网络中心度增加高管在职消费的作用较小，验证了假设 5.2a。独立董事在非国有企业中发挥的"协同"治理作用，大于在国有企业中发挥的"合谋"治理作用。近年来，中央不断推进反腐倡廉工作，有效控制了国有企业高管自娱自乐性质的在职消费，也使独立董事的"合谋"治理受到影响。

表 5.6 公司产权性质、独立董事社会网络中心度与在职消费

变量	(1)	(2)	(3)
Center	0.001 0***	0.001 1***	0.001 3***
	(5.171 6)	(5.277 3)	(5.529 6)
Center×Soe	−0.000 6***	−0.000 6***	−0.000 9**
	(−3.987 0)	(−3.683 1)	(−2.431 0)
Soe			−0.002 4***
			(−5.620 0)
Size			0.131 2***
			(12.772 2)
Roa			−0.000 4
			(−0.166 3)
Lev			0.005 8***
			(2.956 4)
Top1			−0.000 0*
			(−1.901 0)

表5.6(续)

变量	（1）	（2）	（3）
Duality			0.001 1
			（1.278 7）
Lnbsize			−0.000 2
			（−0.069 0）
Inden			−0.009 0
			（−1.225 2）
常数项	−0.003 9***	−0.004 5	0.041 4***
	（−3.958 6）	（−1.616 5）	（4.139 7）
样本量	19 850	19 850	19 850
R^2	0.005 9	0.008 2	0.064 4
Year & Industry	不控制	控制	控制

3. 作用机制检验——基于业绩和薪酬的角度

上述实证研究结果表明，在国有企业中，社会网络能强化独立董事的咨询功能，具有提高在职消费水平的作用。但社会网络使独立董事在非国有企业中"协同"治理而在国有企业中"合谋"治理的假设尚未得到证实。为从在职消费视角考察独立董事社会网络发挥的作用，笔者以相对净资产报酬率与高管货币薪酬中位数为参照标准，将样本公司划分为高业绩低薪酬组、低业绩高薪酬组、高业绩高薪酬组和低业绩低薪酬组，分别获得4 056、4 623、6 554和4 617个观测值。

如表5.7所示，高业绩低薪酬组的高管薪酬激励不足，高水平业绩缺乏支撑，因此在职消费在该组中对高管发挥了较强的激励作用。在列（1）和列（2）中，分公司产权性质的检验结果表明，独立董事社会网络中心度的提高，并没有在国有企业中增加这种具有正向经济作用的在职消费，而只在非国有企业中产生了这样的效果。这说明，独立董事社会网络能在非国有企业中显著提高货币薪酬在职消费，也证实了独立董事在非国有企业中的"协同"治理效应。在低业绩高薪酬组中，代理问题最明显，高管在职消费多具有自娱自利性质（孙世敏 等，2016）。列（3）和列（4）的结果显示，独立董事社会网络中心度的提高在国有企业中显著增加了高管自娱自乐性质的在职消费，而在非国有企业中的促进作用不明显，这证实了独立董事在国有企业中的"合谋"治理效应。高业绩高薪酬组的高管薪酬激励充分，高水平业绩的达成拥有足够保障，因此该组不需要通过高管在职消费来增强激励效应。在低业绩低薪酬组中，较低的货币薪酬与较低的业绩相对应，独立董事社会网络促进了货币薪酬激励性质的在职消费。

表 5.7　作用机制检验——基于业绩和薪酬的角度

变量	高业绩薪酬组		低业绩高薪酬组		高业绩高薪酬组		低业绩低薪酬组	
	国有企业	非国有企业	国有企业	非国有企业	国有企业	非国有企业	国有企业	非国有企业
	(1)	(2)	(3)	(4)	(5)	(6)	(7)	(8)
Center	0.000 2	0.001 7***	0.001 1**	0.000 6	0.000 3	0.000 7*	0.000 5	0.000 6*
	(0.435 9)	(4.301 3)	(2.415 9)	(1.591 0)	(0.708 4)	(1.774 4)	(1.237 7)	(1.727 6)
Size	−0.002 4**	0.000 1	−0.004 7***	−0.005 9***	−0.005 9***	−0.005 3***	−0.003 1***	0.002 4**
	(−2.200 7)	(0.888 3)	(−6.162 9)	(−5.963 0)	(−6.252 9)	(−4.582 5)	(−3.630 4)	(2.199 6)
Lev	0.006 6	0.008 2*	−0.000 7	−0.006 4	0.007 6	0.011 0*	−0.000 6	−0.011 7***
	(1.030 5)	(1.707 5)	(−0.160 2)	(−1.282 4)	(1.271 5)	(1.722 1)	(−0.120 8)	(−2.818 8)
Top1	0.000 1	−0.000 1	0.000 1	−0.000 1*	0.000 1*	−0.000 1**	0.000 0	−0.000 1**
	(1.065 9)	(−1.049 2)	(1.052 8)	(−1.778 7)	(1.819 0)	(−2.225 2)	(0.552 2)	(−2.194 7)
Roa	0.075 1***	0.137 1***	0.251 4***	0.101 0*	0.044 6*	0.144 2***	0.141 4**	0.036 4
	(2.774 0)	(5.818 9)	(4.548 2)	(1.723 2)	(1.722 8)	(5.258 3)	(2.466 7)	(0.690 1)
Lnbsize	0.002 9	−0.003 9	−0.006 4	0.005 7	−0.004 5	0.002 2	0.000 5	−0.004 3
	(0.373 2)	(−0.673 6)	(−1.475 6)	(1.016 1)	(−0.869 8)	(0.356 9)	(0.106 0)	(−0.995 8)

表5.7（续）

变量	高业绩低薪酬组		低业绩高薪酬组		高业绩高薪酬组		低业绩低薪酬组	
	国有企业	非国有企业	国有企业	非国有企业	国有企业	非国有企业	国有企业	非国有企业
	(1)	(2)	(3)	(4)	(5)	(6)	(7)	(8)
Lnden	-0.013 7	-0.004 3	-0.005 3	0.007 5	-0.011 8	0.002 0	0.011 9	-0.021 2
	(-0.674 4)	(-0.224 7)	(-0.429 8)	(0.465 0)	(-0.752 1)	(0.104 9)	(0.771 1)	(-1.506 6)
Duality	0.002 8	0.000 6	0.001 3	0.001 1	0.001 4	0.001 9	0.006 0***	0.000 7
	(1.052 9)	(0.411 6)	(0.709 8)	(0.765 3)	(0.387 9)	(1.167 4)	(2.592 6)	(0.505 9)
常数项	0.036 1	-0.039 3	0.114 6***	0.118 5***	0.138 6***	0.094 0***	0.044 6**	-0.042 6*
	(1.247 0)	(-1.260 0)	(6.328 7)	(4.322 5)	(6.771 1)	(3.483 5)	(2.219 2)	(-1.844 8)
R^2	0.060 9	0.076 8	0.125 4	0.102 6	0.104 5	0.085 4	0.089 8	0.060 9
样本量	1 340	2 716	2 363	2 260	2 532	4 022	2 147	2 470
Year & Industry	控制	控制	控制	控制	控制	控制	控制	控制

四、稳健性检验

为保证本章回归结果的稳健性，笔者采取三种方法进行稳健性检验。

（一）采用倾向得分匹配法（PSM）进行检验

根据独立董事社会网络中心度是否高于同行业75%的分位数，笔者建立了实验组（高中心度）和控制组（低中心度）进行匹配。笔者选择独立董事平均年龄（Mage）、是否为男性（Mmale）、是否有财务专长（Mprof）、平均学历水平（Mdeg）、公司上市年限（Firmage）、规模（Size）、资产负债率（Lev）、第一大股东持股比例（Top1）、产权性质（Soe）、资产回报率（Roa）、两权分离度（Seperation）、高管持股比例（Mshare）、董事会规模（Lnbsize）、独立董事比例（Inden）、董事长和总经理两职合一（Duality）作为匹配变量。在使用PSM进行检验前，我们需要进行平衡趋势检验。图5.1的结果表明，匹配后所有协变量的标准化偏差小于10%。在表5.8中，列（1）至（8）汇报了采用一对一匹配、邻近匹配等八种匹配方式的估计结果。其中，ATT为受处理组的平均处理效应，都在1%的水平上显著，这说明社会网络中心度高的独立董事可以使高管超额在职消费平均增长约0.002倍。表5.9是对邻近匹配（K=4）后样本重新进行回归的结果。Center与Abperk依然在1%的水平上显著为正；在加入公司的产权性质后，Soe×Center依然在1%的水平上显著为负。这表明，前文的主要结果是稳健的。

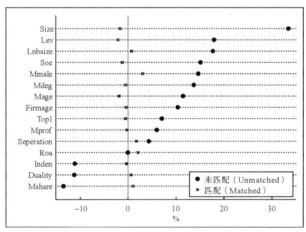

图5.1 匹配后所有协变量的标准化偏差

表 5.8　匹配后处理效应

变量	(1)一对一匹配	(2)邻近匹配	(3)卡尺匹配	(4)半径匹配	(5)核匹配	(6)局部线性匹配	(7)样条匹配	(8)马氏匹配
ATT	0.002 6***	0.002 3***	0.002 4***	0.002 4***	0.002 3***	0.002 9***	0.002 4***	0.002 6***
	(3.858 0)	(4.002 9)	(4.199 6)	(5.591 8)	(4.318 0)	(6.966 4)	(5.265 2)	(2.862 1)
ATU	0.002 9***	0.002 9***	0.003 0***	0.002 9***	0.003 0***	0.002 4***	0.002 9***	0.002 9***
	(5.028 7)	(5.177 4)	(5.194 1)	(6.025 5)	(4.912 3)	(5.103 3)	(5.866 5)	(6.900 0)
ATE	0.002 8***	0.002 7***	0.002 8***	0.002 8***	0.002 8***	0.002 6***	0.002 7***	0.002 8***
	(5.750 0)	(5.428 9)	(5.652 9)	(6.062 4)	(4.855 4)	(5.786 9)	(5.863 3)	(7.312 4)
样本量	19 850	19 850	19 850	19 850	19 850	19 850	19 850	19 850

表 5.9　匹配后回归结果

变量	（1） Abperk	（2） Abperk
Center	0.000 9***	0.001 3***
	(4.921 8)	(5.218 1)
Soe	0.001 0	0.005 5***
	(0.988 8)	(2.632 6)
Soe×Center		−0.000 8**
		(−2.206 3)
Size	−0.002 9***	−0.002 9***
	(−6.551 0)	(−6.509 1)
Lev	0.000 2	0.000 1
	(0.076 2)	(0.049 7)
Top1	−0.000 0	−0.000 0
	(−1.320 4)	(−1.317 9)
Roa	0.131 1***	0.131 2***
	(11.828 0)	(11.864 1)
Lnbsize	−0.001 2	−0.001 0
	(−0.441 1)	(−0.393 0)
Inden	−0.010 9	−0.010 9
	(−1.410 6)	(−1.413 0)
Duality	0.001 2	0.001 3
	(1.339 2)	(1.374 4)
常数项	0.056 7***	0.054 2***
	(5.460 4)	(5.158 7)
样本量	15 202	15 202
R^2	0.072 6	0.073 3
Year & Industry	控制	控制

（二）采用工具变量法（IV）进行检验

研究结果可能受到互为因果、遗漏变量的影响，形成内生性问题。例如，在非国有企业中，较高的高管在职消费水平意味着薪酬激励有效，能吸引处于社会网络中心位置的独立董事。因此，采用工具变量法进行估计是有必要的。本章选取独立董事过去的任职行业数（Pastind）和当年同行业上市公司的独立董事社会网络中心度的中位数（Median Center）作为工具变量，独立董事过去的任职行业数越多及当年同行业上市公司的独立董事社会网络中心度的中位数越高，则独立董事积累的社会关系就越丰富。在表5.10中，列（1）为第一阶段回归结果，Pastind、Median center 与 Center 显著正相关。列（2）为排除内生性干扰后，独立董事社会网络中心度对高管在职消费的影响。回归系数为0.001 0，且在5%的统计水平上显著。这表明，独立董事社会网络中心度的提高对高管在职消费有显著的正向促进作用。工具变量估计结果进一步证明本章的研究结论稳健。列（3）和列（4）为加入交互项的两阶段最小二乘法（IV-2SLS）的回归结果。排除内生性干扰后，交互项 Center×Soe 在10%和1%的水平上显著为负，原结论稳健。工具变量 Cragg-Donald Wald 和 Kleibergen-Paaprk Wald 的 F 统计量分别是1202.10和675.92，均大于临界值，说明它们非弱工具变量。

表5.10 采用工具变量法进行检验

阶段	第一阶段	第二阶段		
变量	（1） Center	（2） Abperk	（3） Abperk	（4） Abperk
Center		0.001 0**	0.001 5**	0.017 4***
		(2.092 1)	(2.435 9)	(4.327 4)
Center×Soe			−0.001 6*	−0.011 7***
			(−1.770 5)	(−3.526 2)
Pastind	0.486 7***			
	(36.709 5)			
Pastind×Soe				
Median Center	0.229 1***			

表5.10(续)

阶段	第一阶段	第二阶段		
变量	(1) Center	(2) Abperk	(3) Abperk	(4) Abperk
	(5.427 4)			
Median Center×Soe				
Soe	0.104 5**	0.001 3	0.009 4**	0.059 8***
	(2.053 6)	(1.355 4)	(2.045 1)	(3.508 1)
Size	0.125 3***	−0.002 4***	−0.002 3***	−0.003 8***
	(5.962 6)	(−5.554 2)	(−5.439 8)	(−5.030 4)
Lev	0.205 1*	−0.000 3	−0.000 4	−0.004 5
	(1.776 3)	(−0.129 4)	(−0.187 1)	(−1.623 9)
Top1	0.000 3	−0.000 0*	−0.000 0*	−0.000 1
	(0.207 0)	(−1.909 5)	(−1.895 5)	(−1.589 5)
Roa	0.960 0**	0.131 3***	0.131 2***	0.116 1***
	(2.245 9)	(12.711 0)	(12.757 7)	(9.555 0)
Lnbsize	1.088 7***	−0.000 2	−0.000 0	−0.011 6**
	(8.604 8)	(−0.095 1)	(−0.018 5)	(−2.408 2)
Inden	−0.276 8	−0.009 1	−0.008 9	−0.001 5
	(−0.664 7)	(−1.250 7)	(−1.211 8)	(−0.162 2)
Duality	−0.030 9	0.001 0	0.001 1	0.001 9*
	(−0.703 7)	(1.245 3)	(1.306 2)	(1.794 6)
常数项	−2.405 6***	0.043 9***	0.039 5***	0.025 0
	(−4.494 7)	(4.417 6)	(3.848 9)	(1.583 4)
R^2	0.159 4	0.063 6	0.063 9	0.061 5
样本量	19 850	19 850	19 850	19 850
Year & Industry	控制	控制	控制	控制

（三） 仅保留独立董事前后两年不变的样本

如果独立董事前后两年没有发生变化，且其社会网络中心度的提高增加了高管在职消费，则说明并不是高管在职消费高的企业吸引了社会网络中心度高的独立董事，也不是社会网络中心度高的独立董事选择了高管在职消费高的企业，这在一定程度上可以排除互为因果的影响。在表5.11中，列（1）和列（2）中的Center系数均在1%的水平上显著为正。这说明在独立董事前后两年不变的情况下，独立董事社会网络中心度的提高能够提升高管在职消费水平。交互项Center×Soe显著为负，说明在非国有企业中，这种提高程度更显著。这些结果和前文主要结果一致。

（四） 排除监督职能替代性假设

前文中的假设提到，在社会网络中心度提高时，独立董事可能因忙碌而减少对高管的监督，导致高管的自利行为，从而提高高管在职消费水平。为了排除监督职能替代性假设，本章加入独立董事平均会议缺席比例（Attend）。在表5.11中，列（3）和列（4）中的Attend与高管在职消费没有显著相关性，Center的系数依然显著为正。这说明，高管在职消费水平的提高并非独立董事监督不到位所致。

（五） 其他稳健性检验

（1）适用滞后一期的独立董事社会网络中心度。

（2）加入其他权力特征变量：高管持股（Mshare）、高管团队人数（Nexecutive）和高管薪酬（Compensation）。

在表5.11中，列（3）、列（4）和列（5）、列（6）的结果显示，本章的研究结论依然稳健。

表 5.11 其他稳健性检验

项目	仅保留独立董事前后两年不变的样本		加入 Attend		滞后一期		控制其他权力特征变量	
	(1)	(2)	(3)	(4)	(5)	(6)	(7)	(8)
Center	0.001 1***	0.001 4***	0.001 0***	0.001 3***	0.000 9***	0.001 4***	0.000 8***	0.001 1***
	(4.906 7)	(5.010 5)	(5.187 5)	(5.529 2)	(4.330 0)	(5.275 6)	(4.247 3)	(4.682 6)
Center×Soe		-0.000 8**		-0.000 9**		-0.001 2***		-0.000 8**
		(-1.973 5)		(-2.433 5)		(-3.070 5)		(-2.178 3)
Soe	0.002 2**	0.006 5***	0.001 3	0.005 8***	0.001 2	0.007 3***	0.001 6*	0.005 5***
	(2.072 4)	(2.795 4)	(1.347 2)	(2.953 7)	(1.193 5)	(3.442 7)	(1.655 5)	(2.874 7)
Attend			0.000 2	0.000 5				
			(0.033 3)	(0.088 8)				
Size	-0.002 1***	-0.002 1***	-0.002 4***	-0.002 4***	-0.002 9***	-0.002 8***	-0.004 9***	-0.004 9***
	(-3.985 0)	(-3.927 8)	(-5.683 1)	(-5.619 6)	(-6.046 0)	(-5.963 3)	(-10.515 3)	(-10.424 7)
Roa	0.122 6***	0.122 6***	0.131 3***	0.131 2***	0.126 6***	0.126 2***	0.108 5***	0.108 5***
	(9.705 1)	(9.733 0)	(12.729 2)	(12.758 2)	(10.762 5)	(10.790 5)	(10.441 0)	(10.462 2)
Lev	-0.002 9	-0.003 0	-0.000 3	-0.000 4	-0.000 8	-0.000 9	0.002 4	0.002 3

表5.11(续)

项目	仅保留独立董事前后两年不变的样本		加入Attend		滞后一期		控制其他权力特征变量	
	(1)	(2)	(3)	(4)	(5)	(6)	(7)	(8)
Top1	-0.000 0	-0.000 0	-0.000 0*	-0.000 0*	-0.000 1*	-0.000 1*	-0.000 0	-0.000 0
	(-1.008 6)	(-1.047 8)	(-0.129 7)	(-0.168 2)	(-0.331 2)	(-0.371 9)	(1.135 1)	(1.104 7)
Duality	0.001 3	0.001 3	0.001 0	0.001 1	0.000 7	0.000 7	0.000 8	0.000 8
	(1.197 8)	(1.220 1)	(1.243 1)	(1.279 2)	(0.757 5)	(0.788 9)	(0.910 9)	(0.921 6)
Lnbsize	-0.001 0	-0.001 1	-0.000 2	-0.000 2	0.000 0	0.000 0	-0.003 4	-0.003 3
	(-0.362 3)	(-0.325 5)	(-0.097 3)	(-0.075 1)	(0.000 9)	(0.016 7)	(-1.387 8)	(-1.361 0)
Inden	-0.009 7	-0.009 7	-0.009 1	-0.009 0	-0.007 1	-0.006 8	-0.010 2	-0.010 1
	(-1.109 7)	(-1.084 7)	(-1.250 6)	(-1.228 6)	(-0.918 6)	(-0.874 8)	(-1.407 6)	(-1.389 8)
Mshare							0.000 7	0.000 7
							(0.581 7)	(0.643 7)
Nexecutive							-0.000 0	-0.000 0
							(-0.176 5)	(-0.183 8)
Constant								
	(-0.835 7)	(-0.822 0)	(-1.905 5)	(-1.899 2)	(-1.901 5)	(-1.888 4)	(-0.513 3)	(-0.515 4)

表5.11(续)

项目	仅保留独立董事前后两年不变的样本		加入 Attend		滞后一期		控制其他权力特征变量	
	(1)	(2)	(3)	(4)	(5)	(6)	(7)	(8)
Compensation	0.0407***	0.0381***	0.0439***	0.0415***	0.0548***	0.0514***	0.0074***	0.0074***
	(3.4149)	(3.1433)	(4.4405)	(4.1416)	(5.1069)	(4.7275)	(11.0473)	(11.0145)
常数项							-0.0017	-0.0037
							(-0.1485)	(-0.3270)
R^2	0.0597	0.0605	0.0636	0.0644	0.0661	0.0675	0.0897	0.0903
样本量	11 224	11 224	19 850	19 850	16 655	16 655	19 850	19 850
Year & Industry	控制	控制	控制	控制	控制	控制	控制	控制

五、进一步检验

本章的研究认为，中国本土社会的互动规则和资源依赖导致独立董事利用其社会网络优势来提升公司的高管在职消费水平，尤其是增加效率部分的在职消费（货币报酬补充性质的在职消费和正常职务消费性质的在职消费）。公司的不同发展阶段会使独立董事对社会网络有不同的需求，因此我们有必要探究独立董事社会网络对公司不同发展阶段的影响。机构投资者、媒体的监督和监管政策的实施，会有效减少自娱自乐性质的高管在职消费。因此，我们可以基于这一逻辑主线进一步开展研究。

（一）公司不同发展阶段

独立董事社会网络能够帮助独立董事更好地发挥咨询作用，更全面、更迅速地获取其他公司的薪酬激励制度，同时建立更广的社会关系网。处于不同生命周期的公司对独立董事社会网络的需求不同。在初创期，组织层级简单，创立者和经营者通常合二为一，代理问题不突出。进入成长期后，经营业绩和现金流快速增长，企业面临较快发展，对信息和资源的需求较大（陈运森 等，2017）。在这个阶段，独立董事发挥的咨询作用更大。处于成熟期和衰退期的公司，由于前期已经建立社会网络，因此对信息和资源的需求逐渐下降。在这个阶段，独立董事发挥的咨询作用逐渐减小。基于此，我们按照成长性（营业收入增长率）及生命周期（成长期、成熟期和衰退期）对公司进行分组并展开分析，结果如表 5.12 所示。

在表 5.12 中，列（1）为按成长性（营业收入增长率）分组的结果，交互项 Center×Growth 在 1%的水平上显著为正。这表明，在成长快的公司，独立董事社会网络对在职消费的影响更大。列（2）、列（3）、列（4）为按生命周期分组的结果。为了确保分组回归时组间系数的比较结果更为稳健，笔者使用 Bootstrap 来检验组间系数差异。结果显示，经验 P 值在成长期-成熟期和衰退期-成长期有明显差异，且独立董事社会网络在成长期对高管在职消费的影响最大。这进一步说明独立董事社会网络在公司成长期会发挥更大的咨询作用以满足公司对信息、资源和关系的需求。

表 5.12　公司的不同发展阶段——基于生命周期的角度

变量	(1) 成长性	(2) 成长期	(3) 成熟期	(4) 衰退期
Center	0.000 7 ***	0.001 3 ***	0.000 9 ***	0.000 8 ***
	(3.733 0)	(4.273 3)	(3.450 9)	(3.317 3)
Growth	−0.004 1 **			
	(−2.161 4)			
Center×Growth	0.001 0 ***			
	(2.719 6)			
Soe	0.001 4	0.000 5	0.000 9	0.001 4
	(1.439 3)	(0.302 0)	(0.723 5)	(1.196 9)
Size	−0.002 4 ***	−0.004 4 ***	−0.003 0 ***	−0.001 5 **
	(−5.742 3)	(−6.905 2)	(−5.565 7)	(−2.572 7)
Lev	−0.000 7	0.015 4 ***	0.002 3	−0.005 6 **
	(−0.320 2)	(4.332 6)	(0.736 6)	(−2.067 7)
Top1	−0.000 1 **	−0.000 1	−0.000 1 **	−0.000 0
	(−1.987 3)	(−1.621 8)	(−2.247 8)	(−0.799 6)
Roa	0.129 5 ***	0.158 9 ***	0.149 0 ***	0.106 9 ***
	(12.431 3)	(11.437 0)	(9.282 6)	(7.790 9)
Lnbsize	−0.000 1	0.002 8	−0.001 1	−0.000 1
	(−0.041 0)	(0.753 6)	(−0.322 8)	(−0.027 3)
Inden	−0.008 9	0.005 7	−0.007 9	−0.014 9
	(−1.223 3)	(0.479 7)	(−0.804 3)	(−1.633 7)
Duality	0.001 0	0.000 5	0.001 8	0.001 0
	(1.184 1)	(0.379 7)	(1.536 0)	(0.906 0)
常数项	0.045 3 ***	0.054 5 ***	0.063 2 ***	0.031 3 **
	(4.597 4)	(3.673 6)	(5.021 5)	(2.374 3)
Year & Industry	控制	控制	控制	控制
R^2	0.065 4	0.101 6	0.084 7	0.053 5

表5.12(续)

变量	（1） 成长性	（2） 成长期	（3） 成熟期	（4） 衰退期
样本量	19 850	4 885	6 112	8 853
经验 P 值		列（2）和 列（3） 比较 0.071*	列（3）和 列（4） 比较 0.399	列（2）和 列（4） 比较 0.036**

（二）外部监督、独立董事社会网络与高管在职消费

独立董事社会网络能带来丰富的社会资本，提高高管在职消费水平，同时能吸引更多的外部监督。外部监督一方面能够有效抑制国有企业的高管在职消费（郝颖 等，2018），另一方面有助于独立董事发挥监督作用，即对独立董事在国有企业中的"合谋"治理有一定威慑作用。本章引入媒体监督（Media）和分析师监督（Analy）来考察外部监督带来的影响。参照翟胜宝（2015）和米勒（Miller，2006）等的研究，笔者用媒体的负面报道衡量媒体监督（Media），用分析师的跟踪人数衡量分析师监督（Analy），结果如表5.13所示。媒体监督（Media）、分析师监督（Analy）与独立董事社会网络中心度（Center）的交互项均只在国有企业中显著负相关。这说明在国有企业，外部监督能够抑制独立董事社会网络带来的自娱自乐性质的高管在职消费水平，同时再次验证了独立董事社会网络在国有企业和非国有企业中增加的在职消费的经济性质是不同的。在非国有企业中，独立董事主要提升货币薪酬补充性质的在职消费，发挥"协同"治理作用，因此不会受到外部监督的影响。

表 5.13　外部监督、独立董事社会网络与高管在职消费

变量	（1） 全样本	（2） 国有企业	（3） 非国有企业	（4） 全样本	（5） 国有企业	（6） 非国有企业
Center	0.001 2**	0.002 0**	0.001 1***	0.001 1***	0.001 2***	0.000 8**
	(2.071 4)	(2.577 0)	(4.690 3)	(3.716 6)	(4.336 4)	(2.030 3)
Media	0.000 2	0.001 2	0.000 5			
	(0.215 4)	(1.286 7)	(1.126 3)			
Center×Media	−0.000 1	−0.000 3**	0.000 3*			
	(−0.425 2)	(−1.966 8)	(1.678 6)			

表5.13(续)

变量	(1) 全样本	(2) 国有企业	(3) 非国有企业	(4) 全样本	(5) 国有企业	(6) 非国有企业
Analy				0.002 4***	0.002 7***	0.001 7
				(2.907 3)	(3.499 0)	(1.545 7)
Center×Analy				-0.000 1	-0.000 3**	0.000 2
				(-0.511 5)	(-2.424 0)	(0.923 6)
Soe	0.001 3			0.001 8*		
	(1.341 2)			(1.916 1)		
Size	-0.002 3***	-0.003 5***	-0.001 2*	-0.003 5***	-0.004 3***	-0.002 4***
	(-5.287 1)	(-6.002 6)	(-1.806 8)	(-7.478 9)	(-13.171 0)	(-3.450 8)
Lev	-0.000 2	0.001 1	-0.002 1	0.001 3	0.001 4	0.000 3
	(-0.113 7)	(0.363 6)	(-0.705 8)	(0.610 7)	(0.739 4)	(0.116 8)
Top1	-0.000 0*	0.000 1	-0.000 1***	-0.000 0*	0.000 1***	-0.000 1***
	(-1.923 6)	(1.538 9)	(-3.494 5)	(-1.816 9)	(3.249 6)	(-3.555 9)
Roa	0.131 7***	0.109 1***	0.142 9***	0.113 9***	0.097 1***	0.123 4***
	(12.888 3)	(7.626 4)	(10.694 1)	(10.667 6)	(9.652 5)	(8.818 6)
Lnbsize	-0.000 2	-0.001 5	0.001 9	-0.000 7	-0.002 0	0.001 5
	(-0.078 3)	(-0.476 1)	(0.531 4)	(-0.300 0)	(-1.253 9)	(0.423 0)
Inden	-0.008 9	-0.006 0	-0.003 7	-0.009 6	-0.006 9	-0.003 8
	(-1.212 1)	(-0.628 0)	(-0.345 0)	(-1.324 2)	(-1.332 3)	(-0.356 8)
Duality	0.001 0	0.002 8*	0.000 7	0.000 8	0.002 7***	0.000 5
	(1.254 9)	(1.717 6)	(0.774 8)	(1.018 5)	(2.972 6)	(0.543 6)
常数项	0.041 6***	0.065 5***	0.015 2	0.064 1***	0.086 1***	0.032 9**
	(3.845 9)	(4.788 6)	(0.914 9)	(6.082 2)	(12.057 3)	(1.978 6)
R^2	0.063 7	0.081 3	0.076 4	0.068 0	0.081 6	0.082 6
样本量	19 850	8 382	11 468	19 850	8 382	11 468
Year & Industry	控制	控制	控制	控制	控制	控制

(三) 监管政策、独立董事社会网络与高管在职消费

党的十八大以来，中央不断加大反腐力度，陆续出台多项关于规范国有企

业在职消费和高管薪酬体系的文件，对国有企业高管的公款吃喝、违规报销、天价薪酬等进行大力监管。中共中央政治局于2012年出台中央八项规定，要求包括国有企业领导干部在内的人员改进工作作风，又于2014年出台《中央管理企业负责人薪酬制度改革方案》，以消除国有企业高管薪酬畸高现象，缩小企业内部薪酬差距。此后，相关部门以落实中央八项规定为切入点，不断完善高管权力制约机制，高管违规的现象得到了有效控制。由此可以推断，在国有企业高管在职消费制度日趋完善的背景下，独立董事社会网络对国有企业高管在职消费的调节作用得到抑制。

借鉴叶康涛等（2016）的研究，本章将2012年中央八项规定的出台和2014年"限薪令"的出台作为自然实验机会，将非国有企业作为控制组，建立双重差分模型，考察外部政策如何影响独立董事社会网络对企业在职消费的调节作用。

$$\text{Abperk}_t = \beta_0 + \beta_1 \text{Center} + \beta_2 \text{Soe} + \beta_3 \text{After}_X + \beta_4 \text{Soe} \times \text{After}_X + \beta_5 \text{Center} \times \text{Soe} +$$
$$\beta_6 \text{Center} \times \text{After}_X + \beta_7 \text{Center} \times \text{Soe} \times \text{After}_X +$$
$$\text{Year/Industry Fixed Effect} + \varepsilon \tag{5.3}$$

其中，After_X是政策虚拟变量，政策实施后记为1，政策实施前记为0。X为2009年出台的"限薪令"、2012年出台的中央八项规定及2014年出台的"限薪令"。放入2009年出台的"限薪令"，主要是为了保证回归结果更稳健。值得注意的是，政策实施的效果会延期显现，因此我们剔除了政策颁布当年的数据。$\text{Center} \times \text{After}_X$的系数反映了政策出台后，非国有企业中，独立董事社会网络对高管在职消费的影响所发生的变化。$\text{Center} \times \text{Soe} \times \text{After}_X$和$\text{Center} \times \text{After}_X$之和反映政策出台后，国有企业中，独立董事社会网络对高管在职消费的影响所发生的变化。

监管政策、独立董事社会网络和高管在职消费的实证结果如表5.14所示。$\text{Center} \times \text{After}_X$和（$\text{Center} \times \text{After}_X + \text{Center} \times \text{Soe} \times \text{After}_X$）的系数自中央八项规定出台后显著为负，说明在国有企业和非国有企业中，独立董事社会网络对高管在职消费的促进作用均显著减小。而$\text{Center} \times \text{Soe} \times \text{After}_{2014}$显著为正，反映了2014年出台的"限薪令"的抑制作用反而在非国有企业中更大。这是因为，一方面，2014年出台的"限薪令"引发多米诺骨牌效应，导致国有企业出现高管"离职潮"，使得外部经理人的市场供求关系发生变化，弱化了高管在职消费的薪酬激励作用，减少了高管利用独立董事社会网络提升在职消费的需求；另一方面，监管政策限制了企业的寻租行为，减小了非国有企业同政府部门密切关系的可能性。非国有企业转而将正常的职务性在职消费用于市场导向的经营活动（郝颖 等，2018）。

表 5.14　监管政策、独立董事社会网络和高管在职消费

变量	（1）2014 年的"限薪令"	（2）2012 年的中央八项规定	（3）2009 年的"限薪令"
Center	0.001 7***	0.001 8***	0.001 6**
	(6.123 0)	(4.448 2)	(2.181 1)
Soe	0.008 7***	0.010 6***	0.010 7**
	(3.892 7)	(3.660 9)	(2.176 5)
After$_{2014}$	0.011 8***		
	(5.492 7)		
Soe×After$_{2014}$	−0.010 5***		
	(−3.555 2)		
Center×Soe	−0.001 2***	−0.001 1*	−0.000 6
	(−2.862 9)	(−1.890 7)	(−0.613 7)
Center×After$_{2014}$	−0.001 5***		
	(−4.158 8)		
Center×Soe×After$_{2014}$	0.001 0*		
	(1.826 9)		
After$_{2012}$		0.009 8***	
		(4.044 8)	
Soe×After$_{2012}$		−0.008 9***	
		(−2.888 2)	
Center×After$_{2012}$		−0.000 9**	
		(−2.049 2)	
Center×Soe×After$_{2012}$		0.000 4	
		(0.711 3)	
After$_{2009}$			0.008 2**
			(2.043 4)
Soe×After$_{2009}$			−0.005 8

表5.14(续)

变量	(1) 2014 年的"限薪令"	(2) 2012 年的中央八项规定	(3) 2009 年的"限薪令"
			(−1.162 9)
Center×After$_{2009}$			−0.000 3
			(−0.476 1)
Center×Soe×After$_{2009}$			−0.000 3
			(−0.353 6)
Size	−0.002 4***	−0.002 4***	−0.002 4***
	(−5.658 3)	(−5.670 6)	(−5.686 3)
Lev	−0.000 4	−0.000 2	0.000 2
	(−0.194 7)	(−0.115 1)	(0.077 5)
Top1	−0.000 0*	−0.000 0*	−0.000 0*
	(−1.892 7)	(−1.865 6)	(−1.911 1)
Roa	0.130 4***	0.130 9***	0.132 0***
	(12.739 4)	(12.763 8)	(12.843 1)
Lnbsize	−0.000 2	−0.000 2	−0.000 2
	(−0.089 2)	(−0.076 5)	(−0.061 0)
Inden	−0.008 8	−0.009 5	−0.009 0
	(−1.211 9)	(−1.297 8)	(−1.235 3)
Duality	0.001 0	0.001 0	0.001 0
	(1.236 5)	(1.175 6)	(1.169 6)
常数项	0.039 0***	0.037 3***	0.036 5***
	(3.876 5)	(3.655 2)	(3.377 5)
R^2	0.067 6	0.068 7	0.066 6
样本量	19 850	19 850	19 850
Year & Industry	控制	控制	控制

（四）独立董事社会网络对高管在职消费的非线性影响

独立董事社会网络对高管在职消费的影响是呈倒 U 形还是线形？我们将 $Center^2$ 放入模型（5.4），以检验独立董事社会网络对高管在职消费的非线性影响。

$$Abperk_t = \beta_0 + \beta_1 Center + \beta_2 Center^2 + \sum \beta_j Controls_j + \text{Firm Fixed Effect} +$$
$$\text{Year/Industry Fixed Effect} + \varepsilon \tag{5.4}$$

检验结果如表 5.15 所示，独立董事社会网络中心度（Center）显著提高了高管在职消费水平。在国有企业样本中，$Center^2$ 在 5% 的统计水平上显著为负，表明独立董事社会网络的扩大对国有企业高管在职消费存在先增强后减弱的影响。峰值出现在 6.5 时，对应总样本 75% 分位数。这说明在国有企业中，存在独立董事因社会网络过大而发挥监督作用，以减少自娱自乐性质的高管在职消费的情况。在非国有企业中，独立董事社会网络与高管在职消费呈正比例关系，独立董事仅履行咨询职能，起到"协同"治理的作用。

表 5.15　独立董事社会网络对高管在职消费的非线性影响

项目	（1）全样本	（2）国有企业	（3）非国有企业
Center	0.002 6***	0.004 5***	0.001 0
	(2.856 8)	(2.967 2)	(0.859 0)
Center²	−0.000 2*	−0.000 4**	0.000 0
	(−1.777 3)	(−2.533 7)	(0.088 1)
Soe	0.001 3		
	(1.339 5)		
Size	−0.002 4***	−0.003 8***	−0.001 0
	(−5.632 0)	(−7.338 0)	(−1.547 3)
Lev	−0.000 3	0.000 9	−0.001 9
	(−0.141 3)	(0.302 4)	(−0.654 0)
Top1	−0.000 0*	0.000 1	−0.000 1***
	(−1.892 9)	(1.625 7)	(−3.509 1)
Roa	0.131 5***	0.107 4***	0.144 3***
	(12.757 6)	(7.484 5)	(10.681 7)

表5.15(续)

项目	（1）全样本	（2）国有企业	（3）非国有企业
Lnbsize	−0.000 7	−0.002 8	0.002 1
	（−0.298 1）	（−0.887 5）	（0.588 4）
Inden	−0.009 5	−0.007 9	−0.002 8
	（−1.310 1）	（−0.831 8）	（−0.259 7）
Duality	0.001 0	0.002 7	0.000 8
	（1.197 4）	（1.636 0）	（0.802 7）
常数项	0.041 0***	0.070 9***	0.004 9
	（4.019 1）	（5.725 0）	（0.295 9）
R^2	0.064 0	0.081 6	0.075 7
样本量	19 850	8 382	11 468
Year & Industry	控制	控制	控制

六、本章小结

独立董事构建社会网络已经成为一种普遍且重要的公司治理现象。以往的文献针对独立董事社会网络发挥的作用做了大量实证检验。大部分实证检验的结论是，独立董事社会网络带来丰富的信息和资源，能够增强独立董事的独立性，有助于独立董事更好地发挥监督和咨询作用（陈运森 等，2011；田高良等，2013；韩洁 等，2015；Kuang et al.，2017；陈运森 等，2018）。然而，这些研究并没有探讨在中国本土社会的非正式制度背景下，独立董事社会网络在带来优势的同时会增加管理层寻租的可能性。本章选取2008—2017年的中国A股上市公司数据，深入探究独立董事社会网络对高管在职消费的具体影响及影响机制。研究结果发现，独立董事社会网络中心度越高，则独立董事所在公司的高管在职消费水平就越高，但独立董事社会网络中心度的提高并不都会增加高管隐性违规。在国有企业，独立董事主要提高自娱自乐性质的在职消费，体现出"合谋"治理的作用；在非国有企业，独立董事主要提高货币薪酬补充性质的在职消费，体现出"协同"治理的作用，且"协同"治理的作用大于"合谋"治理的作用。进一步地，在公司高速发展阶段，"合谋"治理作用和

"协同"治理作用都显著增强，但外部监督能够抑制"合谋"治理行为。笔者将 2012 年中央八项规定的出台和 2014 年"限薪令"的出台作为自然实验，发现政策的出台显著抑制了独立董事社会网络中心度对高管在职消费的提升作用。尤其是 2014 年出台的"限薪令"在非国有企业中，对高管"协同"治理的抑制作用更强。当独立董事社会网络中心度足够高时，能够显著减少独立董事在国有企业中的"合谋"治理，促使独立董事发挥监督作用。本章的主要贡献在于，从独立董事社会网络的角度对高管在职消费的影响机制作了探究，改变了人们对高管在职消费都增加代理成本的"一刀切"观点，拓展了人们对独立董事社会网络的认识，从不同公司产权性质方面说明了独立董事社会网络并不都能提高独立董事的治理效率，这对独立董事制度的完善起到参考作用，为推进公司治理现代化提供了经验支撑。

第六章 连锁独立董事与高管违规

改革开放以来，中国的经济社会发展取得了举世瞩目的成就。在新形势下，高管违规现象的出现既会影响供给侧结构性改革，又会阻碍经济质量的持续提升。党的十八大以来，中央不断加大反腐力度，腐败蔓延势头得到坚决遏制。然而，企业内部监督约束机制的不完善，监督责任的缺位、失位，为高管违规提供了生长空间。

根据前文的研究，我们可以发现，违规具有传染性。有关社会互动的文献指出，独立个体在影响周围人群的同时，也会受到周围人群的影响，这种传染效应广泛存在于违规和犯罪等行动中（Manski，2000；陈刚，2013）。违规可能在不同的国家、不同的地区传染。随之而来的重要问题是，违规是通过何种渠道传染的？谁是传染源，谁又是被传染者？本章将从违规监督者——独立董事的视角进行研究并回答以上问题。

作为公司治理的重要人员，独立董事有责任确保公司合法合规经营，防范公司出现违规问题。独立董事在不同公司交叉任职，会形成独立董事社会网络，从而连结不同的公司。已有研究从信息披露质量、会计信息质量、现金持有量等方面探究了独立董事社会网络对公司行为的影响（Kuang et al.，2017；陈运森，2017；梁上坤，2018；许楠，2016）。一方面，拥有丰富社会关系的独立董事具有更大的信息优势，能减少内外部信息不对称现象，有效降低公司被诉的风险（Kuang et al.，2017；王文姣 等，2017）。另一方面，连锁独立董事在公司间的信息传递过程中能起到桥梁作用，相同的独立董事能够导致不同公司的行为趋同，如使得公司在高管激励等方面具有相似性。因此，立足独立董事社会网络视角分析独立董事对高管违规的影响具有重要意义。我们提出并试图探究以下问题：当独立董事具有不良特性时，是否会成为高管违规的交叉传染节点，从而强化传染？

鉴于此，本章以2005—2017年由独立董事连结的中国 A 股上市公司（下文简称"连锁公司"）为研究样本，实证检验了高管违规在连锁公司间的传染效应。结果显示，与发生高管违规的公司拥有相同连锁独立董事的公司发生高管违规的概率更高，即执纪监督的独立董事反而成为传染途径。更为重要的是，高管违规在同类型企业间更容易传染。针对异质性企业而言，高管违规的传染概率存在差异。高管违规更倾向由非国有企业传染给国有企业，但逆向传染的迹象不明显。

笔者在分析传染效应的内在机制时发现，独立董事的独立性受损、个人资本的异质性和公司治理水平较低，能够解释传染效应的产生。聘请了处于社会网络中心位置、具有财务专长的独立董事的公司更能减少高管违规的传染。进一步的研究发现，在高管被调查处罚的信息公告后，股价下跌在连锁公司间也会传染，导致一损俱损的经济后果。笔者还对研究中涉及的内生性问题进行了检验。结果表明，高管违规在连锁公司间的传染是非常稳健的。

需要特别指出的是，本章研究连锁公司间的高管违规传染效应，并不指独立董事将某一公司的高管违规行为主动传播给其他任职公司，而指其作为公司的监督者，在其监督行为无效时，纵容了高管违规行为在不同公司的出现，进而引发传染行为。当然，笔者也不排除独立董事在履职过程中以顾问的角色传播高管违规行为。本章主要的贡献如下：

第一，本章从连锁独立董事的视角出发，实证研究了高管违规在连锁公司间的传染效应。已有研究主要基于独立董事社会网络带来的声誉效应、资源效应和信息交换作用探究独立董事社会网络对公司行为的积极影响（Cohen et al., 2000; Chiu, 2013; Shi et al., 2013; Kuang et al., 2017; 陈运森, 2017）。这些研究发现，连锁独立董事会导致低盈余质量的传染（Shi et al., 2013）和财务报表舞弊的传染（Kuang et al., 2017），然而没有进一步阐述传染路径及传染机制。本章发现，执纪监督的独立董事会在连锁公司间传染高管违规，并探究了传染路径，分析了传染机制。同时，本章通过短窗口的市场反应来验证高管违规的经济后果也具有传染效应，有助于人们深入理解独立董事引发高管违规传染的内在逻辑，丰富了独立董事社会网络的相关研究。

第二，本章为高管违规治理提供了新启示。现有的研究主要从内部治理机制及外部治理机制，如媒体治理、市场竞争等视角展开（杨德明 等, 2015; 李培功 等, 2010; 翟胜宝 等, 2015; Dyck et al., 2008; Houston et al., 2011; Barth et al., 2009）。本章则发现，当以执纪监督为职责的独立董事具有不良属性时，其也会成为高管违规的传染途径。本章从独立董事的独立性、个人资本的异质性和公司治理角度进行了机制检验，为独立董事制度的完善提供了支撑，为解释高管违规群发现象提供了依据，为高管违规治理提供了新视角。

第三，本章的研究有助于独立董事制度在新兴市场或转型经济体中的运行和完善。一直以来，独立董事的实际治理功能广受争议。人们认为，很多独立董事在其位不谋其职、不谋其责，甚至被称为"花瓶"（唐清泉，2006；王兵，2007）。本章的研究对推动建立独立董事选拔机制及考核评价机制具有参考价值。

一、文献回顾与研究假设

（一）高管违规在连锁公司间的传染

关系社会学认为，个体行为是知觉、人格、情感及价值观的外在体现，受个体所在社会网络中的正式群体或非正式群体的影响。有很多机制导致社会网络中个人行为的传染（Bikhchandani et al.，1992）。资源依赖理论为连锁独立董事的作用机制提供了一个研究视角：公司通过连锁独立董事的搭桥，获得资源和信息，实现互利共赢（Burt，1987；Au et al.，2000）。格兰诺维特（Granovetter，1973）发现，社会关系可按交往时间、情感强度、亲密程度分为强关系和弱关系。强关系和弱关系在个体间、组织间和社会中发挥着不同的功能，强关系能在具备相似特征，如具备相似性别、年龄、职业、受教育程度、收入水平的个体间发展起来，而弱关系容易在特征不同的个体间发展起来。强关系存在于组织内部，其形成的信息往往是冗余、重复的，并且很难传递出去；而弱关系存在于组织之间，扮演"信息桥"的角色，形成有差异的新知识和新信息（Granovetter，1973；Toby，2010；Larcker，2013）。边（Bian，1998）认为，相比于弱关系提供信息，强关系更能在没有关联的个体间提供资源。基于弱关系优势理论，有学者提出，连锁独立董事在公司间的信息传递过程中起到桥梁作用（Ferris et al.，2003；Chuluun et al.，2017）。决策外部性意味着独立董事所处的社会网络会影响公司治理，甚至可能起到关键作用，这是弱关系的体现（Luo et al.，1997；Core et al.，1999）。

根据弱关系优势理论，连锁独立董事由于在不同公司任职，因此在制定决策时，会以与其有直接关系或间接关系的公司为参考，并将这些公司的决策转化为其任职的所有公司的决策（陈运森，2017）。连锁独立董事的桥梁作用为公司间不由自主的相互模仿提供了便利，导致公司行为的传染。连锁独立董事是传播公司治理措施的重要渠道（Cai et al.，2014；Shropshire，2010；Mizruchi，1988）。但有研究表明，连锁公司间传播的公司治理措施往往对公司不利（Collins et al., 2009；Ertimur et al., 2012；Zajac et al., 1996）。连锁独立董事有机会接触财务舞弊、盈余操纵、财务重述等手段。通过连锁独立董事，这些不可告人的信息在连锁公司间共享（Kuang et al., 2017）。连锁独立董事导致高管违规行为在公司间传染的原因体现在三个方面：

第一，连锁独立董事任职的公司如果出现高管违规，就意味着其监督能力较弱，那么，其任职的其他公司出现高管违规的可能性就较大。连锁独立董事的独立性受损，导致其监督能力减弱，原因来自两个方面：

一方面，独立董事制度不完善。目前，从中国的实践看来，独立董事的提名机制和非市场化的人才流动机制是独立董事制度失效的重要原因（阎达五等，2003；郑志刚 等，2012；陈冬华，2017）。在部分国有企业中，控股股东利用其在股东大会中的主导地位直接选择自己合意（至少不会损害自己利益）的独立董事，或者由经理人（或董事长）在符合条件的候选人中邀请朋友来担任独立董事。这种通过人情关系获得董事席位的董事会文化，影响了独立董事有效监督功能的发挥（李海舰，2006；郑志刚 等，2012）。尼里（Nili，2017）和詹姆斯等（James et al., 2020）把任期内独立董事和高管的联结作为影响独立董事监管效率和独立性的重要因素。布里克等（Brick et al., 2006）和郑志刚等（2012）将经理人的超额薪酬与任人唯亲的董事会文化联系在一起，认为任人唯亲的董事会文化是导致经理人获得超额薪酬的重要原因之一。因此，在尊重权威的文化氛围中，独立董事可能会讨好管理层，进而影响自身的监督独立性。

另一方面，独立董事出于对职业生涯的考虑。职业生涯发展理论（Zajac，1988）认为，独立董事为了提高社会地位、个人声誉，获得物质报酬，谋求更多职位，而选择同时在多家公司任职。抱有职业生涯发展目的的连锁独立董事同高管密切关系的动机更强。作为重要的信息桥梁，连锁独立董事可能通过高管的寻租行为获得私人利益，并在监督上"睁一只眼、闭一只眼"，进而提高对公司违规运营的容忍度（陈冬华，2017）。

第二，聘任同一独立董事的连锁公司可能具有类似特征，这会导致高管违规在连锁公司中蔓延。连锁独立董事社会网络是公司间信息流动、知识共享与行为学习的网络。信息流动会对这些公司的并购政策、投资决策、股利政策、上市政策、股票期权回溯、高管薪酬、管理效率、舞弊被诉和盈余管理等产生实质性影响。久而久之，连锁公司会在内外部治理等方面趋同。当连锁独立董事社会网络中的一个公司出现高管违规后，具有类似特征的其他公司，特别是治理水平较低的公司将可能被传染。

第三，连锁独立董事在任职过程中可能依赖先前的管理工作经验，并将其复制其他公司，导致高管违规在连锁公司中蔓延。公司的私有信息往往被高管掌握，不予公开（Adams et al.，2007），因此连锁独立董事要获得类似信息在很大程度上依赖个人经验。连锁独立董事的认知方式、做事风格、社会经验、风险感知及行为偏好就可能体现在其为公司提供的咨询信息中，并潜移默化地促使连锁公司在制度设计上趋同。当连锁独立董事参与制定某一决策时，可能会在连锁公司中做出同类型决策，如在识别盈余管理、抑制高管在职消费、监督大股东占款行为的过程中，对其任职的所有公司产生一致的系统性影响。如果连锁独立董事识别高管违规行为的能力较弱，那么这可能与连锁独立董事的个人特征有关。连锁独立董事的胜任能力、知识不足以使其为公司治理提出正确的建议时，也可能导致高管违规在连锁公司间传染，即心有余而力不足。

综上，连锁独立董事在公司中的独立性减弱、连锁公司的治理水平相当、连锁独立董事在任职过程中复制管理经验等因素，都会导致高管违规在连锁公司中传染（见图6.1）。由此，我们提出假设6.1。

H6.1：高管违规在连锁公司间存在传染效应，即与发生高管违规的公司拥有相同连锁独立董事的公司，其发生高管违规的概率更大。

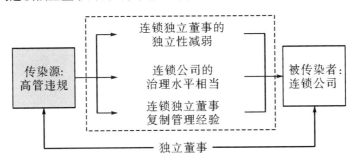

图 6.1　高管违规在连锁公司间传染的原因

（二）公司产权性质和高管违规在连锁公司间的传染

第一，在国有企业中，连锁独立董事的监督能力较弱，导致国有企业更容易受到被动传染。资源依赖理论认为，连锁独立董事能利用国有企业高管的资源优势，实现职业生涯的发展。出于对自己职业生涯的考虑，连锁独立董事对国有企业高管的机会主义行为采取"打盹"监督，甚至通过"支招"或"合谋"的方式支持国有企业高管，导致国有企业更容易受到连锁公司的传染

（郑志刚 等，2012）。

第二，国有企业的治理环境导致其更容易受到传染。国有企业长期拥有行业垄断、政府补贴等制度优势，且国有企业高管在工资、福利等方面受到约束（杨瑞龙，2013），这些因素导致了国有企业高管相较于民营企业高管更容易发生违规行为（徐细雄 等，2013；赵璨 等，2015）。植根于私有产权的非国有企业，受政府"父爱主义倾向"的影响较小（刘斌 等，2018），与国有企业在高管激励、资源配置、税收优惠、政府扶持等方面有所不同，因此相对不容易受到高管违规的传染。

第三，连锁独立董事可能会将先前的经验复制到产权性质相同的连锁公司，导致连锁公司更容易受到主动传染。产权性质相同的连锁公司，在股权结构、高管激励、外部监管等方面具有相似的特征。国有企业较多地承担了社会稳定、产业发展、就业支持等社会责任（林毅夫 等，2004），使得国有企业控股股东的目标具有一定的社会性和政治性。民营企业控股股东的目标是不断提升公司价值（刘浩 等，2014）。连锁独立董事在监督时，在保障中小股东合法权益的过程中，可能会为产权性质相同的连锁公司提供同质咨询，促使连锁公司在制度设计上趋同，也就使得产权性质相同的连锁公司更容易相互传染。

由此，本章提出假设 6.2 和 6.3。

H6.2：相比于异性质公司，高管违规在同性质公司间传染的概率更高。

H6.3：非国有企业之间与国有企业之间的相互传染概率存在差异。

二、研究设计

（一）研究模型与变量定义

1. 连锁独立董事的定义和范围

连锁独立董事是指在两家或两家以上公司任职的独立董事（Mizruchi，1996）。在图 6.2 中，独立董事 1 同时在公司 A、公司 B、公司 C 担任职务，则独立董事 1 是公司 A、公司 B、公司 C 的连锁独立董事。公司 A、公司 B、公司 C 两两连结，形成连锁关系，并且是直接连锁关系。公司 A、公司 D 虽然没有共同的连锁独立董事，但公司 A 的独立董事 1 和公司 D 的独立董事 2 均在公司 B 任职，因此公司 A、公司 D 也形成连锁关系，但为间接连锁关系。

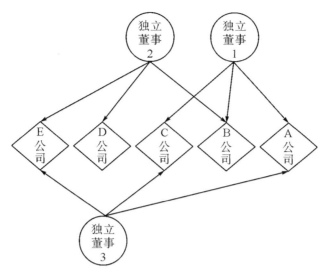

图6.2　连锁独立董事的形成

2. 建立模型以检验两个假设

为了考察高管违规在连锁公司间的传染，笔者参照以往研究文献（Chui，2013），在连锁公司层面构建如下评定模型：

$$\text{Logit}(\text{Corrupt}) = F(\beta_0 + \beta_1 X + \beta_2 \text{nLockfirm} + \sum \beta_j \text{Controls}_j +$$
$$\text{Year Fixed Effect} + \text{Industry Fixed Effect} + \varepsilon \qquad (6.1)$$

$$\text{Logit}(\text{Corrupt}) = F(\beta_0 + \beta_1 Y + \beta_2 \text{nLockfirm} + \sum \beta_j \text{Controls}_j +$$
$$\text{Year Fixed Effect} + \text{Industry Fixed Effect} + \varepsilon \qquad (6.2)$$

模型（6.1）用于检验假设6.1。被解释变量 Corrupt_i 为公司 i 是否发生高管违规的虚拟变量，该变量定义如下：若公司发生高管违规，则取值为1，否则取值为0。解释变量为 X，具体包括变量 L_1_Brlink 和变量 nBrlink。变量 $\text{L}_1\_$ Brlink 定义如下：若公司 i 在前一年至少有一个连锁公司发生高管违规，则取值为1，否则取值为0。变量 nBrlink 定义为公司 i 在前一年发生高管违规的连锁公司数量。模型（6.1）对解释变量进行了滞后处理，原因如下：一方面考虑到公司高管违规在连锁公司间传染具有滞后性，另一方面是为了便于解释变量的内生性问题。

模型（6.2）用于检验假设6.2，解释变量 Y 包括变量 $\text{L}_1\_\text{Brlink}\_\text{soe}$ 和变量 $\text{L}_1\_\text{Brlink}\_\text{nsoe}$。这两个变量分别代表公司 i 前一年是否存在发生高管违规的连锁国有企业或连锁非国有企业，若是则取值为1，否则取值为0。

在控制变量方面，模型（6.1）和模型（6.2）均控制了连锁公司总数（nLockfirm）。根据崔等（Chui et al., 2013）的研究，笔者选取上市时间（Firmage）、公司规模（Size）、盈利水平（Roa）、负债水平（Lev）、产权性质（Soe）、第一大股东持股比例（Top1）、两权分离度（Seperation）、董监高平均任期（Tenure）、董事会规模（Lnbsize）、独立董事比例（Inden）、是否由"四大"会计师事务所审计（Big4）作为控制变量（见表6.1）。此外，模型中控制了年度、行业固定效应。

表6.1　主要变量定义

变量类型	变量名称	变量符号	变量说明
被解释变量	高管违规	Corrupt	如果公司 i 在 t 年发生高管违规，则取值为1，否则取值为0
	高管违规首年	Corrupt_f	如果 t 年是公司 i 发生高管违规的首年，则取值为1，否则取值为0
解释变量	连锁公司高管违规	L_1_Brlink	如果在 $t-1$ 年，公司 i 至少有一个连锁公司发生高管违规，则取值为1，否则取值为0
	连锁公司高管违规数量	nBrlink	在 $t-1$ 年，公司 i 发生高管违规的连锁公司数量
	连锁国有企业高管违规	L_1_Brlink_soe	如果在 $t-1$ 年，公司 i 至少有一个连锁国有企业发生高管违规，则取值为1，否则取值为0
	连锁国有企业高管违规数量	nBrlink_soe	在 $t-1$ 年，公司 i 发生高管违规的连锁国有企业数量
	连锁非国有企业高管违规	L_1_Brlink_nsoe	如果在 $t-1$ 年，公司 i 至少有一个连锁非国有企业发生高管违规，则取值为1，否则取值为0
	连锁非国有企业高管违规数量	nBrlink_nsoe	在 $t-1$ 年，公司 i 发生高管违规的连锁非国有企业数量

表6.1(续)

变量类型	变量名称	变量符号	变量说明
控制变量	连锁公司数量	nLockfirm	连锁公司总数
	上市时间	Firmage	公司上市年龄
	公司规模	Size	总资产自然对数
	盈利水平	Roa	总资产收益率
	负债水平	Lev	资产负债率
	产权性质	Soe	国有企业取1,非国有企业取0
	第一大股东持股比例	Top1	第一大股东所持股数占总股数的比例
	两权分离度	Seperation	控制权与所有权的差值
	董监高平均任期	Tenure	董事、监事和高管的平均任职年限
	董事会规模	Lnbsize	董事会人数的自然对数
	独立董事比例	Inden	独立董事占董事会人数的比例
	是否由"四大"会计师事务所审计	Big4	若被"四大"会计师事务所审计,则取值为1,否则取值为0

(二)样本选择与数据来源

本章研究的高管既包括《中华人民共和国公司法》中界定的高级管理人员，也包括董事会成员。高管违规数据通过手工整理获得。首先，笔者从中央纪委国家监委网站收集上市公司高管被执纪审查的信息。其次，笔者查阅中国裁判文书网公布的相关判决书，筛选出其中与上市公司高管违规相关的信息。再次，笔者通过百度等搜索引擎及万得（Wind）数据库搜索"违规""犯罪""落马""双规""被调查"等关键词，补充上市公司高管违规数据。由于以上信息的披露时间为高管违规行为被揭露或被惩戒的时间，因此该时间相对于高管违规行为的实际发生时间具有滞后性。本章基于以上信息，追溯每种高管违规行为的实际发生时间。

本章使用的样本为2005—2017年的我国A股上市公司。首先，笔者针对样本的独立董事在中国经济金融研究数据库（CSMAR）寻找唯一编号（ID）。

其次，笔者基于每位独立董事的 ID，将其任职的公司进行匹配，从而找到有直接连锁关系的关联公司和有间接连锁关系的关联公司。最后，考虑到传染效应可能存在滞后性，笔者将时间范围设定为当年和上一年。考虑到金融行业与其他行业有较大的差异，笔者在研究中剔除了金融公司。在剔除相关变量值缺失的样本后，笔者最终得到 3 338 家上市公司的共计 22 696 个年度观测值。研究针对所有连续变量作了上下 1%的缩尾处理。

三、实证结果与分析

（一）描述性统计

表 6.2 列示出主要变量的描述性统计和差异性检验结果，并针对发生高管违规的公司和没有发生高管违规的公司分别进行汇报。发生高管违规的公司中，30.8%的直接连锁公司于前一年发生高管违规，有近一半的连锁公司于前一年发生高管违规。每个公司的连锁公司数量差异不大，在 4 个左右。从表 6.2 中我们可以看出，发生高管违规的公司，其上市时间较短，规模较大，负债水平较高，第一大股东持股比例较高。间接连锁公司与直接连锁公司的情况大致相同。

表 6.3 列出按产权性质分组的主要变量的描述性统计和差异性检验结果。国有企业发生高管违规的概率高于非国有企业，连锁国有企业发生高管违规的概率高于连锁非国有企业，连锁国有企业发生高管违规的数量也显著高于连锁非国有企业，以上差异均在 1%的统计水平上显著。

表 6.2　主要变量的描述性统计

变量		$Corrupt_i = 0$ ($n = 21\ 884$)		$Corrupt_i = 1$ ($n = 812$)		均值 t 检验	中位数 威尔科克森（Wilcoxon）检验
		均值	中位数	均值	中位数		
面板 A（Panel A）：基于直接连锁关系的解释变量	$L_1\_$Brlink	0.158	0.000	0.320	0.000	−12.268***	−12.228***
	nBrlink	0.189	0.000	0.451	0.000	−14.801***	−12.750***
	nLockfirm	4.880	4.000	4.973	4.000	−0.831	−0.914

变量		Corrupt$_i$=0 (n=21 884)		Corrupt$_i$=1 (n=812)		均值 t 检验	中位数 威尔科克森 (Wilcoxon) 检验
		均值	中位数	均值	中位数		
面板 B (Panel B)：基于间接连锁关系的解释变量	L$_1$_Brlink	0.361	0.000	0.525	1.000	−9.522***	−9.503***
	nBrlink	0.600	0.000	1.190	1.000	−15.142***	−11.234***
	nLockfirm	15.269	11.000	14.844	11.000	0.896	1.266
面板 C (Panel C)：控制变量	Firmage	15.433	15.266	14.094	13.999	6.792***	6.780***
	Size	21.877	21.740	23.049	22.982	−25.615***	−22.651***
	Roa	0.043	0.039	0.045	0.038	−0.712	0.262
	Lev	0.452	0.446	0.524	0.534	−9.182***	−9.790***
	Tenure	35.191	33.424	32.151	29.045	4.476***	4.587***
	Soe	0.429	0.000	0.887	1.000	−26.124***	−25.740***
	Top1	35.612	33.580	44.598	46.535	−16.408***	−15.229***
	Seperation	4.824	0.000	4.508	0.000	1.159	4.272***
	Inden	0.370	0.333	0.372	0.364	−0.553	−1.254
	Lnbsize	2.160	2.197	2.272	2.197	−15.733***	−14.854***
	Big4	0.054	0.000	0.182	0.000	−15.281***	−15.203***

表 6.3　按产权性质分组的主要变量的描述性统计

企业类别	企业类别				均值 t 检验	中位数 威尔科克森 (Wilcoxon) 检验
	非国有企业 (n=12 578)		国有企业 (n=10 118)			
	均值	中位数	均值	中位数		
Periodbr	0.007	0.000	0.071	0.000	−26.124***	−25.740 1***
L$_1$_Brlink	0.132	0.000	0.205	0.000	−14.831***	−14.760***
nBrlink	0.150	0.000	0.260	0.000	−16.716***	−15.188***
nLockfirm	4.827	4.000	4.954	4.000	−3.037***	−2.399**
Firmage	14.991	14.770	15.876	15.723	−12.046***	−12.319***
Size	21.562	21.467	22.363	22.203	−48.461***	−45.020***
Roa	0.052	0.049	0.033	0.029	23.755***	29.087***
Lev	0.396	0.376	0.526	0.535	−46.288***	−45.665***

表6.3(续)

企业类别	企业类别				均值 t 检验	中位数 威尔科克森 （Wilcoxon） 检验
	非国有企业 （n = 12 578）		国有企业 （n = 10 118）			
	均值	中位数	均值	中位数		
Tenure	36. 351	34. 654	33. 505	31. 542	11. 241 ***	11. 124 ***
Top1	32. 873	30. 200	39. 737	39. 040	−34. 191 ***	−33. 257 ***
Seperation	5. 432	0. 286	4. 043	0. 000	13. 715 ***	25. 953 ***
Inden	0. 374	0. 333	0. 366	0. 333	11. 374 ***	11. 148 ***
Lnbsize	2. 113	2. 197	2. 228	2. 197	−44. 787 ***	−42. 713 ***
Big4	0. 029	0. 000	0. 096	0. 000	−21. 598 ***	−21. 380 ***

（二）回归结果分析

1. 高管违规在连锁公司间的传染效应

表 6.4 报告了假设 6.1 的检验结果。列（1）和列（2）报告了直接连锁公司的检验结果，列（3）和列（4）报告了间接连锁公司的检验结果。在列（1）和列（3）中，解释变量为虚拟变量 L_1_Brlink，表示在 $t-1$ 年，公司 i 是否至少存在一个连锁公司发生高管违规；在列（2）和列（4）中，解释变量为连续变量 nBrlink，表示在 $t-1$ 年，公司 i 的连锁公司的高管违规数量。由表 6.4 的结果可知，无论是在直接连锁公司还是在间接连锁公司，变量 L_1_Brlink、变量 nBrlink 均在 5% 和 1% 的统计水平上显著为正。这表明，与前一年发生高管违规的公司形成连锁关系的公司，其随后发生高管违规的概率更高。也就是说，高管违规在连锁公司间存在传染效应，由此假设 6.1 得到验证。具体而言，连锁公司导致公司 i 在前一年和当年发生高管违规的概率分别上升 48%（$e^{0.393}-1$）和 33%（$e^{0.288}-1$）。直接连锁公司、间接连锁公司在 $t-1$ 年发生高管违规的数量每增加 1 个单位，会导致公司 i 发生高管违规的概率分别上升 26%（$e^{0.234}-1$）和 24%（$e^{0.216}-1$）。

表 6.4　高管违规在连锁公司间的传染效应

变量	直接连锁公司		间接连锁公司	
	（1）	（2）	（3）	（4）
L_1_Brlink	0.393 **		0.288 **	
	（2.501）		（2.332）	
nBrlink		0.234 **		0.216 ***
		（2.394）		（4.113）
nLockfirm	−0.022	−0.022	−0.005	−0.015 **
	（−0.897）	（−0.891）	（−0.842）	（−2.091）
Firmage	−0.008	−0.008	−0.008	−0.006
	（−0.345）	（−0.353）	（−0.372）	（−0.266）
Size	0.478 ***	0.478 ***	0.483 ***	0.475 ***
	（5.013）	（5.019）	（5.115）	（5.052）
Roa	−0.055	−0.037	−0.061	0.026
	（−0.044）	（−0.030）	（−0.050）	（0.021）
Lev	−0.657	−0.656	−0.642	−0.671
	（−1.264）	（−1.264）	（−1.242）	（−1.290）
Tenure	0.006	0.006	0.006	0.006
	（1.299）	（1.260）	（1.192）	（1.230）
Soe	1.537 ***	1.537 ***	1.533 ***	1.518 ***
	（5.051）	（5.051）	（5.044）	（4.980）
Top1	0.006	0.006	0.006	0.006
	（0.928）	（0.913）	（0.899）	（0.902）
Seperation	0.005	0.004	0.005	0.004
	（0.377）	（0.329）	（0.370）	（0.291）
Inden	0.860	0.833	0.827	0.734
	（0.536）	（0.518）	（0.517）	（0.455）
Lnbsize	0.656	0.642	0.630	0.635
	（1.415）	（1.382）	（1.356）	（1.367）

表6.4(续)

变量	直接连锁公司		间接连锁公司	
	（1）	（2）	（3）	（4）
Big4	-0.159	-0.172	-0.146	-0.135
	（-0.524）	（-0.561）	（-0.484）	（-0.444）
常数项	-17.369***	-17.312***	-17.414***	-17.156***
	（-7.713）	（-7.669）	（-7.868）	（-7.746）
样本量	22 696	22 696	22 696	22 696
Pseudo R^2	0.207	0.206	0.206	0.211
Year & Industry	控制	控制	控制	控制

注：括号内是经过公司聚类（Cluster）和怀特（White）异方差调整后的 z 值。*** 、** 、* 分别表示在1%、5%和10%的统计水平上显著（下同）。

2. 产权性质与高管违规在连锁公司间的传染效应

表6.5报告了产权性质与传染效应之间的关系的检验结果。其中，列（1）至列（4）为国有企业的检验结果，列（5）至列（8）为非国有企业的检验结果。由列（1）和列（3）的回归结果，我们可以看出，国有企业高管违规显著受到 $t-1$ 年连锁国有企业发生高管违规和 $t-1$ 年发生高管违规的连锁国有企业数量的正向影响。由列（6）和列（8）的回归结果，我们可以看出，非国有企业高管违规显著受到 $t-1$ 年连锁非国有企业发生高管违规和 $t-1$ 年发生高管违规的连锁非国有企业数量的正向影响。汇总列（1）、列（3）及列（6）、列（8）的回归结果，我们发现，同质性企业间存在显著的高管违规传染效应。继续分析列（2）和列（4）的回归结果，我们可以看出，国有企业高管违规显著受到 $t-1$ 年连锁非国有企业发生高管违规和 $t-1$ 年发生高管违规的连锁非国有企业数量的正向影响。由列（5）和列（7）的回归结果，我们可以看出，非国有企业高管违规并未受到 $t-1$ 年连锁国有企业发生高管违规和 $t-1$ 年发生高管违规的连锁国有企业数量的显著影响。汇总列（2）、列（4）及列（5）、列（7）的回归结果，我们可以看出异质性企业间的高管违规传染效应较弱。

表 6.5 产权性质与高管违规在连锁公司间的传染效应

变量	国有企业				非国有企业			
	(1)	(2)	(3)	(4)	(5)	(6)	(7)	(8)
$L_1\_Brlink\_soe$	0.420***							
	(2.584)							
$L_1\_Brlink\_nsoe$		0.310*			0.400	0.886**		
		(1.731)			(0.749)	(1.966)		
$nBrlink\_soe$			0.220**				0.198	
			(2.050)				(0.503)	
$nBrlink\_nsoe$				0.235*				0.840***
				(1.680)				(3.008)
$nLockfirm$	-0.014	-0.012	-0.019	-0.016	-0.115	-0.138	-0.113	-0.165*
	(-0.544)	(-0.461)	(-0.688)	(-0.575)	(-1.287)	(-1.492)	(-1.195)	(-1.752)
$Firmage$	-0.010	-0.011	-0.010	-0.011	-0.011	-0.013	-0.010	-0.013
	(-0.389)	(-0.446)	(-0.405)	(-0.450)	(-0.226)	(-0.287)	(-0.208)	(-0.286)
$Size$	0.484***	0.495***	0.487***	0.494***	0.342	0.338	0.343	0.362
	(4.974)	(5.088)	(5.008)	(5.072)	(1.122)	(1.131)	(1.123)	(1.197)
Roa	0.204	0.181	0.210	0.148	-0.779	-0.773	-0.832	-0.863
	(0.149)	(0.132)	(0.153)	(0.108)	(-0.342)	(-0.342)	(-0.364)	(-0.393)

变量	国有企业				非国有企业			
	(1)	(2)	(3)	(4)	(5)	(6)	(7)	(8)
Lev	-0.764	-0.757	-0.761	-0.759	0.423	0.486	0.404	0.447
	(-1.289)	(-1.279)	(-1.283)	(-1.282)	(0.618)	(0.699)	(0.593)	(0.636)
Tenure	0.007	0.006	0.007	0.006	0.002	0.003	0.002	0.002
	(1.248)	(1.195)	(1.252)	(1.181)	(0.189)	(0.231)	(0.166)	(0.150)
Top1	0.010	0.010	0.010	0.010	-0.030	-0.029	-0.030	-0.030
	(1.564)	(1.533)	(1.538)	(1.545)	(-1.101)	(-1.082)	(-1.111)	(-1.093)
Seperation	0.007	0.007	0.007	0.008	0.012	0.011	0.013	0.012
	(0.521)	(0.540)	(0.523)	(0.550)	(0.327)	(0.298)	(0.334)	(0.315)
Inden	0.979	1.025	0.954	1.056	1.494	1.570	1.453	1.873
	(0.555)	(0.582)	(0.542)	(0.599)	(0.354)	(0.372)	(0.343)	(0.451)
Lnbsize	0.827*	0.817*	0.806	0.830*	-0.909	-0.850	-0.913	-0.808
	(1.682)	(1.662)	(1.638)	(1.687)	(-0.858)	(-0.790)	(-0.865)	(-0.760)
Big4	-0.278	-0.265	-0.270	-0.262	1.500	1.490	1.501	1.525
	(-0.907)	(-0.872)	(-0.884)	(-0.863)	(1.303)	(1.308)	(1.303)	(1.344)
常数项	-16.381***	-16.538***	-16.332***	-16.529***	-22.667***	-22.702***	-22.637***	-23.298***
	(-6.997)	(-7.097)	(-6.974)	(-7.090)	(-3.185)	(-3.181)	(-3.177)	(-3.275)

表6.5（续）

变量	国有企业				非国有企业			
	(1)	(2)	(3)	(4)	(5)	(6)	(7)	(8)
样本量	10 118	10 118	10 118	10 118	12 578	12 578	12 578	12 578
Pseudo R^2	0.129	0.127	0.131	0.130	0.137	0.144	0.136	0.147
Year & Industry	控制	控制	控制	控制	控制	控制	控制	控制
系统性差异	列（1）和列（2）的差异 0.110 (=2.61)		列（3）和列（4）的差异 -0.015 (=0.08)		列（5）和列（6）的差异 -0.486*** (=9.27)		列（7）和列（8）的差异 -0.642*** (=11.28)	
	列（2）和列（6）的差异 -0.576* (=3.45)		列（4）和列（8）的差异 -0.605*** (=6.73)					

综上，我们可以认为，高管违规在同质性企业间的传染效应较强，而在异质性企业间的传染效应较弱，由此验证了假设 6.2。

笔者进一步针对列（1）、列（2）中的变量 $L_1\_Brlink\_soe$、变量 $L_1\_Brlink\_nsoe$ 的回归系数进行检验，发现两者并不存在显著差异；针对列（3）、列（4）中的变量 $nBrlink\_soe$、变量 $nBrlink\_nsoe$ 的回归系数进行检验，发现两者也不存在显著差异，由此说明国有企业受到的连锁公司高管违规传染效应的影响并不因连锁公司产权性质的差异而有显著变化。笔者针对列（5）、列（6）中的变量 $L_1\_Brlink\_soe$、变量 $L_1\_Brlink\_nsoe$ 的回归系数进行检验，发现两者存在显著差异；针对列（7）、列（8）中的变量 $nBrlink\_soe$、变量 $nBrlink\_nsoe$ 的回归系数进行检验，发现两者也存在显著差异，这说明非国有企业受到的连锁非国有企业高管违规传染效应的影响，显著高于其受到的连锁国有企业高管违规传染效应的影响。总体而言，以上结果表明，非国有企业之间与国有企业之间相互传染的概率存在差异，由此验证了假设 6.3。

此外，由列（2）、列（4）的回归结果我们可以看出，变量 $L_1\_Brlink\_nsoe$、变量 $nBrlink\_nsoe$ 的回归系数显著；但是，由列（5）、列（7）的回归结果可以看出，变量 $L_1\_Brlink\_soe$、变量 $nBrlink\_soe$ 的回归系数并不显著。笔者针对列（2）、列（6）中的变量 $L_1\_Brlink\_nsoe$ 的回归系数进行检验，发现两者存在显著差异，针对列（4）、列（8）中的变量 $nBrlink\_nsoe$ 的回归系数进行检验，发现两者同样存在显著差异。以上结果说明，国有企业显著受到非国有企业高管违规传染效应的影响，而非国有企业并没有受到国有企业高管违规传染效应的影响。

笔者继续利用间接连锁公司的数据分析产权性质与传染效应之间的关系，发现上述研究结论保持不变。

3. 作用机制检验

传染病学将传染流行的三个要素分为传染源、传播路径和易感群体，三者缺一不可。因此，当某个连锁公司出现高管违规时，其就成为传染源，并使高管违规通过独立董事进行传播，而治理水平较低的其他连锁公司，将成为易感群体。传染效应的作用机制如图 6.3 所示。

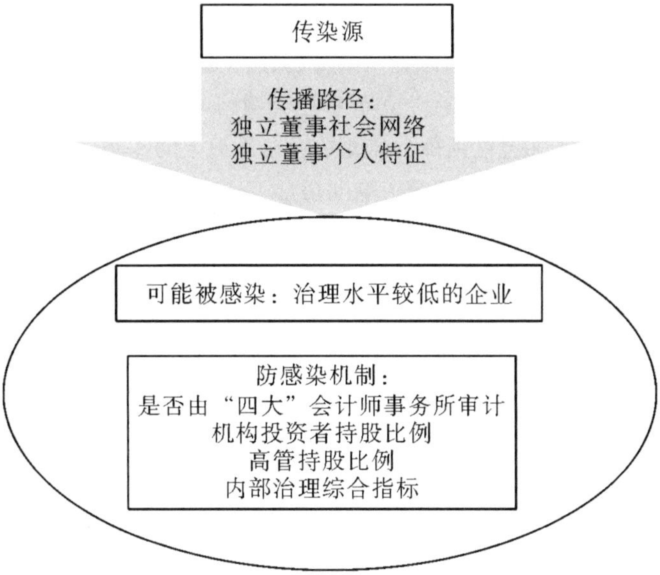

图 6.3 传染效应的作用机制

（1）传播路径：独立董事社会网络。独立董事监督不足，可能导致高管违规在连锁公司间出现传染效应。根据此前研究，社会网络中心度越高的独立董事的独立性越强（Larcker et al.，2011）。首先，拥有更多社会关系的独立董事因无须依附某个公司而拥有更强的与高管讨价还价的能力（陈运森，2012），能够监督高管或提出咨询建议。其次，当独立董事在社会网络中越处于中心位置，越可能直接或间接地掌握与经营、治理相关的信息、知识和经验，这将有助于其监督高管或为公司发展提供咨询，进而降低高管违规的传染概率。最后，社会网络意味着独立董事的声誉。陈运森（2012）的分析表明，社会网络中心度较高的独立董事能构建以其为中心的精英圈子，并为提高被他人认同的程度而更加努力地参与公司决策。处于社会网络中心的独立董事出于维护声誉的考虑，会全力参与公司治理，避免因治理不力而遭受处罚。因此，社会网络有助于独立董事发挥监督职能，减少因监督不足而带来的被动传染。值得注意的是，社会网络中心度是一个综合指标，并不单纯地指独立董事的交际范围，还包括独立董事是否处于群体的桥梁位置及独立董事距离群体中重要人员的距离。因此，现实中可能出现独立董事并不拥有较广的交际范围甚至并不处于群体的桥梁位置，但与重要人员较为亲密，而使自身社会网络中心度更高的情况。

根据弗里曼（Freeman，1979）等分析独立董事社会网络中心度的方法，本章基于程度中心度（Degree）、中介中心度（Betweenness）、接近中心度（Closeness）和特征向量中心度（Eigenvector）四个维度构建独立董事社会网络中心度综合指标（Score）。具体做法如下：①运用独立董事唯一识别编码（ID）构建一模矩阵；②利用社会网络分析软件 UCINET 计算出四个维度的综合指标；③以公司为单位计算独立董事社会网络中心度综合指标（取所有独立董事的中位数）；④考虑到每个维度指标在量纲上的差别，会减小异常值突出而导致的指标差异，笔者对四个维度指标按年度排序，并分成10组，赋值1~10，将值加总除以4，最终得到独立董事社会网络中心度指标（Score）；⑤按照Score的中位数将样本分为高社会网络中心度组和低社会网络中心度组。高管违规传染效应的检验结果如表 6.6 和表 6.7 所示。表 6.6 中列（1）、列（3）和列（2）、列（4）分别是高社会网络中心度组、低社会网络中心度组的回归结果。可以看出，在高社会网络中心度组中，L_1_Brlink 和 nBrlink 的回归系数均不显著；但在低社会网络中心度组中，L_1_Brlink 和 nBrlink 的回归系数均显著为正。分析 L_1_Brlink 和 nbrlink 的回归系数在高社会网络中心度组、低社会网络中心度组的差异，我们可以发现，变量 L_1_Brlink 的回归系数在两级间的差异为−0.440，在10%的统计水平上显著（=3.73）；变量 nBrlink 的回归系数在两组间的差异为−0.285，在5%的统计水平上显著（=4.64）。这表明，社会网络中心度高的独立董事所在的公司，受高管违规传染效应的影响较小。类似地，从表 6.7 中我们可以看出，相对于高社会网络中心度组，低社会网络中心度组中 $L_1\_Brlink\_soe$、$nBrlink\_soe$ 及 $L_1\_Brlink\_nsoe$、$nBrlink\_nsoe$ 的回归系数更为显著。整体而言，以上结果表明，独立董事社会网络中心度的提高有助于减小高管违规传染效应的影响。此外，本章继续利用间接连锁公司的数据考察独立董事社会网络中心度对高管违规传染效应的影响，得到了相同的研究结果。

表 6.6　独立董事社会网络与高管违规传染效应

变量	高社会网络中心度组	低社会网络中心度组	高社会网络中心度组	低社会网络中心度组
	（1）	（2）	（3）	（4）
L_1_Brlink	0.140	0.580 ***		
	(1.043)	(4.852)		
nBrlink			0.082	0.367 ***
			(1.008)	(4.596)
样本量	8 024	14 672	8 024	14 672
系统性差异	−0.440 * (=3.73)	−0.285 ** (=4.64)		

表 6.7 独立董事社会网络、公司产权性质与高管违规传染效应

变量	企业类别					
	国有企业		国有企业		民营企业	
	高社会网络中心度组	低社会网络中心度组	高社会网络中心度组	低社会网络中心度组	高社会网络中心度组	低社会网络中心度组
	（1）	（2）	（3）	（4）	（5）	（6）
L_1_Brlink_soe	0.136	0.647***				
	（0.657）	（3.290）				
L_1_Brlink_nsoe			0.093	0.542**	0.240	1.336***
			（0.452）	（2.402）	（0.351）	（2.971）
	（7）	（8）	（9）	（10）	（11）	（12）
nBrlink_soe	0.037	0.432***				
	（0.297）	（3.061）				
nBrlink_nsoe			0.134	0.354*	−0.055	1.922***
			（0.896）	（1.821）	（−0.120）	（5.539）
样本量	3 821	6 297	3 821	6 297	2 981	12 914
系统性差异	离散变量	列（1）和列（2）的差异		列（3）和列（4）的差异		列（5）和列（6）的差异
		−0.466*** （=7.01）		−0.506** （=4.07）		−1.096*** （=13.24）
	连续变量	列（7）和列（8）的差异		列（9）和列（10）的差异		列（11）和列（12）的差异
		−0.379*** （=9.89）		−0.22** （=4.31）		−1.977*** （=19.15）

（2）传播路径：独立董事个人特征。我们从年龄（M_age）、财务专长（M_profession）、性别（M_male）和研究生学历（M_degree）四个方面探究独立董事个人特征对传染效应的影响。表 6.8 列示了对高管违规传染效应有显著影响的独立董事个人特征。交互项的结果显示，年龄越大的独立董事越容易强化高管违规传染效应。在有些公司，独立董事的平均年龄高达 74 岁。年龄较大的独立董事可能拥有丰富的经验和阅历，但其知识更新跟不上环境变化和技术进步的要求，而且他们可能因应变能力减弱、风险意识淡化而疏于向高管提出合理的建议，导致高管违规的传播。表 6.8 中，列（3）和列（4）显示，独立董事的财务专长能使公司有效避免受到连锁公司的传染。胡奕明等

（2008）认为，拥有财务工作经历的独立董事越多，公司的盈余质量越高。德丰等（DeFond et al.，2005）从资本市场的角度进行研究，发现投资者对那些聘任了有财务专长的独立董事的公司评价更高，因为有效识别高管违规需要丰富的财务专业知识。表6.8中未报告性别和研究生学历对高管违规传染效应的显著影响。男性独立董事一方面具有较强的支配欲和较弱的畏惧感，更愿意参与风险系数较高的行动，以及通过行为维持自身较高的社会地位，也更容易对高管产生威慑作用；另一方面，更能够容忍高管违规给自身带来的负面影响（Apicella et al.，2014；Mehta et al.，2008；Pound et al.，2009；Zuckerman et al.，2000）。因此，性别对高管违规传染效应没有强化和削弱作用。很多独立董事拥有的是其他专业领域的研究生学历，这对制定薪酬激励政策和预防高管违规没有太多帮助（未汇报的间接连锁公司检验结果相同）。表6.9和表6.10分产权性质检验了独立董事个人特征对高管违规传染效应的影响，表6.9表明年龄对国有企业间高管违规传染的强化作用最大。表6.10发现独立董事的财务专长对高管违规传染有抑制作用。在未汇报的间接连锁公司检验中，笔者仅发现独立董事的财务专长对高管违规传染有显著抑制作用。

表6.8　独立董事个人特征与高管违规传染效应

变量	M_age		M_profession	
	（1）	（2）	（3）	（4）
L_1_Brlink	0.326*		0.540**	
	（1.948）		（2.515）	
L_1_Brlink×独立董事个人特征	0.038* （1.828）		−1.468** （−2.308）	
nBrlink		0.155		0.312**
		（1.319）		（2.154）
nBrlink×独立董事个人特征		0.023* （1.719）		−0.800* （−1.783）
独立董事个人特征	−0.006 （−0.344）	−0.005 （−0.304）	2.902*** （7.466）	2.821*** （7.376）
控制项	控制	控制	控制	控制
Year & Industry	控制	控制	控制	控制
样本量	22 696	22 696	22 696	22 696
Pseudo R^2	0.208	0.207	0.230	0.229

表 6.9 独立董事个人特征、公司产权性质与高管违规传染效应（1）

变量	国有企业				非国有企业			
	(1)	(2)	(3)	(4)	(5)	(6)	(7)	(8)
$L_1\_$Brlink_soe	0.340*** (3.375)				0.488 (0.847)			
$L_1\_$Brlink_nsoe		0.260** (2.283)				0.972** (2.086)		
nBrlink_soe			0.152** (2.246)				0.227 (0.555)	
nBrlink_nsoe				0.184 (1.233)				0.848*** (3.028)
M_age	0.001 (0.182)	0.007 (0.907)	0.001 (0.176)	0.007 (0.393)	-0.051 (-1.476)	-0.057 (-1.638)	-0.048 (-1.429)	-0.052 (-1.517)

变量	国有企业				非国有企业			
	(1)	(2)	(3)	(4)	(5)	(6)	(7)	(8)
$L_{l\_}$Brlink_soe×M_age	0.036** (2.411)				0.090 (1.525)			
$L_{l\_}$Brlink_nsoe×M_age		0.026 (1.521)				0.082* (1.620)		
nBrlink_soe×M_age			0.027*** (2.917)				0.062* (1.650)	
nBrlink_nsoe×M_age				0.029 (1.409)				0.018 (0.663)
控制项	控制	控制	控制	控制	控制	控制	控制	控制
Year & Industry	控制	控制	控制	控制	控制	控制	控制	控制
样本量	10 118	10 118	10 118	10 118	12 578	12 578	12 578	12 578
Pseudo R^2	0.130	0.128	0.129	0.128	0.146	0.152	0.144	0.152

表 6.10　独立董事个人特征、公司产权性质与高管违规传染效应（2）

变量	国有企业				非国有企业			
	(1)	(2)	(3)	(4)	(5)	(6)	(7)	(8)
$L_1\_Brlink\_soe$	0.486**				1.253			
	(2.247)				(1.160)			
$L_1\_Brlink\_nsoe$		0.420*				1.686**		
		(1.672)				(2.473)		
$nBrlink\_soe$			0.259*				0.717	
			(1.880)				(1.299)	
$nBrlink\_nsoe$				0.372*				1.529***
				(1.753)				(3.848)
$M\_profession$	3.137***	3.087***	3.139***	3.109***	2.406**	2.363**	2.263**	2.278**
	(7.447)	(7.544)	(7.552)	(7.684)	(2.349)	(2.197)	(2.187)	(2.189)

表6.10(续)

变量	国有企业				非国有企业			
	(1)	(2)	(3)	(4)	(5)	(6)	(7)	(8)
$L_{l\_Brlink\_soe}\times$ M_profession	-1.220* (-1.887)							
$L_{l\_Brlink\_nsoe}\times$ M_profession		-1.209 (-1.632)				-3.421 (-1.607)		
nBrlink_soe× M_profession			-0.732* (-1.937)				-2.293 (-1.375)	
nBrlink_nsoe× M_profession				-1.085* (-1.810)	-3.814 (-1.635)			-2.850** (-2.416)
控制项	控制	控制	控制	控制	控制	控制	控制	控制
Year & Industry	控制	控制	控制	控制	控制	控制	控制	控制
样本量	10 118	10 118	10 118	10 118	12 578	12 578	12 578	12 578
Pseudo R^2	0.160	0.159	0.160	0.160	0.154	0.159	0.151	0.161

（3）感染机制：公司治理水平。我们将易受感染归咎于公司治理水平较低。本章从是否由"四大"会计师事务所审计、机构投资者持股比例、高管持股比例、内部治理综合指标四个方面检验公司治理水平对高管违规传染效应的影响。受篇幅所限，表 6.11～表 6.14 列示的为直接连锁公司检验结果，其他结果留存备索。

表 6.11 中列（1）、列（2）和表 6.12 中列（10）、列（11）显示，当公司由"四大"会计师事务所审计时，其不容易受到连锁公司的影响，$L_1\_$Brlink 的系数不显著。列（3）、列（4）和列（12）、列（13）为按机构投资者持股比例分组的检验结果。结果显示，机构投资者持股比例高于中位数的公司不容易受到连锁公司的影响。列（5）、列（6）和列（14）、列（15）为按高管持股比例分组的检验结果。高管持股比例高于中位数的公司不容易受到连锁公司的影响。

笔者参照权小锋（2010）和薛健等（2017）的做法，选择以下四个指标的主成分构成内部治理综合指标：①董事长与总经理两职合一（Duality），当总经理兼任董事长时取 1，否则取 0；②董事会人数的自然对数（Lnbsize）；③内部董事比例（Depen）；④高管任期（Tenure），该指标越大，说明公司治理质量就越差。表 6.11 中列（9）和表 6.12 中列（18）的结果显示，内部治理综合指标与 $L_1\_$ Brlink 的交互项在 10%的统计水平上显著为正，与 nBrlink 的交互项在 1%的统计水平上显著为正，即公司治理质量越差时，公司越容易受到连锁公司高管违规的传染。表 6.13、表 6.14 和表 6.15、表 6.16 分产权性质汇报了公司治理水平对高管违规传染效应的影响，得到了相同结果。

综上，未由"四大"会计师事务所审计、机构投资者持股比例较低时，公司治理水平较低，公司更容易受到连锁公司高管违规的影响。

表 6.11 公司治理水平与高管违规传染效应 (1)

变量	Big4	nBig4	Hfund	Lfund	HM	LM	Score
	(1)	(2)	(3)	(4)	(5)	(6)	(9)
$L_{1\_}$Brlink	0.201	0.477***	0.326*	0.555**	0.249	0.463**	0.425***
	(0.549)	(2.822)	(1.775)	(2.304)	(0.813)	(2.562)	(4.618)
$L_{1\_}$Brlink×Score							0.280*
							(1.790)
Score							-0.310***
							(-3.167)

表 6.12 公司治理水平与高管违规传染效应 (2)

变量	Big4	nBig4	Hfund	Lfund	HM	LM	Score
	(10)	(11)	(12)	(13)	(14)	(15)	(18)
nBrlink	0.225**	0.438**	0.168	0.386**	0.195*	0.331*	0.296***
	(1.987)	(2.290)	(1.528)	(2.508)	(1.764)	(1.653)	(5.123)
nBrlink×Score							0.331***
							(3.771)
Score							-0.361***
							(-3.872)
控制项	控制	控制	控制	控制	控制	控制	控制
Year & Industry	控制	控制	控制	控制	控制	控制	控制
样本量	1 319	21 377	10 744	11 952	11 410	11 286	22 696
Pseudo R^2	0.294	0.200	0.199	0.190	0.208	0.211	0.206

表 6.13 公司治理水平、公司产权性质与高管违规传染效应 (1)

变量	国有企业													
	Big4	nBig4	Big4	nBig4	Hfund	Lfund	Hfund	Lfund	HM	LM	HM	LM	Score	Score
	(1)	(2)	(3)	(4)	(5)	(6)	(7)	(8)	(9)	(10)	(11)	(12)	(13)	(14)
L_1_Brlink_soe	0.244 (0.624)	0.482*** (2.763)			0.381** (2.031)	0.508** (2.103)			0.261 (0.844)	0.503*** (2.661)			0.488*** (4.975)	
L_1_Brlink_nsoe			-0.233 (-0.600)	0.425** (2.153)			0.162 (0.571)	0.343* (1.712)			0.328 (0.929)	0.334** (2.425)		0.394*** (3.484)
L_1_Brlink_soe×Score													0.439** (2.662)	
L_1_Brlink_nsoe×Score														0.496*** (2.567)
Score													-0.412*** (-4.003)	-0.368*** (-3.858)

表 6.14 公司治理水平、公司产权性质与高管违规传染效应 (2)

变量	国有企业													
	Big4	nBig4	Big4	nBig4	Hfund	Lfund	Hfund	Lfund	HM	LM	HM	LM	Score	Score
	(15)	(16)	(17)	(18)	(19)	(20)	(21)	(22)	(23)	(24)	(25)	(26)	(27)	(28)
nBrlink_soe	0.107 (0.443)	0.253** (2.159)			0.171 (1.396)	0.356** (2.128)			0.198 (0.938)	0.233* (1.922)			0.282*** (4.407)	
nBrlink_nsoe			-0.313	0.351**			0.047 (0.200)	0.272* (1.791)			0.183	0.283*		0.302***

表6.14(续)

变量	国有企业													
	Big4	nBig4	Big4	nBig4	Hfund	Lfund	Hfund	Lfund	HM	LM	HM	LM	Score	Score
	(15)	(16)	(17)	(18)	(19)	(20)	(21)	(22)	(23)	(24)	(25)	(26)	(27)	(28)
nBrlink_soe×Score			(-1.085)	(2.292)							(0.707)	(1.739)	0.309 ***	(3.403)
													(3.270)	
nBrlink_nsoe×Score														0.382 ***
														(2.772)
Score													-0.415 ***	-0.366 ***
													(-4.117)	(-3.869)
控制项	控制	控制	控制	控制	控制	控制	控制	控制	控制	控制	控制	控制	控制	控制
Year & Industry	控制	控制	控制	控制	控制	控制	控制	控制	控制	控制	控制	控制	控制	控制
样本量	956	9 162	956	9 162	6 409	3 709	6 409	3 709	3 284	6 834	3 284	6 834	10 118	10 118
Pseudo R^2	0.298	0.123	0.297	0.122	0.139	0.120	0.138	0.116	0.170	0.147	0.170	0.144	0.128	0.126

表 6.15 公司治理水平、公司产权性质与高管违规传染效应 (3)

变量	非国有企业					
	Hfund	Lfund	HM	LM	Score	Score
	(1)	(2)	(3)	(4)	(5)	(6)
$L_{l\_}$Brlink_nsoe	0.589	1.221**	0.798	0.934*	0.947***	
	(1.122)	(2.328)	(1.545)	(1.876)	(3.121)	
$L_{l\_}$Brlink_nsoe×Score					-0.512	
					(-1.117)	
Score					0.514**	
					(2.130)	

表 6.16 公司治理水平、公司产权性质与高管违规传染效应 (4)

变量	非国有企业					
	Hfund	Lfund	HM	LM	Score	Score
	(7)	(8)	(9)	(10)		
nBrlink_nsoe	0.855**	0.938***	0.326	0.996***		0.839***
	(2.331)	(2.727)	(0.646)	(3.046)		(3.791)

表6.16（续）

变量	非国有企业					
	Hfund (7)	Lfund (8)	HM (9)	LM (10)	Score	Score
nBrlink_nsoe×Score						0.001 (0.100)
Score						0.419* (1.900)
控制项	控制	控制	控制	控制	控制	控制
Year & Industry	控制	控制	控制	控制	控制	控制
样本量	3 904	8 674	7 212	5 366	12 578	12 578
Pseudo R^2	0.270	0.161	0.189	0.322	0.144	0.140

四、稳健性检验

（一）其他社会关系的传染效应

为了检验高管违规在同行业、同地区的传染情况，笔者借鉴邱（Chiu，2012）的研究，引入变量 Brlink_ different_ lnd。如果发生高管违规的连锁公司与样本公司非同一行业，则取值为 1，否则取值为 0。此外，笔者用变量 Brfirms_ 100miles 衡量与样本公司距离小于 100 英里[①]的发生高管违规的连锁公司占比。表 6.17 的列（1）、列（4）中，Brlink_ different_ lnd 的系数在 1% 的统计水平上显著为正，说明高管违规传染效应并不仅仅来自同行业，在不同行业中，高管违规传染效应显著存在。Brfirms_ 100miles 的引入没有改变 L_1_ Brlink、nBrlink 的显著性，说明高管违规传染效应不受地区影响。笔者引入变量 Brfirms_ group 来衡量连锁公司来自同一集团的比例，并根据控股股东结构图和股东关系链条进行判断。表 6.18 为控制同一集团影响后的检验结果，即 L_1_ Brlink 和 nBrlink 的显著性没有改变。分产权性质进行检验和对间接连锁公司进行检验，得到同样的结论，结果留存备索。

表 6.17　高管违规与同行业传染、同地区传染

变量	直接连锁公司			间接连锁公司		
	（1）	（2）	（3）	（4）	（5）	（6）
Brlink_ different_ lnd	0. 448 ***			0. 266 **		
	(2. 617)			(2. 085)		
L_1_ Brlink		0. 372 **			0. 233 *	
		(2. 297)			(1. 775)	
nBrlink			0. 218 **			1. 403 *
			(2. 152)			(1. 926)
Brfirms_ 100miles		0. 229	0. 294		1. 898 ***	0. 212 ***
		(0. 512)	(0. 634)		(2. 752)	(3. 785)

[①]　1 英里≈1. 609 千米，下同。

表6.17(续)

变量	直接连锁公司			间接连锁公司		
	(1)	(2)	(3)	(4)	(5)	(6)
控制项	控制	控制	控制	控制	控制	控制
Year & Industry	控制	控制	控制	控制	控制	控制
样本量	22 696	22 696	22 696	22 696	22 696	22 696
Pseudo R^2	0.207	0.207	0.207	0.206	0.208	0.213

表 6.18 高管违规与同集团传染

变量	直接连锁公司		间接连锁公司	
	(1)	(2)	(3)	(4)
L_1_ Brlink	0.375 **		0.287 **	
	(2.419)		(2.331)	
nBrlink		0.218 **		0.213 ***
		(2.257)		(4.247)
Brfirms_ group	1.189	1.163	0.801	0.468
	(1.534)	(1.447)	(0.898)	(0.545)
控制变量	控制	控制	控制	控制
Year & Industry	控制	控制	控制	控制
样本量	22 696	22 696	22 696	22 696
Pseudo R^2	0.208	0.208	0.206	0.211

（二）排除自身的前期影响

为了更稳健地证明样本公司的高管违规是由连锁公司导致的，我们参照崔（Chui，2013）的做法，将被解释变量替换成 Corrupt_ f，重新检验模型（6.1）。从表 6.19 中我们可以看出，重新检验后得出的结果与原结果一致。

表 6.19 排除自身的前期影响

变量	直接连锁公司		间接连锁公司	
	（1）	（2）	（3）	（4）
$L_1\_$brlink	0.634 ***		0.391 *	
	(2.662)		(1.836)	
nBrlink$_t$		0.352 ***		0.158 **
		(2.700)		(2.268)
控制项	控制	控制	控制	控制
Year & Industry	控制	控制	控制	控制
样本量	19 653	19 653	19 653	19 653
Pseudo R^2	0.145	0.144	0.123	0.124

注：没有样本公司在 2017 年后才出现高管违规，因此在回归时，2017 年的样本公司被 Stata 软件自动删除。

（三）自选择问题

提名独立董事的权利主要掌握在董事、高管及控股股东手中。目前还没有两个公司会选择相同独立董事的明确指标（Chiu，2013），因此用赫克曼（Heckman）的两阶段模型并不能很好地解决内生性问题。为了避免自选择问题，本书只保留在未出现高管违规时，就已与连锁公司拥有相同独立董事的样本公司，并得到 3 049 个样本公司的 21 917 个观察值。从表 6.20 和表 6.21 中我们可以看出，重新检验后得出的结果也与原结果一致。

表 6.20 自选择内生性

变量	（1）	（2）
$L_1\_$Brlink	0.738 *	
	(1.719)	
nBrlink		0.644
		(1.597)
$L_1\_$Brlink_soe		
$L_1\_$Brlink_nsoe		
nBrlink_soe		

表6.20(续)

变量	（1）	（2）
nBrlink_nsoe		
控制变量	控制	控制
Year & Industry	控制	控制
样本量	21 917	21 917
Pseudo R^2	0.169	0.169

表6.21　分产权性质检验自选择问题

变量	国有企业		非国有企业	
	（1）	（2）	（3）	（4）
$L_1\_Brlink\_soe$	0.626**		0.882	
	(2.392)		(0.862)	
$L_1\_Brlink\_nsoe$		0.580**		2.001***
		(2.058)		(3.153)
	（5）	（6）	（7）	（8）
nBrlink_soe	0.861***		0.565	
	(3.462)		(0.840)	
nBrlink_nsoe		0.866***		1.122***
		(3.351)		(2.621)
控制变量	控制	控制	控制	控制
Year & Industry	控制	控制	控制	控制
样本量	10 543	10 543	11 374	11 374
Pseudo R^2	0.124	0.122	0.125	0.130

（四）选择性偏差

本章按照独立董事连锁关系将样本公司与连锁公司进行匹配，即剔除没有连锁公司的样本公司，这可能造成选择性偏差，因此笔者采用倾向得分匹配法为样本公司匹配一个与其最接近的非连锁公司。倾向得分匹配法可以在一定程度上缓解内生性问题。本章选取2005—2017年我国A股上市公司，借鉴石等

（Shi et al.，2013）的研究，通过模型（6.3）预测存在连锁独立董事（Lock）的概率，即

$$Lock = \rho_0 + \rho_1 Size + \rho_2 Lnbsize + \rho_3 Firmage + \rho_4 Roa + \rho_5 Lev +$$
$$\rho_6 Soe + \rho_7 Top_1 + Year/Industry\ Fixed\ Effect + \varphi_t \qquad (6.3)$$

其中，当样本公司与任何公司有连锁独立董事时，则 Lock 取值为 1（实验组），否则取值为 0。其他变量同前。采用一对一匹配后，直接连锁公司共与 2 685 个样本公司匹配成功，间接连锁公司共与 3 101 个样本公司匹配成功。笔者将匹配后的控制组放入模型（6.1）与模型（6.2）。结果显示，L_1_Brlink、nBrlink 均不显著。

（五）其他稳健性检验

我们还进行了如下稳健性检验，结果均保持一致。

1. 采用高管隐性违规指标衡量高管违规

参考罗等（Luo et al.，2011）的模型，将高管超额在职消费作为被解释变量：

$$Perk_t/Asset_{t-1} = \beta_0 + \beta_1/Asset_{t-1} + \beta_2 \times \Delta Sale_t/Asset_{t-1} +$$
$$\beta_3 \times PPE_t/Asset_{t-1} + \beta_4 \times Inventory_t/Asset_{t-1} +$$
$$\beta_5 \times L_n Employee_t + \varepsilon_t \qquad (6.4)$$

其中，$Perk_t$ 为管理费用中扣除薪酬、税金等明显不属于在职消费支出后的金额，$Asset_{t-1}$ 为上年年末总资产，$\Delta Sale_t$ 为主营业务收入的变化值，PPE_t 为年末固定资产净值，$Inventory_t$ 为年末存货总额，$L_n Employee_t$ 为企业员工总数的对数。模型（6.4）中，分年度分企业回归后的残差即高管超额在职消费（Abperks）。样本公司在 t 年的高管超额在职消费与连锁公司在 $t-1$ 年的高管超额在职消费显著正相关。高管隐性违规指标如表 6.22 所示。

表 6.22　高管隐性违规指标

变量	直接连锁公司	间接连锁公司
	（1）	（2）
Abperks	0.025*	0.04**
	（1.899）	（2.324）
Year & Industry	控制	控制
控制变量	控制	控制
样本量	22 696	22 696
Pseudo R^2	0.016	0.017

2. 控制高管违规动机

首先，当高管激励机制无效时，高管谋求私人利益的问题开始凸显（Core et al.，1999；陈信元，2005）。其次，当高管在权力过大且不受约束时，更有可能发生违规（Rajan et al.，2006；Yermack，2006；权小锋，2010）。最后，外部环境也可能导致高管违规的发生。因此，我们依次加入相关控制变量进行检验。①其他衡量高管权力的指标：董事长和总经理两职合一（Duality）、高管持股比例（Mshare）。②内部控制指数（IC）。③地区违规指数（Region）。该指数用中国检察年鉴中披露的地区违规人数除以地区公务员人数衡量。表6.23~表6.27分别为控制高管违规动机（全样本）、控制高管违规动机（董事长和总经理两职合一）、控制高管违规动机（高管持股）、控制高管违规动机（内部控制）、控制高管违规动机（地区违规）的检验结果。

3. 从公司和年度两个维度进行聚类调整

双重聚类调整结果如表6.28所示。

表 6.23　控制高管违规动机（全样本）

变量	（1）	（2）	（3）	（4）	（3）	（4）
L_1_Brlink	1.481 5 **		1.464 2 **		1.487 2 **	
	(2.506 6)		(2.425 7)		(2.531 5)	
nbrlink		1.264 0 **	1.261 5 **			1.270 0 **
		(2.402 5)	(2.360 0)			(2.445 9)
Duality	0.954 1	0.957 8				
	(−0.209 3)	(−0.192 5)				
Mshare	0.704 1	0.700 5				
	(−0.624 4)	(−0.633 1)				
IC			0.999 5	0.999 5		
			(−1.097 1)	(−1.155 7)		
Corrupt					1.667 9e+46	1.489 7e+47
					(1.037 1)	(1.058 8)
控制变量	控制	控制	控制	控制	控制	控制
Year & Industry	控制	控制	控制	控制	控制	控制
样本量	22 696	22 696	22 696	22 696	22 696	22 696
Pseudo R^2	0.207	0.207	0.201	0.200	0.208	0.207

表 6.24 控制高管违规动机（董事长和总经理两职合一）

变量	国有企业				非国有企业			
L₁_Brlink_soe	1.497 8** (2.521 6)				1.473 8 (0.723 1)			
L₁_Brlink_nsoe		1.352 7*** (2.759 2)				2.424 7* (1.925 8)		
nBrlink_soe			1.242 1** (2.020 9)				1.200 1 (0.466 5)	
nBrlink_nsoe				1.265 6*** (2.702 2)				1.578 0* (1.781 5)
Duality	0.952 8 (−0.197 1)	0.958 2 (−0.311 0)	0.955 0 (−0.187 4)	0.951 8 (−0.360 2)	1.095 2 (0.190 6)	1.103 6 (0.204 1)	1.096 6 (0.194 1)	1.098 0 (0.398 1)
控制变量	控制	控制	控制	控制	控制	控制	控制	控制
Year & Industry	控制	控制	控制	控制	控制	控制	控制	控制
样本量	10 118	10 118	10 118	10 118	12 578	12 578	12 578	12 578
Pseudo R^2	0.132	0.130	0.131	0.130	0.133	0.140	0.132	0.134

表 6.25 控制高管违规动机（高管持股）

变量	国有企业				非国有企业			
$L_1\_$Brlink_soe	1.529 6***				1.344 9			
	(2.577 6)				(0.499 9)			
$L_1\_$Brlink_nsoe		1.384 0***				2.260 1*		
		(2.829 1)				(1.648 5)		
nBrlink_soe			1.254 4**				1.065 6	
			(2.060 9)				(0.149 8)	
nBrlink_nsoe				1.285 6***				1.425 6
				(2.792 5)				(1.259 1)
Mshare	0.000 2	0.000 2	0.000 2	0.000 2	0.939 3	0.951 7	0.938 1	0.933 9
	(−1.165 9)	(−1.578 5)	(−1.167 5)	(−1.575 6)	(−0.106 2)	(−0.084 5)	(−0.108 1)	(−0.232 2)
控制变量	控制	控制	控制	控制	控制	控制	控制	控制
Year & Industry	控制	控制	控制	控制	控制	控制	控制	控制
样本量	10 118	10 118	10 118	10 118	12 578	12 578	12 578	12 578
Pseudo R^2	0.132	0.130	0.131	0.130	0.141	0.147	0.140	0.142

表 6.26 控制高管违规动机（内部控制）

变量	国有企业				非国有企业			
$L_{1\_}$Brlink_soe	1.486 1** (2.444 5)				1.345 4 (0.573 4)			
$L_{1\_}$Brlink_nsoe		1.330 6*** (2.580 7)				2.289 7* (1.950 1)		
nBrlink_soe			1.243 6** (2.016 8)				1.121 2 (0.304 5)	
nBrlink_nsoe				1.250 1** (2.529 8)				1.576 1* (1.682 6)
IC	0.999 5 (−1.100 0)	0.999 5 (−1.548 8)	0.999 5 (−1.145 8)	0.999 5 (−1.536 8)	1.000 1 (0.087 6)	1.000 2 (0.123 5)	1.000 1 (0.087 1)	1.000 1 (0.141 2)
控制变量	控制	控制	控制	控制	控制	控制	控制	控制
Year & Industry	控制	控制	控制	控制	控制	控制	控制	控制
样本量	10 118	10 118	10 118	10 118	12 578	12 578	12 578	12 578
Pseudo R^2	0.130	0.128	0.129	0.128	0.131	0.138	0.131	0.133

表 6.27 控制高管违规动机（地区违规）

变量	国有企业				非国有企业			
$L_{1\_}$Brlink_soe	1.504 4** (2.549 5)				1.470 6 (0.718 7)			
$L_{1\_}$Brlink_nsoe		1.362 0* (1.732 9)				2.422 1* (1.924 2)		
nBrlink_soe			1.245 4** (2.045 2)				1.196 6 (0.459 5)	
nBrlink_nsoe				1.274 5* (1.730 3)				1.571 5* (1.764 4)
Corrupt	2.831 9e+56 (1.142 6)	1.472 1e+56 (1.134 4)	1.350 0e+56 (1.136 0)	4.210 5e+56 (1.138 9)	0.000 0 (-0.069 6)	0.000 0 (-0.132 7)	0.000 0 (-0.081 6)	0.000 0 (-0.166 7)
控制变量	控制	控制	控制	控制	控制	控制	控制	控制
Year & Industry	控制	控制	控制	控制	控制	控制	控制	控制
样本量	10 118	10 118	10 118	10 118	12 578	12 578	12 578	12 578
Pseudo R^2	0.134	0.132	0.133	0.132	0.133	0.140	0.132	0.134

表 6.28 双重聚类调整结果

变量	(1) 全样本	(2) 全样本	(3) 国有企业	(4)	(5)	(6)	(7) 非国有企业	(8)	(9)	(10)
L_1_Brlink	0.393** (2.453)									
nBrlink		0.234** (2.448)								
$L_1\_\text{Brlink}\_\text{soe}$			0.404** (2.45)				0.387 (0.673)			
$L_1\_\text{Brlink}\_\text{nsoe}$				0.303* (1.956)				0.884** (1.967)		
nBrlink_soe					0.217** (2.008)				0.181 (0.463)	
nBrlink_nsoe						0.236* (1.906)				0.45 (1.597)
控制变量	控制	控制	控制	控制	控制	控制	控制	控制	控制	控制
Year & Industry	控制	控制	控制	控制	控制	控制	控制	控制	控制	控制
样本量	22 696	22 696	10 118	10 118	10 118	10 118	12 578	12 578	12 578	12 578

五、进一步检验

为了检验连锁公司发布高管违规公告对样本公司股价的影响，笔者选取两个时间段的累计超额收益率（CAR）进行检验：公告期〔-5，+5〕和公告期〔-2，+2〕。笔者通过分析两个时间段的 CAR 值是否显著小于 0 来考察高管违规在连锁公司间传染效应的强弱，并在此基础上为样本公司匹配配对公司。匹配原则如下：配对公司不存在连锁独立董事关系、当年未发布高管违规公告、不属于金融行业、与样本公司处于同一行业且资产规模接近。

表6.29 报告了不同公告期的 CAR 值。结果显示，高管违规公告的发布使连锁公司的 CAR 值显著小于 0，同时导致样本公司的 CAR 值也显著小于 0，而配对公司的 CAR 值等于 0。可见，样本公司和配对公司在公告期内的 CAR 值有显著差异，样本公司的 CAR 值显著小于配对公司的 CAR 值，即高管违规公告的发布不仅引起连锁公司股价下跌（见图6.4），还引起样本公司股价下跌（见图6.5）。

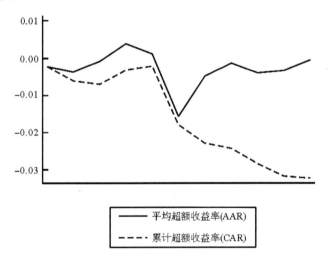

图6.4 公告期〔-5，+5〕的 AAR 和 CAR 趋势

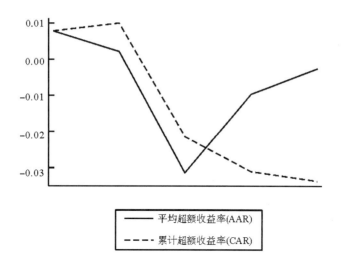

图 6.5　公告期 [-2，+2] 的 AAR 和 CAR 趋势

表 6.29　高管违规公告发布后的市场反应

项目	连锁公司		样本公司		配对公司		差异	
	均值	中位数	均值	中位数	均值	中位数	均值	中位数
公告期 [-5，+5]	-0.032 ***	-0.028	-0.002 ***	-0.001	0.002	-0.004	0.004 **	0.003 ***
公告期 [-2，+2]	-0.017 ***	-0.013	-0.005 ***	-0.006	0.002	-0.002	-0.007 *	0.004

为了进一步检验高管违规对市场的影响，我们构建了模型（6.5）。

$$CAR = \beta_0 + \beta_1 Lock + \sum \beta_j Controls_j + Year/Industry\ Fixed\ Effect + \varepsilon$$

（6.5）

其中，CAR 为采用市场法计算的累计超额收益率；Lock 为虚拟变量，当连锁公司与样本公司形成连锁独立董事关系时，该值为 1，否则为 0。

表 6.30 汇报了不同公告期内的回归结果。表 6.30 的回归结果与表 6.29 的单变量检验结果一致，当连锁独立董事关系存在时，连锁公司高管违规公告的发布能引起样本公司股价明显下跌，如表 6.30 所示，列（1）、列（3）中 Lock 的回归系数显著为负。列（2）、列（4）中交互项 Lock×Soe 在 1% 的统计水平上显著为负，表示连锁公司高管违规公告的发布对非国有企业股价的影响更大。这是因为，非国有企业拥有较高的市场化程度，受政府"父爱主义倾向"的影响较小，更加关注经营效率（刘斌 等，2019）。综上，非国有企业股

价受到负面消息的影响更大。

表 6.30　高管违规公告的发布在连锁公司间的传染效应

项目	(1) [-5, +5]	(2) [-5, +5]	(3) [-2, +2]	(4) [-2, +2]
Lock	-0.006***	-0.013***	-0.011***	-0.021***
	(-2.981)	(-4.340)	(-4.106)	(-4.670)
Soe	0.000	-0.009**	0.012***	-0.002
	(0.152)	(-2.269)	(4.038)	(-0.421)
Lock×Soe		0.012***		0.016***
		(2.809)		(2.939)
控制项	控制	控制	控制	控制
Year & Industry	控制	控制	控制	控制
样本量	6 171	6 171	5 511	5 511
R^2	0.071	0.072	0.117	0.117

六、本章小结

本章以 2005—2017 年我国 A 股上市公司为样本，从连锁独立董事视角出发进行研究。笔者发现，高管显性违规在连锁公司间存在传染效应，与发生高管违规的公司共同拥有连锁独立董事的公司发生高管违规的概率更大。机制检验发现，独立董事的独立性减弱、个人资本的异质性和公司治理水平较低能够解释传染效应。分组检验发现，社会网络中心度高的独立董事所在的公司，受高管违规传染效应的影响较小，即社会网络中心度的提高会增强独立性，丰富社会资本，减弱高管违规通过独立董事传染的能力。独立董事的财务专长能够有效减弱高管违规连锁公司间的传染。当由"四大"会计师事务所审计、机构投资者持股比例较高、高管权力较小时，公司更不容易受到连锁公司高管违规的影响。

区分产权性质的研究发现，高管违规更可能在同质性公司间传染；在异质性公司中，高管违规更倾向由非国有企业传染给国有企业，但逆向传染的迹象不明显。进一步的研究发现，在高管被调查处罚的消息公告后，股价下跌在连锁公司间也存在传染效应，导致一损俱损的经济后果。

本章的研究有助于人们深入理解独立董事引发高管违规传染的内在逻辑，为高管违规治理提供了新启示，并有助于独立董事制度在新兴市场或转型经济体中的运行和完善。本章首次发现，以执纪监督为职责的独立董事在其任职的连锁公司中对高管违规群发起到催化作用，并分析了内在机制，探究了传染方向。同时，本章通过短窗口的市场反应来考察高管违规传染效应，为制度完善提供了支撑，为解释高管违规群发现象提供了依据，为高管违规治理提供了新视角，对推动建立独立董事选拔机制和人才考核评价机制具有参考价值。

第七章　独立董事-高管层断裂带与高管违规

设立独立董事制度的初衷是解决杰森等（Jensen et al., 1976）提出的委托代理问题，减少委托人的代理成本和监督成本。在国外的公司治理实践中，独立董事通过有效履职和监督发挥了积极作用（Fama et al., 1983；Brickley et al., 1994；Agrawal et al., 1996；Cohen et al., 2004；Gendron et al., 2004；Srinivasan，2005；Turley et al., 2007）。但自独立董事制度作为舶来品被引入中国资本市场后，独立董事治理功能一直饱受诟病。很多独立董事在其位不谋其职、不谋其责，被称为花瓶（王兵，2007），原因在于中西方的社会背景和社会文化不同。中国人的行为建立在"关系本位"的社会基础上（翟学伟，2017），是以人情为中心的社会交换和社会互动。在中国的社会中，独立董事在参与公司治理时，不得不考虑与公司内部被监督对象的人情关系。在 KM 药业财务造假案件中，对独立董事承担连带赔偿责任的判决引发了资本市场对独立董事职权、义务等履职问题的广泛讨论和重新审视。KM 药业的 5 名独立董事中，有 4 名与原董事长马某某一样拥有高校工作经历，且有 2 名与马某某来自同一所高校。那么，独立董事与高管（董事、高级管理人员）在经历等方面的相似特征是否会导致群体间的聚合和分类，从而影响独立董事的治理效果呢？

自断裂带理论被引入管理学领域以评估团队中子群体的多样性和异质性以来，不少学者从团队角度出发探讨了断裂带的作用。一方面，断裂带降低团队士气，不利于团队成员形成组织认同（Thatcher et al., 2011），容易使子群体产生冲突（Li et al., 2005；Molleman，2005）。断裂带带来的经济后果为降低公司绩效、不利于跨国并购、增加股价崩盘的风险（梁上坤 等，2020）。另一方面，断裂带有助于资源整合（Qu et al., 2017），能促进成员相互学习（Gibson et al., 2003），从而提升监督者的监督能力和监督意愿（梁上坤 等，2020）。在这个过程中，独立董事与高管层断裂带对独立董事监督行为发挥的是积极作用还是消极作用，抑或是"双刃剑"作用？对此，笔者将进行深入分析。

本章以2008—2017年我国A股上市公司为样本，考察了独立董事-高管层断裂带对高管违规的影响。本章的研究结果发现，独立董事-高管层断裂带的确具有"双刃剑"作用，即在显著减小高管显性违规可能性的同时，增大了高管隐性违规的可能性。在拥有法律学习背景的独立董事和拥有高校工作经历的独立董事所在的公司，独立董事-高管层断裂带对高管显性违规的抑制作用更为显著。异地独立董事对独立董事-高管层断裂带的形成具有催化剂作用，对高管显性违规有抑制作用，对高管隐性违规有促进作用。独立董事-高管层断裂带和高管权力制约对抑制高管显性违规形成了双重叠加效应。在高管权力更小的分组，独立董事-高管层断裂带的抑制效应更显著。在经过一系列的稳健性检验后，结果依然成立。本章的贡献有以下三个方面：

第一，丰富并拓展了断裂带相关研究。在研究方法上，以往的文献主要研究高管团队断裂带或董事会断裂带，将团队内部成员分为两组进行计算，并且以年龄、性别等较为单一的指标为主。本章在梁上坤等（2020）的研究基础上，进一步区分独立董事与高管的特征差异，即将团队分为3组子群体，以计算独立董事-高管层断裂带。与以往文献不同的是，本章在筛选特征值时，考虑了多样化、多维度的指标。在研究内容上，本章从高管违规视角出发，认为独立董事-高管层断裂带的存在具有"双刃剑"作用，会导致高管违规倾向更加明显，虽然会使高管显性违规有所下降，但会使高管隐性违规显著上升。

第二，从独立董事社会关系角度丰富了高管违规研究。目前的研究多从权力约束失效、激励不足等视角探讨高管违规发生的原因，而较少对独立董事社会关系进行分析。因此，本章的研究可为高管违规治理提供支撑。

第三，为完善独立董事制度提供了参考。一直以来，学术界对独立董事治理职能的履行充满质疑，特别是在KM药业财务造假案判决独立董事承担连带责任后，对完善独立董事制度及落实独立董事履职责任提出了更高要求。本章的研究结果显示，独立董事与高管在人口特征及经历特征方面的差异性，导致两个群体发生断裂并形成冲突，阻碍两个群体之间建立人情关系，使得两个群体相互制衡。但关系的疏远也可能引起独立董事监督能力的减弱，这为独立董事制度建设带来一定的启发。

一、文献回顾与研究假设

断裂带是团队内部用于划分多个子群体的假想分割线（梁上坤 等，2020），开创性地被劳等（Lau et al.，1998）引入，以评价团队的异质性和多样性。团队的异质性和多样性分析有助于人们掌握个体、团队和组织的决策行为和绩效成果（Jackson et al.，1995；Sessa et al.，1995）。与只纳入单一特征不同的是，断裂带结合了多维度复合特征，形成了团队的异质性和多样性综合评价指标（Lau et al.，1998）。

断裂带理论在团队的决策行为与绩效成果研究中形成了两种观点。一种观点认为，团队子群体间的断裂带不利于子群体间交流合作，会降低决策效率（Li et al.，2005；Barkema et al.，2007；Thatcher et al.，2012；周建 等，2012；李维安 等，2014）。这种观点是基于社会认同理论，认为团队中特征相似的特定成员会相互认同，而不同子群体会相互敌视和歧视（Tajfel，1982）。李等（Li et al.，2005）认为，同质性的个体更易形成"派系"，如果两个"派系"在人口特征（性别、年龄和种族等）方面存在较大差异，那么双方在交流沟通中会较为费劲，很难形成统一意见，甚至产生敌意，形成冲突。周建（2012）等认为，断裂带的形成容易引发团队内部冲突，减弱团队内部凝聚力，增加协调成本，不利于团队和谐发展。以往的研究发现，断裂带的存在会提高股价崩盘的风险（梁上坤 等，2020），并增大员工与高管的薪酬差异（徐灿宇 等，2021），会使团队难以构建知识交换平台、降低国际化程度（王益民 等，2020），不利于创新效率的提升（林明，2019）。而另一种观点认为，异质性有利于团队获得更多多元化信息，减少信息不对称，增强创新能力（Watson et al.，1993）。这种观点是基于高阶理论，认为异质性和多样性能使团队实现信息聚合，从而弥补同质性成员因认知一致性、决策相似性而形成的缺陷（Byrne，1971）。因此，断裂带有助于公司提高决策效率及施行国际化战略（潘清泉 等，2015）。

基于以往的研究，本章认为如果独立董事与高管具有较强的异质性，存在断裂，则这会增加独立董事与高管"合谋"的成本，提升独立董事的监督意愿，减小高管显性违规的动机。高管越倾向隐藏自利行为，就越容易出现隐性违规。

一方面，独立董事-高管层断裂带能降低高管显性违规的概率。其一，独立董事-高管层断裂带越明显，则独立董事与高管的相似度越低，两者越不容易建立人情关系，独立董事的监督意愿也就越强烈。社会认同理论认为，个体出于对互惠行为的期望，会对群内外成员区别对待，特别是对性别、身份等个体固有特征相似的群内成员，具有明显的偏好倾向（Tajfel，1975）。王雁飞等（2021）将人的关系图式分为情感型关系图式和工具型关系图式，认为下属和领导的关系图式越一致，越有利于形成高质量的人情关系，有助于促进两者互相帮助、互相体谅，实现互惠。关系图式的形成与价值观、经历、生理特征等的相似度有关。独立董事-高管层断裂带的存在会激化群体间的冲突和矛盾，使监督者与执行者"合谋"的难度增大，提升高管违规成本。其二，独立董事-高管层断裂带越明显，则独立董事的监督能力越强。独立董事-高管层断裂带的存在能够提升独立董事对高管行为的认知能力，而同质性的环境则不利于独立董事多角度地看待问题的实质。独立董事-高管层断裂带的存在能够促使独立董事在交流、交谈中从不同层次看待高管违规行为的形成原因。劳等（Lau et al.，2005）认为，独立董事-高管层断裂带有助于增强子团体内部的凝聚力，促进子团体内部成员的沟通和交流，推动子团体内部营造稳定、和谐的工作环境，提升独立董事团队的整体监督能力。

另一方面，独立董事-高管层断裂带会提高高管隐性违规的概率。独立董事与高管在个人经历、专业背景等方面的差异不利于两者顺畅地交流（Li et al.，2005；Barkema et al.，2007）。独立董事-高管层断裂带的存在会导致群体间的冲突甚至敌意（Li et al.，2005），不利于独立董事掌握高管的决策行为。因此，独立董事-高管层断裂带的存在增大了高管隐形违规的可能性。

基于以上分析，本章提出以下假设：

H7.1：独立董事-高管层断裂带抑制了高管显性违规行为。

H7.2：独立董事-高管层断裂带促进了高管隐形违规行为。

二、研究设计

（一）研究模型与变量定义

1. 自变量选取

独立董事-高管层断裂带的计算过程分为两个步骤：①选取形成独立董事-高管层断裂带的个体特征变量。借鉴撒切尔（Thatcher，2003）和梁上坤（2020）的研究，结合数据的可获得性及行为特征的影响，本章做了微调。笔者首先划分出独立董事、高管两个群体，再选取性别、年龄、财务金融工作背景、高校工作背景、从军经历、其他兼职经历和持股份额 7 个个体特征变量。②基于以上个体特征变量，笔者对高管群体进行聚类分析，将高管群体分为两组，独立董事群体和高管群体共分为 3 组。③采用独立董事-高管层断裂带强度（FStrength）和独立董事-高管层断裂带强度-距离交互项进行计算，度量独立董事群体、高管群体的子群体的相似性和差异性，以及衡量独立董事-高管层断裂带的明显程度。具体计算公式如下：

$$\text{Fstrength}_g = \frac{\sum_{f=1}^{p} \sum_{k=1}^{q} n_k^g \left(\bar{x}_{kf} - \bar{x}_f \right)^2}{\sum_{f=1}^{p} \sum_{k=1}^{q} \sum_{i=1}^{v_k^g} \left(x_{ifk} - \bar{x}_f \right)^2} \quad (g = 1, 2, \cdots, s) \tag{7.1}$$

其中，$\bar{x}_{kf}$ 表示群体 k 中的个体在特征 j 上的平均值，$\bar{x}_f$ 表示所有群体中的个体在特征 j 上的平均值，x_{ifk} 表示群体 k 中的成员 i 的 j 特征值，n_k^g 表示在 g 种分组方式下第 k 子群体中的个体数量。独立董事-高管层断裂带强度（FStrength）为 0~1，值越大，说明子群体中个体的相似程度越高，独立董事-高管层断裂带越明显。

仅衡量群体内的相似性是不够的，我们还应该衡量特征值在不同群体间的差异性（Bezrukova et al., 2009; Zanutto et al., 2010）。本章以独立董事-高管层断裂带强度-距离交互项计算公式作为衡量群体内相似性和群体间差异性的复合指标（FStr-Dis）。

$$\text{FStr} - \text{Dis}_g = \sqrt{\sum_{f=1}^{p} \left(\bar{x}_{f1} - \bar{x}_{f2} \right)} \times \text{FStrength} \tag{7.2}$$

其中，$\bar{x}_{f1}$ 表示子群体 1 中的个体在 j 特征上的平均值，$\bar{x}_{f2}$ 表示子群体 2 中的个体在 j 特征上的平均值。FStr-Dis 越大，则独立董事-高管层断裂带越明显。

2. 因变量选取

（1）高管隐性违规（Abperk）以高管超额在职消费来衡量。模型如下：

$$\text{Perk}_t / \text{Asset}_{t-1} = \beta_0 + \beta_1 / \text{Asset}_{t-1} + \beta_2 \Delta \text{Sale}_t / \text{Asset}_{t-1} + \beta_3 \text{PPE}_t / \text{Asset}_{t-1} +$$
$$\beta_4 \text{Inventory}_t / \text{Asset}_{t-1} + \beta_5 \text{L}_n \text{Employee}_t + \varepsilon_t \tag{7.3}$$

其中，Perk_t 为管理费用中扣除薪酬、税金等明显不属于在职消费支出后的金额，Asset_{t-1} 为上年年末总资产，ΔSale_t 为主营业务收入的变化值，PPE_t 为年末固定资产的净值，Inventory_t 为年末存货总额，$\text{L}_n \text{Employee}_t$ 为公司员工总数的对数。模型（7.3）分年度、分行业回归后的残差即高管超额在职消费。

（2）高管显性违规（Corrupt）。首先，笔者从中央纪委国家监委网站收集上市公司高管被执纪审查的信息。其次，笔者查阅中国裁判文书网公布的相关判决书，筛选出其中与上市公司高管违规相关的信息。再次，笔者通过百度等搜索引擎及万得（Wind）数据库搜索"违规""犯罪""落马""双规""被调查"等关键词，补充上市公司高管违规数据。由于以上信息的披露时间为高管违规行为被揭露或被惩戒的时间，因此该时间相对于高管违规行为的实际发生时间具有滞后性。本章基于以上信息，追溯每种高管违规行为的实际发生时间。

3. 调节变量选取

（1）高管权力测量。借鉴权小锋等（2010）的做法，本章通过组织权力（是否两职合一、是否为董事）、专家权力（是否拥有高级职称、任职时间是否超过行业中位数）、所有制权力（是否持股）和声誉权力（是否拥有硕士以上学历、是否兼职）4个维度衡量高管权力。笔者利用以上指标进行主成分分析，从而得到高管权力综合指标（Power_pc）。

（2）其余调节变量。异地独立董事数据来自中国研究数据服务平台（CNRDS）。

4. 控制变量选取

笔者选取公司规模（Size）、盈利水平（Roa）、负债水平（Lev）、盈利增长率（Growth）、产权性质（Soe）、第一大股东持股比例（Top1）、董事长和总经理两职合一（Duality）、董事会规模（Lnbsize）、独立董事比例（Inden）、是否由"四大"会计师事务所审计（Big4）作为控制变量。此外，本章考虑了年度及行业固定效应（Year/Industry Fixed Effect）。主要变量名称及度量方法如表7.1所示。

表7.1　主要变量名称及度量方法

变量类型	变量名称	变量符号	变量说明
被解释变量	高管隐性违规	Abperk	用高管超额在职消费来衡量
	高管显性违规	Corrupt	公司当年发生高管违规取1，否则取0
解释变量	独立董事-高管层断裂带强度	FStrength	群体内部特征值方差/总体平方和
	独立董事-高管层断裂带复合指标	FStr-Dis	独立董事-高管层断裂带强度×子群体间的欧氏距离

表7.1(续)

变量类型	变量名称	变量符号	变量说明
调节变量	高管权力	Power_pc	4 个维度
	异地独立董事	HDifplace	异地独立董事超过年度平均数取 1,否则取 0
控制变量	公司规模	Size	总资产自然对数
	盈利水平	Roa	总资产收益率
	负债水平	Lev	资产负债率
	盈利增长率	Growth	本年营业收入/上年营业收入−1
	产权性质	Soe	国有企业取 1,否则取 0
	第一大股东持股比例	Top1	第一大股东所持股数占总股数的比例
	董事长和总经理两职合一	Duality	董事长和总经理两职合一取 1,否则取 0
	董事会规模	Lnbsize	董事会人数的自然对数
	独立董事比例	Inden	独立董事占董事会人数的比例
	是否由"四大"会计师事务所审计	Big4	由"四大"会计师事务所审计取 1,否则取 0

5. 研究模型

构建模型（7.4）和模型（7.5）以分别检验假设 7.1 和假设 7.2,即明确独立董事-高管层断裂带对高管违规的影响。

$$Logit(Corrupt) = F(\beta_0 + \beta_1 X + \sum \beta_j Controls_j + Year/Industry\ Fixed\ Effect + \varepsilon$$

（7.4）

$$Abperk = \beta_0 + \beta_1 X + \sum \beta_j Controls_j + Year/Industry\ Fixed\ Effect + \varepsilon$$

（7.5）

其中,解释变量 X 具体包括独立董事-高管层断裂带强度（FStrength）和独立董事-高管层断裂带复合指标（FStr-Dis）。

（二）样本选择和研究数据

由于独立董事个体特征数据的披露时间最早为 2008 年,因此本章选取 2008—2017 年我国 A 股上市公司作为样本,并按照以下程序进行筛选:①剔除金融公司；②剔除数据缺失的样本；③为了避免极端值的影响，对所有连续控制变量进行上下1%的缩尾处理。按照上述方法，我们一共获得2 613个上市公司的15 420个年度观测值。

三、实证结果与分析

（一）描述性统计

表7.2提供了主要变量的描述性统计。结果显示，高管隐性违规（Abperk）的均值为0.001 4，最大值0.094 3与最小值-0.085 2相差0.179 5，中位数为0.000 2，整体呈右偏分布状态，说明样本公司的在职消费规模不均衡。均值大于中位数，说明样本公司存在一定程度的高管超额在职消费情况。高管显性违规（Corrupt）的均值为0.091，即总样本中有1 403个年度样本发生了高管违规，标准差为0.287 6，说明高管违规的发生并不均衡。

在独立董事-高管层断裂带变量中，独立董事-高管层断裂带强度（FStrength）的最大值为0.914 9，均值为0.669 4，中位数为0.670 9，均值小于中位数，整体呈左偏分布状态。独立董事-高管层断裂带复合指标（FStr-Dis）的均值和中位数分别为1.027 9和1.013 9，均值大于中位数，整体呈右偏分布状态。独立董事-高管层断裂带强度（FStrength）和独立董事-高管层断裂带复合指标（FStr-Dis）的标准差分别为0.113 2和0.219 1，说明不同样本公司间的独立董事-高管层断裂带存在较大差异。

在控制变量中，第一大股东持股比例（Top1）的均值为34.83%，说明在样本公司中，"一股独大"的现象较为突出。董事长和总经理两职合一（Duality）的均值为26.02%，董事会规模（Lnbsize）的均值为8.59人（$e^{2.1511}$）。独立董事比例的均值为37.24%，有的公司的独立董事比例甚至达到57.14%，即一半以上的董事为独立董事。独立董事群体与高管群体间的断裂带将直接影响独立董事的履职行为。

表7.2 主要变量的描述性统计

变量名	样本量	均值	最大值	中位数	3/4分位数	最小值	标准差
Abperk	15 420	0.001 4	0.094 3	0.000 2	0.015 7	-0.085 2	0.028 8
Corrupt	15 420	0.091 0	1	0	0	0	0.287 6

表7.2(续)

变量名	样本量	均值	最大值	中位数	3/4分位数	最小值	标准差
FStrength	15 420	0.669 4	0.914 9	0.670 9	0.752 9	0.404 7	0.113 2
FStr-Dis	15 420	1.027 9	1.703 2	1.013 9	1.146 2	0.574 7	0.219 1
Size	15 420	22.014 9	26.023 9	21.829 5	22.692 2	19.831 1	1.243 8
Lev	15 420	0.427 4	0.871 2	0.421 9	0.588 1	0.047 9	0.207 4
Roa	15 420	0.043 5	0.211 1	0.039	0.070 0	−0.142 8	0.053 7
Growth	15 420	0.192 6	2.520 6	0.123 5	0.297 8	−0.497 3	0.402 7
Lnbsize	15 420	2.151 1	2.708 1	2.197 2	2.197 2	1.609 4	0.199 0
Inden	15 420	0.372 4	0.571 4	0.333 3	0.428 6	0.333 3	0.053 0
Duality	15 420	0.260 2	1	0	1	0	0.438 8
Soe	15 420	0.368 5	1	0	1	0	0.482 4
Top1	15 420	0.348 3	0.750 0	0.329 9	0.448 8	0.086 0	0.149 1
Big4	15 420	0.057 0	1	0	0	0	0.231 9

表 7.3 和表 7.4 提供了按照 FStrength 和 FStr-Dis 分组的单变量分析结果。表 7.3 展示了按照独立董事-高管层断裂带强度是否高于行业年度中位数分组的结果,高于记为 High1 = 1,否则记为 High1 = 0。表 7.4 展示了按照独立董事-高管层断裂带复合指标是否高于行业年度中位数分组的结果,高于记为 High2 = 1,否则记为 High2 = 0。从表 7.3 和表 7.4 中我们可以发现,在独立董事-高管层断裂带越明显的分组,高管隐性违规的可能性越大,差异均在 1% 的统计水平上显著;而高管显性违规的可能性越低,差异均在 5% 的统计水平上显著。根据单变量分析,我们可以初步得出:独立董事-高管层断裂带与高管隐性违规有正向相关性,与高管显性违规有负向相关性。

表 7.3 单变量分析 (1)

独立董事-高管层断裂带强度						
变量名	High1 = 0	均值	High1 = 1	均值	均值差异	T 统计量
Abperk	7 717	0.000 5	7 703	0.002 4	−0.001 9***	−4.179 1
Corrupt	7 717	0.096 7	7 703	0.085 3	0.011 4**	2.456 8
Size	7 717	21.982 6	7 703	22.047 2	−0.064 5***	−3.222 2
Lev	7 717	0.425 7	7 703	0.429 1	−0.003 5	−1.034 2
Roa	7 717	0.043 8	7 703	0.043 1	0.000 7	0.799 4
Growth	7 717	0.194 2	7 703	0.191 1	0.003 2	0.486 9

独立董事-高管层断裂带强度						
变量名	High1=0	均值	High1=1	均值	均值差异	T统计量
Lnbsize	7 717	2.152 0	7 703	2.150 1	0.001 9	0.595 8
Inden	7 717	0.371 9	7 703	0.372 9	−0.001 1	−1.261 0
Duality	7 717	0.273 6	7 703	0.246 9	0.026 6***	3.770 5
Soe	7 717	0.341 3	7 703	0.395 8	−0.054 5***	−7.024 6
Top1	7 717	0.349 9	7 703	0.346 8	0.003 1	1.304 1
Big4	7 717	0.054 7	7 703	0.059 3	−0.004 6	−1.243 4

表7.4 单变量分析（2）

独立董事-高管层断裂带复合指标						
变量名	High2=0	均值	High2=1	均值	均值差异	T统计量
Abperk	7 711	0.000 5	7 709	0.002 4	−0.001 8***	−3.931 9
Corrupt	7 711	0.096 7	7 709	0.085 2	0.011 5**	2.487 4
Size	7 711	21.991 5	7 709	22.038 2	−0.046 7**	−2.332 9
Lev	7 711	0.427 6	7 709	0.427 3	0.000 3	0.082 6
Roa	7 711	0.043 6	7 709	0.043 3	0.000 3	0.332 1
Growth	7 711	0.194 5	7 709	0.190 7	0.003 8	0.589 5
Lnbsize	7 711	2.153 5	7 709	2.148 7	0.004 8	1.504 3
Inden	7 711	0.370 5	7 709	0.374 3	−0.003 9***	−4.536 3
Duality	7 711	0.266 1	7 709	0.254 4	0.011 7*	1.660 7
Soe	7 711	0.355 2	7 709	0.381 9	−0.026 7***	−3.435 5
Top1	7 711	0.348 0	7 709	0.348 6	−0.000 6	−0.264 0
Big4	7 711	0.055 1	7 709	0.058 9	−0.003 8	−1.011 2

注：*、**和***分别表示在10%、5%和1%的统计水平上显著（下同）。

（二）相关性分析

表7.5提供了全样本的所有主要变量的相关性分析。从表7.5的结果中我们可以看出，独立董事-高管层断裂带强度（FStrength）和独立董事-高管层断裂带复合指标（FStr-Dis）与高管隐性违规（Abperk）显著正相关，与高管显性违规（Corrupt）显著负相关，并且在10%的统计水平上显著。这初步验证了假设7.1和假设7.2。其余变量并不存在显著的相关性，并且方差膨胀因子（VIF）都小于2，因此这些变量不具备多重共线性。

表 7.5 相关系数矩阵

变量	Abperk	Corrupt	FStrength	FStr-Dis	Size	Lev	Roa	Growth	Lnbsize	Inden	Duality	Soe	Top1	Big4
Abperk	1													
Corrupt	-0.008 00	1												
FStrength	0.030*	-0.014*	1											
FStr-Dis	0.036**	-0.021**	0.746***	1										
Size	-0.122***	-0.031***	0.0130	0.007 00	1									
Lev	-0.169***	0.009 00	-0.041***	-0.027***	0.498***	1								
Roa	0.234***	-0.037***	-0.003 00	0.006 00	-0.008 00	-0.377***	1							
Growth	-0.014*	0.006 00	-0.009 00	-0.015*	0.053***	0.031***	0.242***	1						
Lnbsize	-0.029**	-0.020**	-0.026**	-0.006 00	0.255***	0.180***	0.009 00	-0.023***	1					
Inden	-0.037***	0.008 00	0.029***	0.029***	0.034***	-0.017*	-0.030***	0.007 00	-0.493***	1				
Duality	0.037***	0.033***	-0.012 0	-0.019***	-0.153***	-0.154***	0.052***	0.026***	-0.189***	0.121***	1			
Soe	-0.082***	-0.096***	0.031***	0.040***	0.336***	0.317***	-0.126***	-0.080***	0.271***	-0.068***	-0.266***	1		
Top1	0.004 00	-0.069***	-0.012 0	0.022***	0.205***	0.073***	0.085***	0.001 00	0.003 00	0.062***	-0.042***	0.215***	1	
Big4	-0.064***	-0.051***	0.003 00	0.020***	0.407***	0.129***	0.025***	-0.028***	0.111***	0.045***	-0.073***	0.157***	0.139***	1

（三）回归结果分析

1. 独立董事-高管层断裂带与高管显性违规

为了检验研究假设 7.1，本章利用模型（7.4）进行回归，结果如表 7.6 所示。FStrength 的系数为-0.557 2，在 10%的统计水平上显著，即独立董事-高管层断裂带强度增加一个单位，则高管显性违规发生的概率减小 42.72%。FStr-Dis 的系数为-0.316 0，在 5%的统计水平上显著，即独立董事-高管层断裂带复合指标增加一个单位，则高管显性违规发生的概率减小 27.09%。回归结果说明，独立董事与高管越相似，则独立董事-高管层断裂带越明显，高管违规的可能性也就越小，假设 7.1 得到证明。

表 7.6　独立董事-高管层断裂带与高管显性违规

变量	（1）Corrupt	（2）Corrupt
FStrength	−0.557 2*	
	（−1.833 7）	
FStr-Dis		−0.316 0**
		（−1.997 9）
Size	−0.053 5	−0.055 1
	（−1.318 9）	（−1.356 2）
Lev	0.878 5***	0.883 4***
	（3.556 8）	（3.572 9）
Roa	−1.495 0**	−1.480 6**
	（−2.022 9）	（−2.002 4）
Growth	−0.004 2	−0.006 0
	（−0.055 3）	（−0.077 3）
Lnbsize	0.361 2	0.369 1*
	（1.622 5）	（1.658 7）
Inden	0.747 1	0.767 7
	（0.888 7）	（0.913 0）
Duality	0.085 7	0.085 6
	（1.065 4）	（1.065 5）

表7.6(续)

变量	（1）Corrupt	（2）Corrupt
Soe	−0.739 8 ***	−0.742 1 ***
	（−7.746 8）	（−7.768 1）
Top1	−0.987 6 ***	−0.971 3 ***
	（−3.840 7）	（−3.774 8）
Big4	−0.905 4 ***	−0.898 5 ***
	（−4.580 2）	（−4.541 1）
常数项	−1.446 8	−1.478 5
	（−1.377 1）	（−1.417 1）
样本量	15 420	15 420
R^2	0.041 1	0.041 1
Year & Industry	控制	控制

注：括号内为 t 值，并经过个体聚类（Cluster）调整（下同）。

2. 独立董事−高管层断裂带与高管隐性违规

为了检验研究假设 7.2，本章利用模型（7.5）进行回归，结果如表 7.7 所示。FStrength 的系数为 0.010 9，在 1% 的统计水平上显著。FStr−Dis 的系数为 0.005 7，在 1% 的统计水平上显著。独立董事−高管层断裂带的存在拉开了独立董事与高管的距离，不利于独立董事获取高管的隐性信息，也不利于独立董事掌握高管的行为动机，增大了高管隐性违规的可能性。

表 7.7　独立董事−高管层断裂带与高管隐性违规

变量	（1）Abperk	（2）Abperk
FStrength	0.010 9 ***	
	（2.900 8）	
FStr−Dis		0.005 7 ***
		（3.354 0）
Size	−0.002 1 ***	−0.002 1 ***
	（−3.883 1）	（−3.826 5）

表7.7(续)

变量	（1）Abperk	（2）Abperk
Lev	−0.006 9**	−0.007 0**
	(−2.379 7)	(−2.396 3)
Roa	0.128 1***	0.127 8***
	(13.668 9)	(13.636 1)
Growth	−0.004 9***	−0.004 8***
	(−6.142 7)	(−6.101 6)
Lnbsize	−0.002 0	−0.002 1
	(−0.668 3)	(−0.725 6)
Inden	−0.020 5**	−0.020 9**
	(−2.333 1)	(−2.373 0)
Duality	0.000 6	0.000 6
	(0.598 2)	(0.599 5)
Soe	−0.001 6	−0.001 6
	(−1.325 0)	(−1.292 5)
Top1	0.001 6	0.001 3
	(0.487 5)	(0.398 1)
Big4	−0.004 0*	−0.004 1*
	(−1.741 4)	(−1.789 3)
常数项	0.053 3***	0.054 5***
	(4.082 8)	(4.216 3)
样本量	15 420	15 420
R^2	0.084 9	0.085 0
Year & Industry	控制	控制

四、稳健性检验

1. 工具变量法检验

本章的研究结果可能受到互为因果的内生性问题的影响，如容易出现高管违规的公司为了防范监督能力更强的独立董事，可能更倾向于聘请与高管有较多相似特征的独立董事。因此，本章有必要使用工具变量法进行内生性检验。本章借鉴（梁上坤 等，2020）的做法，将当年同行业所有上市公司的独立董事-高管层断裂带复合指标的均值作为工具变量（IVFaultline）。IVFaultline 的值越大，则独立董事-高管层断裂带越明显，但与当年高管违规没有直接关系，因此适合作为工具变量。表 7.8 中，列（1）、列（2）为第一阶段回归结果。工具变量（IVFaultline）与自变量（FStrength 和 FStr-Dis）均在 1% 的统计水平上显著相关。列（3）至列（6）的结果显示，在使用工具变量（IV-Faultline）控制内生性问题后，原结果依然显著。

表 7.8　工具变量法检验

阶段	第一阶段		第二阶段			
变量	（1） FStrength	（2） FStr-Dis	（3） Abperk	（4） Abperk	（5） Corrupt	（6） Corrupt
IVFaultline	0.279 7 ***	0.963 2 ***				
	（6.389 6）	（10.453 8）				
FStrength			0.094 0 **		-2.073 3	
			（2.075 8）		（-0.811 3）	
FStr-Dis				0.027 3 **		-4.641 4 ***
				（2.144 4）		（-87.164 8）
Size	0.003 7 *	0.002 3	-0.002 4 ***	-0.002 1 ***	-0.021 8	0.006 8
	（1.696 7）	（0.633 9）	（-4.109 0）	（-3.885 6）	（-0.962 1）	（0.425 3）
Lev	-0.014 0	-0.021 6	-0.005 9 *	-0.006 6 **	0.421 9 ***	-0.071 0
	（-1.224 5）	（-1.081 9）	（-1.920 1）	（-2.273 9）	（3.052 1）	（-0.531 0）
Roa	-0.020 9	-0.003 9	0.129 7 ***	0.127 9 ***	-0.752 3 **	-0.021 9
	（-0.636 1）	（-0.066 6）	（13.321 7）	（13.501 5）	（-2.023 3）	（-0.061 8）
Growth	-0.000 7	-0.006 1	-0.004 8 ***	-0.004 7 ***	-0.002 6	-0.028 0
	（-0.282 0）	（-1.340 8）	（-5.968 9）	（-5.876 6）	（-0.067 6）	（-1.316 7）

表7.8(续)

阶段	第一阶段		第二阶段			
变量	（1） FStrength	（2） FStr-Dis	（3） Abperk	（4） Abperk	（5） Corrupt	（6） Corrupt
Lnbsize	−0.015 6	−0.001 3	−0.000 7	−0.002 1	0.163 0	0.008 2
	（−1.419 9）	（−0.068 0）	（−0.228 3）	（−0.731 2）	（1.339 1）	（0.088 6）
Inden	0.033 7	0.124 6 **	−0.023 5 **	−0.023 7 ***	0.498 2	0.618 5 **
	（0.918 3）	（1.987 0）	（−2.457 4）	（−2.599 5）	（1.204 4）	（2.000 4）
Duality	−0.005 0	−0.009 7	0.001 0	0.000 8	0.033 4	−0.044 7
	（−1.289 7）	（−1.481 1）	（0.961 4）	（0.806 6）	（0.769 9）	（−1.314 7）
Soe	0.017 5 ***	0.026 1 ***	−0.003 1 **	−0.002 1 *	−0.328 4 ***	0.113 8
	（3.769 2）	（3.227 4）	（−2.041 8）	（−1.692 9）	（−4.028 2）	（1.073 8）
Top1	−0.017 4	0.016 7	0.003 0	0.000 9	−0.523 1 ***	0.067 4
	（−1.301 2）	（0.754 0）	（0.870 4）	（0.280 2）	（−4.067 7）	（0.396 7）
Big4	−0.005 9	0.007 8	−0.003 5	−0.004 3 *	−0.421 4 ***	0.030 8
	（−0.652 2）	（0.511 1）	（−1.450 5）	（−1.848 8）	（−4.770 2）	（0.241 6）
常数项	0.310 6 ***	−0.064 1	0.002 6	0.033 6 *	0.200 2	4.469 9 ***
	（4.487 3）	（−0.491 2）	（0.085 9）	（1.877 8）	（0.116 6）	（8.439 4）
样本量	15 420	15 420	15 420	15 420	15 420	15 420
R^2	0.067 6	0.040 6	−0.014 6	0.058 9	—	—
Year & Industry	控制	控制	控制	控制	控制	控制

替代 FStrength 时，进行弱工具变量检验（Weak Identification Test）：
Cragg-Donald Wald F 统计量：43.815
Kleibergen-Paap rk Wald F 统计量：40.827
替代 FStr-Dis 时，进行弱工具变量检验（Weak Identification Test）：
Cragg-Donald Wald F 统计量：134.691
Kleibergen-Paap rk Wald F 统计量：109.281
大于所有临界值，拒绝弱工具变量的原假设，方程不存在弱工具变量。

2. PSM 倾向得分匹配法检验

为了解决遗漏变量和选择性偏差带来的内生性问题，本章根据当年同行业上市公司的独立董事-高管层断裂带是否高于75%的分位数构建实验组（高断裂带）和控制组（低断裂带），并进行样本匹配。首先，将高断裂带作为因变量，采用 Logit 回归模型估计高断裂带的概率；其次，根据概率进行5%卡尺内一对四匹配；最后，将匹配后的样本重新带入模型（7.4）和模型（7.5），以验证原回归结果。表7.9的稳健性检验结果显示，独立董事-高管层断裂带在抑制了高管显性违规的同时，促进了高管隐性违规。该结论与原结论一致，证明本章的主要结论依然成立。

表 7.9 倾向得分匹配法检验

变量	（1）Corrupt	（2）Corrupt	（3）Abperk	（4）Abperk
FStrength	−1.110 0*		0.010 6**	
	(−1.713 8)		(1.971 1)	
FStr-Dis		−0.569 3*		0.004 4*
		(−1.811 8)		(1.822 6)
Size	−0.005 8	−0.008 2	−0.002 9***	−0.002 9***
	(−0.079 8)	(−0.111 9)	(−3.693 4)	(−3.666 0)
Lev	1.095 4**	1.108 2***	−0.005 3	−0.005 5
	(2.566 4)	(2.587 5)	(−1.214 1)	(−1.266 0)
Roa	−0.145 8	−0.138 5	0.125 2***	0.124 9***
	(−0.106 8)	(−0.101 5)	(8.318 6)	(8.300 4)
Growth	0.026 2	0.024 6	−0.004 3***	−0.004 2***
	(0.184 8)	(0.174 0)	(−3.024 9)	(−2.996 5)
Lnbsize	0.686 1*	0.712 1*	−0.006 7	−0.006 9
	(1.734 4)	(1.794 0)	(−1.596 4)	(−1.630 8)
Inden	1.025 6	1.033 8	−0.020 4	−0.020 4
	(0.780 4)	(0.788 3)	(−1.558 4)	(−1.559 3)
Duality	0.073 8	0.073 7	0.000 4	0.000 4
	(0.521 0)	(0.519 4)	(0.284 7)	(0.301 2)
Soe	−0.927 6***	−0.924 0***	−0.000 1	−0.000 1
	(−5.654 4)	(−5.638 6)	(−0.056 9)	(−0.057 0)
Top1	−0.551 6	−0.546 0	0.001 6	0.001 4
	(−1.245 0)	(−1.231 9)	(0.338 5)	(0.315 3)
Big4	−0.400 8	−0.388 8	−0.001 8	−0.002 0
	(−1.179 0)	(−1.137 7)	(−0.479 8)	(−0.515 4)

表7.9(续)

变量	（1）Corrupt	（2）Corrupt	（3）Abperk	（4）Abperk
常数项	−3.125 6*	−3.305 2*	0.080 6***	0.083 3***
	（−1.746 0）	（−1.888 8）	（4.367 9）	（4.556 9）
样本量	4 357	4 357	5 029	5 029
R^2	0.036 2	0.036 6	0.089 1	0.088 9
Year & Industry	控制	控制	控制	控制

3. 滞后一期自变量检验

为了解决反向因果的内生性问题，本章采用滞后一期独立董事-高管层断裂带作为自变量，并重新对模型（7.4）和模型（7.5）进行回归，结果如表7.10所示。FStrength 和 FStr-Dis 与高管显性违规显著负相关，与高管隐性违规显著正相关。该结论与原结论一致。

表 7.10 滞后一期自变量检验

变量	（1）Corrupt	（2）Corrupt	（3）Abperk	（4）Abperk
FStrength	−0.703 5**		0.011 8***	
	（−2.080 5）		（2.945 5）	
FStr-Dis		−0.301 1*		0.006 8***
		（−1.669 9）		（3.752 3）
Size	−0.079 8*	−0.081 3*	−0.002 9***	−0.002 9***
	（−1.759 2）	（−1.790 3）	（−4.981 0）	（−4.948 3）
Lev	0.925 6***	0.931 4***	−0.005 0	−0.005 0
	（3.371 9）	（3.389 3）	（−1.621 5）	（−1.613 9）
Roa	−1.067 8	−1.053 3	0.132 6***	0.132 5***
	（−1.300 3）	（−1.281 1）	（13.037 3）	（13.017 5）
Growth	−0.022 0	−0.020 8	−0.004 8***	−0.004 8***
	（−0.260 0）	（−0.244 9）	（−5.428 5）	（−5.478 6）
Lnbsize	0.339 4	0.346 1	−0.002 5	−0.002 6

表7. 10(续)

变量	（1） Corrupt	（2） Corrupt	（3） Abperk	（4） Abperk
	（1. 391 0）	（1. 421 1）	（-0. 836 3）	（-0. 879 7）
Inden	0. 864 1	0. 872 2	-0. 017 5*	-0. 017 9*
	（0. 961 9）	（0. 971 1）	（-1. 906 0）	（-1. 945 0）
Duality	0. 102 7	0. 102 9	0. 000 5	0. 000 6
	（1. 184 8）	（1. 187 8）	（0. 524 2）	（0. 542 6）
Soe	-0. 727 2***	-0. 733 6***	-0. 001 8	-0. 001 7
	（-7. 279 4）	（-7. 320 2）	（-1. 382 2）	（-1. 360 7）
Top1	-0. 922 4***	-0. 899 7***	0. 001 6	0. 001 2
	（-3. 266 0）	（-3. 186 5）	（0. 460 0）	（0. 349 7）
Big4	-0. 796 3***	-0. 789 3***	-0. 004 0*	-0. 004 2*
	（-3. 826 8）	（-3. 782 1）	（-1. 645 8）	（-1. 698 1）
常数项	-0. 890 6	-1. 024 6	0. 069 4***	0. 070 0***
	（-0. 773 5）	（-0. 898 8）	（4. 942 2）	（5. 047 5）
样本量	12 454	12 454	12 454	12 454
R^2	0. 043 6	0. 043 3	0. 092 8	0. 093 4
Year & Industry	控制	控制	控制	控制

4. 替换变量

针对假设7.1，笔者将自变量高管显性违规（Corrupt）替换为连续变量（SCorrupt），即上市公司当年发生高管违规的数量，并建立模型（7.6）。回归结果如表7.11所示，当自变量替换为连续变量时，FStrength 和 FStr-Dis 与高管显性违规显著负相关，且在5%的统计水平上显著为负，这与原结论一致。

$$SCorrupt = \beta_0 + \beta_1 X + \sum \beta_j Controls_j + Year/Industry\ Fixed\ Effect + \varepsilon$$

$$(7.6)$$

其中，解释变量 X 具体包括独立董事-高管层断裂带强度（FStrength）和独立董事-高管层断裂带复合指标（FStr-Dis）。

表 7.11　替换变量

变量	(1) SCorrupt	(2) SCorrupt
FStrength	−0.089 2**	
	(−2.411 9)	
FStr−Dis		−0.042 7**
		(−2.135 5)
Size	−0.002 3	−0.002 6
	(−0.486 8)	(−0.537 7)
Lev	0.089 9***	0.090 3***
	(2.747 5)	(2.757 5)
Roa	−0.229 3**	−0.227 5**
	(−2.285 5)	(−2.270 6)
Growth	0.002 1	0.001 9
	(0.196 6)	(0.178 2)
Lnbsize	0.038 7*	0.040 1*
	(1.713 5)	(1.770 9)
Inden	0.067 5	0.069 9
	(0.699 0)	(0.723 3)
Duality	0.004 9	0.004 9
	(0.429 0)	(0.431 0)
Soe	−0.083 0***	−0.083 4***
	(−8.350 6)	(−8.395 5)
Top1	−0.083 1***	−0.080 9***
	(−2.839 0)	(−2.754 7)
Big4	−0.054 7***	−0.053 8***
	(−4.421 3)	(−4.367 9)
常数项	0.144 5	0.131 4
	(1.264 0)	(1.162 7)

表7.11(续)

变量	（1） SCorrupt	（2） SCorrupt
样本量	15 420	15 420
R^2	0.023 5	0.023 5
Year & Industry	控制	控制

5. 加入新变量

在模型（7.4）和模型（7.5）中加入影响高管违规的新变量：高管持股数（Mshare），股权制衡度（第二大股东至第五大股东持股比例与第一大股东持股比例之比，用 Balance 表示），公司上市年限的自然对数（Listage），结果如表 7.12 所示，即加入新变量后的结论与原结论一致。

表 7.12　加入新变量

变量	（1） Corrupt	（2） Corrupt	（3） Abperk	（4） Abperk
FStrength	−0.577 5*		0.009 7**	
	（−1.794 4）		（2.486 0）	
FStr−Dis		−0.295 5*		0.005 2***
		（−1.841 2）		（3.031 8）
Mshare	−0.115 1	−0.151 6	0.001 2	0.001 7
	（−0.443 8）	（−0.606 3）	（0.403 1）	（0.607 1）
Balance	0.118 7	0.121 5	0.001 2	0.001 2
	（1.452 0）	（1.491 4）	（1.045 2）	（1.024 7）
Listage	−0.026 7	−0.028 0	−0.000 7	−0.000 6
	（−0.376 9）	（−0.395 0）	（−0.772 5）	（−0.745 3）
Size	−0.055 3	−0.057 6	−0.002 0***	−0.002 0***
	（−1.270 3）	（−1.323 6）	（−3.623 8）	（−3.566 9）
Lev	0.905 1***	0.908 3***	−0.005 7*	−0.005 7*

表7.12(续)

变量	（1） Corrupt	（2） Corrupt	（3） Abperk	（4） Abperk
	（3.555 9）	（3.565 0）	（−1.914 7）	（−1.914 7）
Roa	−1.531 2**	−1.507 4**	0.126 3***	0.126 0***
	（−2.056 0）	（−2.021 6）	（13.433 7）	（13.404 6）
Growth	0.005 5	0.004 3	−0.005 0***	−0.005 0***
	（0.072 0）	（0.055 7）	（−6.279 7）	（−6.253 2）
Lnbsize	0.281 1	0.289 0	−0.002 6	−0.002 8
	（1.231 3）	（1.265 3）	（−0.892 1）	（−0.938 9）
Inden	0.561 5	0.586 0	−0.022 5**	−0.022 9***
	（0.659 0）	（0.686 9）	（−2.540 1）	（−2.587 2）
Duality	0.079 9	0.081 0	0.000 5	0.000 4
	（0.977 4）	（0.993 8）	（0.480 9）	（0.465 6）
Soe	−0.725 3***	−0.731 7***	−0.001 1	−0.001 1
	（−7.163 9）	（−7.233 0）	（−0.900 4）	（−0.833 7）
Top1	−0.693 7*	−0.669 6*	0.004 1	0.003 8
	（−1.912 8）	（−1.850 2）	（0.866 0）	（0.802 7）
Big4	−0.945 9***	−0.940 8***	−0.004 1*	−0.004 2*
	（−4.608 9）	（−4.579 8）	（−1.801 3）	（−1.833 3）
常数项	−1.265 0	−1.314 3	0.054 3***	0.054 8***
	（−1.174 2）	（−1.223 1）	（4.081 2）	（4.156 6）
样本量	15 003	15 003	15 003	15 003
R^2	0.041 1	0.041 1	0.085 0	0.085 3
Year & Industry	控制	控制	控制	控制

五、进一步检验

(一) 独立董事个人特征的影响

1. 拥有法律从业背景的独立董事

制度的不完善为高管违规提供了机会。公司基于降低诉讼风险的考虑，会倾向聘请拥有法律从业背景的独立董事（何威风 等，2017）。事实证明，拥有法律从业背景的独立董事不仅能够有效发挥监督作用，抑制高管犯罪（全怡 等，2017），降低公司诉讼风险（Litov et al.，2014），也能够发挥咨询作用，在高管普遍缺乏法律知识时，为公司提供法律咨询服务（何威风 等，2017）。因此本章认为，一方面，具有法律从业背景的独立董事对诉讼风险有更强的判断力（Krishnan et al.，2011），对高管产生威慑作用，从而增加高管违规的心理负担（全怡 等，2017）；另一方面，党的十八大后，党风廉政建设和反腐败斗争进一步推进，高管违规给公司带来的负面影响较以往更大，如果高管违规被查处，则具有法律从业背景的独立董事承担的责任也更大（Schwarcz，2006），这促使其更加积极地监督。

而来自高校的学者型独立董事普遍具有较高的学术水平和职业素养，能够增强自身的监督能力（沈艺峰 等，2016）。弗朗西斯等（Francis et al.，2015）认为，长期的科研、教学工作使学者型独立董事拥有严谨的求学态度、高尚的道德理想，从而使公司表现出更高的并购绩效、更大的专利引用量、更低的操纵性应计盈余。高校学者通常被赋予道德楷模的角色定位（Bowman，2005），这使其更具有责任感，并在监督高管时表现得较为积极。

因此，本章按照拥有法律从业背景的独立董事数量是否高于当年全样本的平均值，将独立董事分为高法律背景组和低法律背景组，同时加入根据高校从业经历划分的组。分组回归结果如表 7.13 所示。结果显示，当独立董事团队中拥有法律从业背景和高校工作经历者更多时，高管违规的概率会显著降低。

表 7.13 拥有法律从业背景、高校工作经历的独立董事分组

变量	(1) Corrupt 高法律背景组	(1) Corrupt 低法律背景组	(2) Corrupt 高法律背景组	(2) Corrupt 低法律背景组	(3) Corrupt 高法律-高高校背景组	(3) Corrupt 低法律-低高校背景组	(4) Corrupt 高法律-高高校背景组	(4) Corrupt 低法律-低高校背景组
FStrength	-0.780 0** (-1.978 7)	-0.148 7 (-0.320 0)			-1.219 1** (-2.337 3)	-0.312 0 (-0.890 0)		
FStr-Dis			-0.373 9* (-1.867 9)	-0.168 4 (-0.662 1)			-0.685 7** (-2.432 2)	-0.186 4 (-1.017 0)
Size	-0.062 9 (-1.182 0)	-0.037 9 (-0.650 2)	-0.065 4 (-1.227 3)	-0.038 2 (-0.656 5)	-0.054 0 (-0.746 4)	-0.051 0 (-1.081 8)	-0.062 1 (-0.853 5)	-0.051 6 (-1.093 8)
Lev	1.197 0*** (3.795 1)	0.396 5 (1.087 4)	1.207 1*** (3.819 7)	0.394 9 (1.084 0)	1.256 7*** (2.868 4)	0.746 8*** (2.602 9)	1.293 9*** (2.943 3)	0.747 7*** (2.604 1)
Roa	-0.825 8 (-0.849 9)	-2.469 3** (-2.432 1)	-0.808 1 (-0.829 8)	-2.474 4** (-2.437 3)	0.147 8 (0.107 9)	-2.097 5** (-2.411 6)	0.230 3 (0.165 7)	-2.093 2** (-2.406 6)
Growth	-0.118 7	0.165 9	-0.121 2	0.164 7	-0.160 5	0.052 6	-0.167 3	0.051 8

表7.13（续）

变量	（1）Corrupt 高法律背景组	（1）Corrupt 低法律背景组	（2）Corrupt 高法律背景组	（2）Corrupt 低法律背景组	（3）Corrupt 高法律高高校背景组	（3）Corrupt 低法律低高校背景组	（4）Corrupt 高法律高高校背景组	（4）Corrupt 低法律低高校背景组
	（-1.154 6）	（1.391 8）	（-1.174 8）	（1.382 3）	（-0.923 5）	（0.611 6）	（-0.958 4）	（0.602 5）
Lnbsize	0.442 4	0.265 8	0.457 8	0.264 6	0.364 9	0.357 3	0.412 5	0.359 3
	（1.562 7）	（0.803 8）	（1.617 8）	（0.801 4）	（0.846 2）	（1.356 2）	（0.956 9）	（1.363 5）
Inden	1.874 5*	-0.836 1	1.904 3*	-0.815 2	1.741 9	0.411 7	1.839 0	0.419 7
	（1.863 2）	（-0.649 6）	（1.888 4）	（-0.633 0）	（1.349 1）	（0.386 9）	（1.423 5）	（0.394 6）
Duality	0.063 1	0.102 5	0.064 2	0.101 4	0.044 7	0.096 1	0.050 6	0.095 8
	（0.616 0）	（0.869 3）	（0.627 1）	（0.858 6）	（0.302 6）	（1.036 5）	（0.344 7）	（1.033 3）
Soe	-0.771 4***	-0.702 4***	-0.776 9***	-0.699 5***	-0.700 5***	-0.766 2***	-0.707 9***	-0.766 7***
	（-6.525 3）	（-4.599 3）	（-6.527 3）	（-4.628 9）	（-4.403 7）	（-6.637 0）	（-4.427 5）	（-6.663 7）
Top1	-1.006 1***	-0.960 5**	-0.980 9***	-0.960 3**	-0.628 8	-1.147 2***	-0.580 8	-1.139 4***
	（-3.108 3）	（-2.367 9）	（-3.030 8）	（-2.370 9）	（-1.543 5）	（-3.661 1）	（-1.436 0）	（-3.633 1）

非正式制度、独立董事与高管违规治理研究

表7.13（续）

变量	（1）Corrupt		（2）Corrupt		（3）Corrupt		（4）Corrupt	
	高法律背景组	低法律背景组	高法律背景组	低法律背景组	高法律-高高校背景组	低法律-低高校背景组	高法律-高高校背景组	低法律-低高校背景组
Big4	−0.819 7***	−1.039 0***	−0.812 5***	−1.037 6***	−1.216 1***	−0.756 1***	−1.213 0***	−0.750 9***
	（−3.118 4）	（−3.284 8）	（−3.093 6）	（−3.283 3）	（−2.770 7）	（−3.484 1）	（−2.769 7）	（−3.459 7）
常数项	−1.669 4	−1.259 2	−1.786 8	−1.180 3	−1.157 5	−1.664 9	−1.252 9	−1.668 9
	（−1.242 2）	（−0.831 2）	（−1.335 0）	（−0.786 8）	（−0.711 6）	（−1.284 6）	（−0.787 7）	（−1.292 8）
样本量	8 873	6 524	8 873	6 524	4 270	11 150	4 270	11 150
R^2	0.042 4	0.049 7	0.042 3	0.049 8	0.051 3	0.043 3	0.051 7	0.043 3
Year & Industry	控制	控制	控制	控制	控制	控制	控制	控制

2. 异地独立董事

异地独立董事因地理距离较远而面临高昂的履职交通成本和不便的沟通交流（罗进辉，2017），这不利于其收集公司经营的软信息（Knyazeva et al.，2011），因此异地独立董事被认为具有弱监督功能（孙亮 等，2014）。异地独立董事无法在当地建立声誉，这为其失职找到了"合理"的理由（罗进辉，2017），也使其降低了监督意愿。但也要考虑到，在中国的社会环境中，异地不利于独立董事与高管建立亲密的关系。其一，双方需要通过观察、试探、互动、交流等活动才能形成互相尊重、互相信任的人情关系（Graen et al.，1987），而地理距离过远是阻碍人情关系形成的壁垒，不利于双方掌握对方的心理、性格、态度等特征，也不利于双方获取同质性认知，因而不利于双方建立人情关系。其二，建立人情关系的结果是，双方能在人际交往、互惠合作中获得更多便利（Bauer et al.，1996）。人情关系可能造成独立董事减弱独立性。独立董事在监督中碍于面子、人情，而难以提出反对意见，明知高管的决策可能出于自利目的也保持沉默（张凡，2003），甚至帮助高管逃避法律的制裁（裴红梅 等，2015；陈冬华 等，2017）。因此，异地独立董事减小了独立董事-高管层断裂带抑制高管违规的作用。

本章按照异地独立董事数量是否高于当年全样本的平均值，将独立董事分为高异地组和低异地组，分组回归结果如表7.14所示。列（1）、列（2）的分组回归结果显示，在高异地组，高管显性违规的发生概率较低，这验证了异地独立董事因无法与高管建立密切的关系而提升了自身的监督意愿。列（3）、列（4）的分组回归结果显示，高异地组与低异地组均表现出独立董事-高管层断裂带的存在促进了高管隐性违规。笔者用靴带法（Bootstrap）来检验组间系数的差异，经验 P 值在10%的统计水平上显著，说明高异地组的促进作用较小，这进一步验证了异地独立董事对形成独立董事-高管层断裂带具有催化剂作用。

表 7.14 异地独立董事分组

变量	(1) Corrupt 高异地组	(1) Corrupt 低异地组	(2) Corrupt 高异地组	(2) Corrupt 低异地组	(3) Abperk 高异地组	(3) Abperk 低异地组	(4) Abperk 高异地组	(4) Abperk 低异地组
FStrength	-0.629 0* (-1.781 1)	-0.425 8 (-0.954 6)			0.008 6** (1.974 0)	0.014 0** (2.402 0)		
FStr-Dis			-0.437 6** (-2.137 1)	-0.160 3 (-0.657 2)			0.005 0** (2.416 7)	0.006 5** (2.549 0)
Size	-0.020 5 (-0.453 2)	-0.075 2 (-1.277 9)	-0.021 9 (-0.404 0)	-0.076 2 (-1.293 3)	-0.002 4*** (-3.665 7)	-0.001 6** (-2.053 5)	-0.002 4*** (-3.633 0)	-0.001 6** (-1.999 4)
Lev	0.705 1*** (2.658 5)	1.069 1*** (3.096 4)	0.704 8** (2.143 8)	1.077 1*** (3.109 3)	-0.004 2 (-1.170 2)	-0.010 9** (-2.547 8)	-0.004 2 (-1.179 8)	-0.010 9** (-2.560 2)
Roa	-1.286 0 (-1.474 8)	-1.933 9* (-1.786 2)	-1.285 3 (-1.291 0)	-1.920 4* (-1.775 1)	0.132 6*** (11.828 7)	0.120 2*** (8.094 1)	0.132 6*** (11.819 4)	0.119 7*** (8.045 1)
Growth	-0.033 0 (-0.317 5)	0.029 4 (0.259 1)	-0.035 8 (-0.340 7)	0.028 4 (0.249 5)	-0.005 1*** (-5.026 3)	-0.004 5*** (-3.598 9)	-0.005 1*** (-4.990 3)	-0.004 5*** (-3.572 7)

变量	(1) Corrupt 高异地组	(1) Corrupt 低异地组	(2) Corrupt 高异地组	(2) Corrupt 低异地组	(3) Abperk 高异地组	(3) Abperk 低异地组	(4) Abperk 高异地组	(4) Abperk 低异地组
Lnbsize	0.050 9	0.636 8*	0.061 4	0.643 5**	0.000 1	-0.003 5	-0.000 1	-0.003 7
	(0.185 8)	(1.939 0)	(0.196 9)	(1.964 1)	(0.018 4)	(-0.815 8)	(-0.030 2)	(-0.862 9)
Inden	0.957 4	0.318 5	0.992 2	0.320 0	-0.024 5**	-0.013 6	-0.024 9**	-0.013 8
	(1.058 7)	(0.264 3)	(0.862 1)	(0.265 2)	(-2.487 8)	(-0.957 2)	(-2.521 4)	(-0.978 5)
Duality	0.048 3	0.148 2	0.046 6	0.148 5	0.000 6	0.000 8	0.000 6	0.000 7
	(0.532 2)	(1.300 7)	(0.427 0)	(1.302 4)	(0.497 4)	(0.538 7)	(0.507 6)	(0.518 7)
Soe	-0.741 3***	-0.740 3***	-0.745 2***	-0.741 5***	-0.002 1	-0.000 7	-0.002 1	-0.000 7
	(-7.004 6)	(-5.308 6)	(-5.773 4)	(-5.304 7)	(-1.421 0)	(-0.384 0)	(-1.385 0)	(-0.400 9)
Top1	-1.034 8***	-0.915 8**	-1.018 8***	-0.898 6**	0.004 3	-0.002 9	0.004 1	-0.003 3
	(-3.543 6)	(-2.413 9)	(-3.009 2)	(-2.365 5)	(1.158 4)	(-0.605 7)	(1.102 3)	(-0.693 3)
Big4	-1.139 6***	-0.675 3***	-1.133 2***	-0.670 5***	-0.003 3	-0.005 2	-0.003 5	-0.005 3
	(-3.434 1)	(-2.714 0)	(-3.421 1)	(-2.691 5)	(-1.153 3)	(-1.583 0)	(-1.199 1)	(-1.607 6)

变量	（1）Corrupt		（2）Corrupt		（3）Abperk		（4）Abperk	
	高异地组	低异地组	高异地组	低异地组	高异地组	低异地组	高异地组	低异地组
常数项	−1.103 3	−2.125 5	−1.070 2	−2.236 2	0.054 4***	0.047 1**	0.054 8***	0.049 3**
	(−0.977 5)	(−1.347 9)	(−0.756 1)	(−1.427 1)	(3.515 6)	(2.346 9)	(3.569 5)	(2.493 3)
样本量	7 851	7 569	7 851	7 569	9 388	6 032	9 388	6 032
R^2	0.041 3	0.051 8	0.041 8	0.051 6	0.092 7	0.082 0	0.093 1	0.081 5
Year & Industry	控制	控制	控制	控制	控制	控制	控制	控制
Bootstrap检验（1 000 次迭代）	—	—	—	—	0.097*		0.237	

（二）高管权力的叠加作用

高管权力理论认为，高管与股东也存在代理问题。董事长和总经理两职合一的情形导致高管的权力集中，以及公司的实际经营权转移到高管手中，高管掌握了公司大部分资源配置权力（张军 等，2004）。权力越大的高管，越能够操纵公司按照自己的意愿发展（Finkelstein，1992）。高管违规的根本原因为权力过大（Bebchuk et al.，2002；Bebchuk et al.，2003；张铁铸 等，2014）。对高管违规治理的研究大部分也从限制权力入手（权小锋 等，2010；周美华 等，2016）。本章的主要研究结论是，独立董事−高管层断裂带的形成导致独立董事与高管较难形成人情关系，使独立董事能够较好地发挥监督作用。然而，形成独立董事−高管层断裂带与限制高管权力对高管违规治理是叠加作用还是替代作用？对此，本章将借鉴权小锋等（2010）的做法，计算高管权力强度，以分组探究不同高管权力强度下独立董事−高管层断裂带对高管违规的影响。

表 7.15 中，列（1）、列（2）的分组回归结果显示，在低权力组，独立董事−高管层断裂带的存在能够显著抑制高管显性违规，说明高管权力被限制与独立董事−高管层断裂带的形成一起，对高管违规治理形成叠加作用。列（3）、列（4）中分产权性质的回归结果显示，FStrength 和 FStr-Dis 的系数在国有企业中更大。笔者通过靴带法（Bootstrap）来检验组间系数的差异，经验 P 值在5%的统计水平上显著。这说明，在高管权力更大的国有企业中，当独立董事−高管层断裂带明显时，高管隐性违规更容易出现。这再次验证了高管权力被限制与独立董事−高管层断裂带的形成对高管违规治理产生叠加效应。

表 7.15　高管权力分组

变量	(1) Corrupt		(2) Corrupt		(3) Abperk		(4) Abperk	
	高权力组	低权力组	高权力组	低权力组	国有企业	非国有企业	国有企业	非国有企业
FStrength	-0.323 1	-0.822 2*			0.016 4**	0.008 7**		
	(-0.928 1)	(-1.912 8)			(2.346 6)	(2.004 4)		
FStr-Dis			-0.159 8	-0.478 9**			0.006 3**	0.005 3**
			(-0.757 9)	(-2.166 7)			(2.238 3)	(2.566 9)
Size	-0.055 2	-0.049 1	-0.056 1	-0.051 1	-0.003 4***	-0.001 1	-0.003 4***	-0.001 0
	(-1.103 8)	(-0.939 4)	(-0.954 0)	(-0.979 7)	(-4.111 0)	(-1.547 4)	(-4.067 3)	(-1.508 8)
Lev	0.942 3***	0.820 8**	0.944 9***	0.830 4**	-0.012 3**	-0.004 8	-0.011 8**	-0.005 0
	(3.314 3)	(2.516 6)	(2.760 2)	(2.544 8)	(-2.275 9)	(-1.441 6)	(-2.203 0)	(-1.480 2)
Roa	-1.441 1	-1.846 8*	-1.433 6	-1.823 1*	0.125 5***	0.131 0***	0.125 2***	0.130 8***
	(-1.584 0)	(-1.912 4)	(-1.379 7)	(-1.882 6)	(7.801 2)	(11.459 3)	(7.784 0)	(11.432 3)
Growth	0.122 9	-0.118 1	0.121 5	-0.118 8	-0.004 9***	-0.005 1***	-0.004 9***	-0.005 0***
	(1.167 8)	(-1.082 4)	(1.129 5)	(-1.088 2)	(-3.257 5)	(-5.433 5)	(-3.237 9)	(-5.405 0)

表7.15（续）

变量	(1) Corrupt		(2) Corrupt		(3) Abperk		(4) Abperk	
	高权力组	低权力组	高权力组	低权力组	国有企业	非国有企业	国有企业	非国有企业
Lnbsize	0.079 7	0.679 1**	0.083 5	0.692 0**	0.001 7	-0.004 0	0.001 6	-0.004 1
	(0.310 1)	(2.253 1)	(0.269 9)	(2.303 5)	(0.360 9)	(-1.151 8)	(0.342 4)	(-1.193 7)
Inden	-0.742 4	2.458 0**	-0.735 2	2.492 0*	-0.016 8	-0.022 0**	-0.017 1	-0.022 4**
	(-0.811 3)	(2.212 9)	(-0.622 5)	(2.255 6)	(-1.213 2)	(-2.063 2)	(-1.237 8)	(-2.105 5)
Duality	0.098 1	0.156 4	0.097 5	0.155 9	0.002 0	0.000 5	0.001 9	0.000 5
	(1.154 3)	(1.156 1)	(0.903 7)	(1.153 4)	(0.895 4)	(0.436 8)	(0.860 7)	(0.440 3)
Soe	-0.654 0***	-0.810 5***	-0.655 6***	-0.814 8***				
	(-5.522 7)	(-6.728 0)	(-4.727 1)	(-6.748 1)				
Top1	-1.408 1***	-0.601 5*	-1.398 3***	-0.580 5*	0.014 8***	-0.006 0	0.015 0***	-0.006 3
	(-4.604 7)	(-1.814 1)	(-3.813 0)	(-1.749 7)	(2.770 2)	(-1.522 3)	(2.791 2)	(-1.597 4)
Big4	-1.024 9***	-0.789 0***	-1.020 1***	-0.780 6***	-0.002 9	-0.004 3	-0.003 0	-0.004 5
	(-3.325 9)	(-2.824 5)	(-3.378 0)	(-2.803 1)	(-1.026 3)	(-1.316 1)	(-1.062 6)	(-1.364 1)

表7.15（续）

变量	(1) Corrupt		(2) Corrupt		(3) Abperk		(4) Abperk	
	高权力组	低权力组	高权力组	低权力组	国有企业	非国有企业	国有企业	非国有企业
常数项	-0.0715	-3.1646**	-0.1116	-3.2047**	0.0675***	0.0372**	0.0713***	0.0373**
	(-0.0585)	(-2.3815)	(-0.0724)	(-2.4376)	(3.4675)	(2.2906)	(3.7184)	(2.3307)
样本量	7 837	7 583	7 837	7 583	5 683	9 737	5 683	9 737
R^2	0.0438	0.0491	0.0438	0.0493	0.1099	0.0718	0.1088	0.0721
Year & Industry	控制	控制	控制	控制	控制	控制	控制	控制
Bootstrap 检验 (1 000次迭代)					0.035**		0.331	

（三）基于高管违规倾向和高管违规被查的分析

本章采用部分可观测的双变量模型（Bivariate Probit）验证独立董事-高管层断裂带对高管违规倾向和高管违规被查的影响。借鉴陆瑶等（2016）、梁上坤等（2020）的研究，本章引入高管违规倾向（Corrupt_tend）和高管违规被查（Corrupt_detec）两个虚拟变量。笔者采用公司规模（Size）、产权性质（Soe）、股权制衡度（Balance）、董事长和总经理两职合一（Duality）、董事会规模（Lnbsize）、独立董事比例（Inden）、第一大股东持股比例（Top1）控制影响高管违规倾向的因素，采用月均超额换手率（Dturn）、营业收入增长率（Growth）、净资产收益率（Roe）、资产负债率（Lev）、行业当年托宾 Q 中值（TobinQM）和行业当年高管违规总值（Corrupt_sum）作为影响高管违规被查的控制变量。表 7.16 汇报了 Bivariate Probit 的回归结果。在列（1）和列（3）中，FStrength 和 FStr-Dis 的值为 0.771 0 和 0.396 6，说明独立董事-高管层断裂带的存在加剧了高管违规倾向。列（3）、列（4）的结果显示，独立董事-高管层断裂带的存在减小了高管违规被查的概率。Bivariate Probit 的回归结果与本章的主要回归结果一致，即独立董事-高管层断裂带的存在，切断了独立董事与高管的人情关系，提升了独立董事的监督意愿，但关系的疏远不利于独立董事捕捉高管的自利行为与隐秘信息，导致高管违规倾向加剧。

表 7.16　Bivariate Probit 的回归结果

变量	（1） Corrupt_tend	（2） Corrupt_detec	（3） Corrupt_tend	（4） Corrupt_detec
FStrength	0.771 0*	−0.641 9*		
	(1.681 2)	(−1.914 5)		
FStr-Dis			0.396 6	−0.402 7**
			(1.554 8)	(−2.169 9)
Size	−0.150 6***		−0.153 4***	
	(−3.882 0)		(−3.878 8)	
Soe	−0.677 9***		−0.662 5***	
	(−5.095 6)		(−4.920 0)	
Balance	0.348 8***		0.324 2**	
	(2.578 6)		(2.362 2)	

表7.16(续)

变量	(1) Corrupt_tend	(2) Corrupt_detec	(3) Corrupt_tend	(4) Corrupt_detec
Duality	0.235 6*		0.219 9*	
	(1.928 8)		(1.840 0)	
Lnbsize	0.628 3***		0.630 0**	
	(2.591 0)		(2.555 7)	
Inden	1.662 3**		1.660 1**	
	(2.038 5)		(2.003 3)	
Top1	−0.060 2		−0.070 4	
	(−0.175 0)		(−0.204 7)	
Dturn		0.090 1**		0.094 7**
		(1.978 9)		(2.043 6)
Growth		−0.003 8		−0.001 9
		(−0.072 6)		(−0.037 1)
Roe		−0.664 5***		−0.631 5***
		(−2.959 4)		(−2.843 5)
Lev		0.648 1***		0.663 8***
		(4.035 7)		(4.020 9)
TobinQM		−0.033 8		−0.035 3
		(−0.459 5)		(−0.478 8)
Corrupt_sum		0.000 6		0.000 6
		(0.888 4)		(0.875 8)
常数项	−0.063 2	−0.739 2**	0.140 1	−0.698 3*
	(−0.074 7)	(−2.033 0)	(0.167 2)	(−1.841 1)
样本量	15 420	15 420	15 420	15 420
Year & Industry	控制	控制	控制	控制

六、本章小结

本章以 2008—2017 年我国 A 股上市公司为样本，考察了独立董事-高管层断裂带对高管违规的影响。本章的研究结果发现，独立董事-高管层断裂带的存在抑制了高管显性违规，却促进了高管隐性违规。进一步的研究发现：其一，在拥有法律从业背景和高校工作经历的独立董事越多的上市公司，独立董事-高管层断裂带抑制高管显性违规的作用越显著。其二，异地独立董事对独立董事-高管层断裂带的形成具有催化剂作用，对高管显性违规具有抑制作用，而对高管隐性违规具有促进作用。其三，形成独立董事-高管层断裂带和限制高管权力对抑制高管显性违规产生叠加效应。在低权力组，独立董事-高管层断裂带的抑制效应更显著。其四，笔者通过 Bivariate Probit 进一步验证了独立董事-高管层断裂带加剧了高管违规倾向，却减小了高管违规被查的概率。在利用工具变量法、倾向得分匹配法、滞后一期自变量、替换变量和加入新变量等方法进行稳健性检验后，结果依然成立。

本章从微观角度探究了独立董事的群聚效应对其监督能力和监督意愿的影响，拓展了独立董事-高管层断裂带的研究，指出独立董事-高管层断裂带具有"双刃剑"作用。本章的实践意义如下：

（1）在中国的社会环境中，独立董事-高管层断裂带是把"双刃剑"，因此对公司而言，在选聘独立董事时，应该引入与高管个人特征不同者，以强化内部治理。

（2）对监管部门而言，要维护整个资本市场的健康发展，完善独立董事制度是必要的。厘清和公开独立董事的内部关系有利于独立董事履行监督职能，减少高管违规行为的发生。

第八章　研究结论及政策建议

一、研究结论

独立董事制度源于西方的治理实践。自独立董事制度于 2001 年引入中国资本市场以来，独立董事的治理能力和治理效果一直广受争议。在 2021 年中国首例证券集体诉讼案——KM 药业虚假陈述民事赔偿案中，独立董事被判承担上亿元的连带赔偿责任，这对独立董事的勤勉义务和履职责任提出了更高要求。在中国本土社会环境中的非正式制度约束下，独立董事的功能发挥面临与西方的治理实践不同的利益诉求。本书基于这样的现实背景，立足代理理论、资源依赖理论、互惠理论、社会网络理论、社会认同理论和非正式制度理论，分析了在中国本土社会环境中非正式制度的发展与变迁，以及独立董事在非正式制度的影响下治理高管违规的博弈行为，并从外部社会文化环境下的个人监督风格、中观社会网络环境下的社会互动和行为连锁、内部社会关系环境下的群聚效应三个角度考察了独立董事对高管违规治理的作用及影响。整体结论表明：对独立董事履职行为的质疑，不仅源于独立董事制度的不完善，更源于非正式制度的柔性约束及其带来的成本。负面社会文化环境和儒家文化对独立董事的个人监督风格有显著影响，进而影响其高管违规治理行为；独立董事社会网络中心度的提高能够显著抑制高管显性违规的传染，但易使独立董事与高管形成"合谋"，从而促进高管隐性违规；独立董事-高管层断裂带具有"双刃剑"作用，对高管违规治理的影响是辩证的。具体结论如下：

第一，本书从外部社会文化环境下的个人监督风格的角度出发，探究了独立董事对高管违规治理的作用。在负面社会文化环境的影响下，观察、听闻为独立董事掌握高管违规行为提供了学习范式，使独立董事获得对高管违规行为的认知，并把高管违规行为抽象为符号印刻在大脑，进而对自己的行动产生影响。儒家文化推崇重礼、信善、明德，对提高独立董事的监督效率有积极意义。本书基于说话者与听话者的语言-印象整饰取舍模式和博弈模型分析了独立董事的积极语义的行为逻辑，并选取 2008—2017 年中国 A 股上市公司的数据进行实证分析，发现独立董事清洁审计意见中的积极语义越明显，则高管违规的可能性越大。研究发现，负面社会文化环境、儒家文化和个体特征是机制影响因素。具体地，负面社会文化环境带来的道德推脱强化了独立董事清洁审计意见中的积极语义对高管违规的正向影响。儒家文化中的"信"和"义利观"有助于独立董事减少"说好话"和言不由衷。个体的从军经历和高校工作经历有利于提升道德底线和专业胜任能力，从而弱化清洁审计意见中的积极语义对高管违规的正向影响。此外，本书利用异地独立董事的积极语义对高管隐性违规进行中介效应检验，发现积极语义通过异地独立董事的挤出效应对高管隐性违规产生影响。

第二，本书从中观社会网络环境下的社会互动的角度出发，探究了嵌入社会网络的独立董事行为对高管隐性违规治理的影响机制。研究发现，在中国的"关系本位"文化背景下，独立董事基于人情、关系及面子进行治理。治理过程中存在社会关系网络越广，企业高管在职消费水平越高的现象。公司产权性质不同，则影响机制有差异：在个别国有企业，独立董事会"睁一只眼、闭一只眼"地监督，帮助高管隐匿机会主义行为，提高自娱自利性质的在职消费水平，促进高管隐性违规，并体现为与高管"合谋"治理；在某些非国有企业，独立董事利用其社会资本帮助公司建立完善的高管激励制度，使公司与外部组织建立广泛的合作关系、政企关系，以提高货币薪酬补充性质的在职消费和正常的职务性在职消费，并体现为与高管"协同"治理，且"协同"治理的作用明显大于"合谋"治理的作用。在公司高速发展阶段，这种"合谋"治理的作用和"协同"治理的作用更显著。有效的外部监督能够有效抑制国有企业的"合谋"治理。在中央八项规定出台之后，独立董事的"合谋"治理和"协同"治理均受到抑制。独立董事社会网络对在职消费的影响在国有企业中呈倒 U 形特性，即独立董事社会网络足够庞大时，能够抑制国有企业的"合谋"治理。

第三，本书立足中观社会网络环境下的行为连锁的视角，探究连锁独立董事在高管显性违规治理中发挥的作用。研究发现：①高管违规在连锁公司间存在传染效应，即与发生高管违规的公司共同拥有连锁独立董事的公司，其发生高管违规的概率更大。②更为重要的是，针对高管违规是"谁传染给谁"的问题，笔者发现，高管违规更可能在同一性质的公司间传染；不同性质的公司的传染概率存在差异。高管违规更倾向由非国有企业传染给国有企业，但逆向传染的迹象不明显。③机制检验发现，独立董事的独立性受损、个人资本的异质性和公司治理水平较低能够解释传染效应的发生。④进一步的研究发现，在高管被调查处罚的消息公告后，股价下跌在连锁公司间也存在传染效应，导致一损俱损的经济后果。需要特别指出的是，独立董事对高管违规的传染效应并不特指独立董事将高管违规行为主动传播给任职企业，也指其作为监督者，在监督行为无效时，就在事实上纵容了违规行为在不同公司间的传染。

第四，本书从内部社会关系环境下的群聚效应的角度出发，考察了独立董事-高管层断裂带对高管违规的影响。研究结果发现，独立董事-高管层断裂带的存在显著减小了高管显性违规的可能性，但增大了高管隐性违规的可能性。进一步的研究发现：其一，在拥有法律从业背景和高校工作经历的独立董事更多的上市公司，独立董事-高管层断裂带抑制高管显性违规的作用更显著；其二，异地独立董事对独立董事-高管层断裂带的形成具有催化剂作用，对高管显性违规具有抑制作用，对高管隐性违规具有促进作用；其三，形成独立董事-高管层断裂带和限制高管权力对抑制高管显性违规产生叠加效应，在低权力组，独立董事-高管层断裂带的抑制效应更显著；其四，笔者通过 Bivariate Probit 进一步验证了独立董事-高管层断裂带加剧了高管违规倾向，而降低了高管违规被查的概率。

二、政策建议

（一）完善独立董事制度的建议

从本书的研究结论中我们可以发现，独立董事治理作用的发挥受到中国本土社会的非正式制度的极大影响。激励独立董事充分发挥治理作用的关键是"脱敏"，即让独立董事切断与公司的人情关系，只有这样才能提升独立董事在履职过程中的积极性和独立性。

1. 整合独立董事制度，完善独立董事政策的顶层设计

自独立董事制度于 2001 年引入中国资本市场后，随着人们对独立董事任职要求的提高和中小股东维权意识的增强，《中华人民共和国公司法》《中华人民共和国证券法》先后得到修订，并对独立董事制度进行了补充和完善。2022 年 1 月，中国证券监督管理委员会公布了《上市公司独立董事规则》，对独立董事的权利、义务和法律责任进行了明确、强调。然而，对独立董事的提

名程序、激励方式等还应进一步细化。对独立董事如何保持独立性还应建立经过整合的规则，以提供相对权威的依据。比如，中国证券监督管理委员会规定，独立董事可以持有上市公司不超过1%的股份。持股是独立董事"脱敏"并保持独立性的方法之一。但中国证券监督管理委员会于2018年修订的《上市公司股权激励管理办法（试行）》规定，股权激励不应当包括独立董事。目前，制度不统一，导致独立董事面临的风险和取得的收益不对等，这是无法让独立董事真正履行治理职责的原因之一。

2. 健全独立董事提名机制，增强选聘的独立性

目前，独立董事大多由大股东提名或由高管通过私人关系选聘，因此"脱敏"就需要从提名入手。2023年4月14日，国务院办公厅印发《关于上市公司独立董事制度改革的意见》，提出改善独立董事选任制度。具体包括：优化提名机制，支持上市公司董事会、监事会、符合条件的股东提名独立董事，鼓励投资者保护机构等主体依法通过公开征集股东权利的方式提名独立董事；建立提名回避机制，上市公司提名人不得提名与其存在利害关系的人员或者有其他可能影响独立履职情形的关系密切人员作为独立董事候选人。本书认为，可以由中国证券监督管理委员会设立职业化独立董事委员会（PIOD），即以独立董事职业化为目标，以多资本投入模式为手段，以多元发展、价值再创造为驱动力，保证资本市场健康发展，建立起动态平衡的职业化独立董事统一提名机制，以解决"脱敏"问题。PIOD由上市公司集体出资，对独立董事的提名实行双向选择。首先由上市公司根据需要向PIOD提出聘请独立董事的申请，再由PIOD在独立董事信息池里进行筛选，并结合个体意愿进行任职分配。

PIOD在对独立董事实施统一管理后，需要建立起对独立董事的激励机制。参考国外对独立董事的声誉激励和报酬激励实践，PIOD在运行早期，可以报酬激励为主。资金主要来源于需要聘请独立董事的上市公司。在政策宣传方面，为了在下一阶段鼓励社会力量参与，各级政府部门可以利用当地的媒体普及独立董事职业化信息，到有需要的公司实地调研；同时利用学校等教育资源，进一步扩大独立董事职业化信息的知晓范围。PIOD在运行中后期，可以建立与报酬激励相应的声誉激励机制。

一方面，建立声誉激励机制。独立董事在PIOD的统一安排下，为上市公司提供咨询服务，获取报酬，这是整个行业赖以生存和发展的基础。同时，独立董事的良好声誉是社会经济健康运行的重要保障，也是上市公司高质量发展的关键因素。根据需求层次理论，独立董事在职业发展中会逐步向更高层次

的需求迈进，以期提升地位和赢得尊重。另一方面，建立声誉考核制度。例如，对独立董事的咨询服务和监督服务进行打分和排名。建立该制度主要基于如下考虑：独立董事主要由职业经理人、银行工作人员、退休的政府工作人员、专家学者、律师、注册会计师等担任，他们大多十分珍惜自己的声誉，出于对自身职业生涯及未来收益的考虑，会加强对高管违规的监管。职业化独立董事委员会的运作机制如图8.1所示。

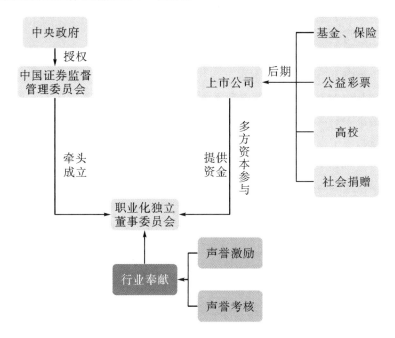

图 8.1 职业化独立董事委员会的运作机制

3. 强化独立董事的履职保障，重视事前监督

上市公司应拓展商业模式、公司治理、投融资、财务管理、会计等研究领域的商科教授的来源。一方面，商科教授的专业能力和社会网络有利于其搜集监督信息。由于上市公司面临复杂的商业环境，因此独立董事需要参与解决发展战略、商业模式、投融资、股权激励和专业技术等方面的问题，而商科教授长期从事商业运营方面的研究，能够接触大量工商管理硕士（MBA）和高级管理人员（EMBA），能够在研究、交流和授课的过程中从其他上市公司、中小机构投资者、中介机构等利益相关者处获取风险信息、投融资经验等，比一般独立董事更具有敏锐的判断力，可为事前监督提供参考。另一方面，商科教授的社会地位、声誉有利于其保证独立性。商科教授比一般独立董事更正直，更有责任心和自由的时间，这有利于其保证履职的有效性。

（二）强化高管违规综合治理的建议

1. 传承中华优秀传统文化，建立预防高管违规的长效机制

党的十八大以来，反腐败在党中央领导下，已经形成了无禁区、全覆盖、零容忍的战略态势，已经形成了不敢腐、不能腐、不想腐的体制机制。而中华优秀传统文化能够为治国理政提供有益借鉴。在高管违规治理方面，上市公司将企业文化与中华优秀传统文化有机结合，汲取"仁""礼""义"等理念，将有助于其建立重义轻利的不想腐的独特企业文化。

2. 寻求道德建设路径，增强监督意识

本书的研究表明，独立董事可能与监督对象"合谋"治理。背后深藏的行为逻辑是独立董事对违规、自利等非伦理行为的认识不足，对高管违规带来的负面经济影响认识不足。独立董事应自觉加强思想道德建设，这有助于其在高管违规治理中提升履职效果。

3. 采用内外兼顾的方式，整合多方治理成果

对高管违规治理，仅凭独立董事监督这一方式是不够的。本书的研究表明，独立董事制度在外部社会文化环境下、中观社会网络环境下、内部社会关系环境下会产生不同的治理效果，甚至可能失效。因此，内外兼顾、多方治理才是遏制高管违规最有效的办法，包括利用机构投资者治理、监事会治理、媒体治理、外部审计等。相关部门应借助多方力量来弥补独立董事在高管违规治理中的局限，实现优势互补。

三、研究局限与未来展望

（一）数据的手工搜集

其一，高管显性违规数据的手工搜集。本书中的高管显性违规数据全部来自手工搜集。手工搜集数据的局限在于，不能保证囊括所有相关数据，可能导致遗漏。未来的研究将继续补充高管显性违规数据，以确保论述的准确性。

其二，其他数据的手工搜集。例如，笔者通过手工搜集各地孔庙的经度和维度信息来计算儒家文化的影响强度。然而问题在于，随着新型城镇化的推进，部分建立在村镇的孔庙，其地址发生了变化，但这并未在数据库中体现。另外，笔者在计算时使用的是 CSMAR 公布的公司注册地的经度和纬度信息。未来的研究将搜集公司经营地的经度和纬度信息、孔庙的经度和纬度信息，以及独立董事任职地的孔庙信息，以评估儒家文化的影响。

（二）独立董事数据的获取

目前，高管数据、独立董事数据来自 CSMAR。在计算独立董事-高管层断裂带时，如果将毕业院校、出生地等信息作为特征值纳入进来，那么结果会更准确，更有助于群体划分。未来的研究将逐步补充独立董事的背景信息，以便得到更科学的结论。

（三）内生性问题的处理

本书的研究面临互为因果的内生性问题。例如，在第五章的研究中，较高的高管在职消费意味着薪酬激励有效，能吸引处于社会网络中心位置的独立董事，而不是独立董事社会网络中心度的提升造成了高管在职消费的提高。为了处理内生性问题，本书采用工具变量进行稳健性检验，但工具变量的寻求也是研究中的难题。虽然本书寻求的工具变量通过了弱工具变量检验，但如果我们能找到更加外生的工具变量，就能最大限度地消除内生性问题的影响。未来的研究将努力寻求更好的解决内生性问题的方法。

参考文献

[1] 蔡春,唐凯桃,薛小荣.会计专业独立董事的兼职席位、事务所经历与真实盈余管理 [J].管理科学,2017,30 (4):30-47.

[2] 蔡贵龙,柳建华,马新啸.非国有股东治理与国企高管薪酬激励 [J].管理世界,2018 (5):137-149.

[3] 曹春方,林雁.异地独立董事、履职职能与公司过度投资 [J].南开管理评论,2017,20 (1):16-29,131.

[4] 曹伟,杨德明,赵璨.政治晋升预期与高管腐败:来自国有上市公司的经验证据 [J].经济学动态,2016 (2):59-77.

[5] 陈冬华,陈信元,万华林.国有企业中的薪酬管制与在职消费 [J].经济研究,2005,2 (92):101.

[6] 陈冬华,相加凤.独立董事只能连任6年合理吗?基于我国A股上市公司的实证研究 [J].管理世界,2017 (5):144-157.

[7] 陈刚.上行下效:高官腐败的示范效应研究 [J].经济社会体制比较,2013 (2):155-164.

[8] 陈骏,徐捍军.企业寻租如何影响盈余管理 [J].中国工业经济,2019 (12):171-188.

[9] 陈睿,王治,段从清.独立董事"逆淘汰"效应研究:基于独立意见的经验证据 [J].中国工业经济,2015 (8):145-160.

[10] 陈胜蓝,马慧.卖空压力与公司并购:来自卖空管制放松的准自然实验证据 [J].管理世界,2017 (7):142-156.

[11] 陈仕华,姜广省,李维安,等.国有企业纪委的治理参与能否抑制高管私有收益? [J].经济研究,2014,49 (10):139-151.

[12] 陈仕华,卢昌崇.国有企业党组织的治理参与能够有效抑制并购中的"国有资产流失"吗? [J].管理世界,2014 (5):106-120.

[13] 陈仕华,马超.连锁董事联结与会计师事务所选择 [J].审计研究,

2012（2）：75-81，97.

[14] 陈霞，马连福，贾西猛. 独立董事与 CEO 私人关系对公司绩效的影响 [J]. 管理科学，2018，31（2）：131-146.

[15] 陈信元，陈冬华，万华林. 地区差异，薪酬管制与高管腐败 [J]. 管理世界，2009（11）：130-143.

[16] 陈运森，谢德仁. 董事网络、独立董事治理与高管激励 [J]. 金融研究，2012（2）：168-182.

[17] 陈运森，谢德仁. 网络位置、独立董事治理与投资效率 [J]. 管理世界，2011（7）：113-127.

[18] 陈运森，郑登津，黄健峤. 非正式信息渠道影响公司业绩吗? 基于独立董事网络的研究 [J]. 中国会计评论，2018（1）：28-53.

[19] 陈运森，郑登津. 董事网络关系、信息桥与投资趋同 [J]. 南开管理评论，2017（3）：159-171.

[20] 陈运森. 独立董事网络中心度与公司信息披露质量 [J]. 审计研究，2012（5）：92-100.

[21] 程隆云，周小君，何鹏. 非物质激励效果的问卷调查与分析 [J]. 会计研究，2010（4）：57-64，96.

[22] 池国华，郭芮佳，邹威. 高管超额在职消费不同治理机制间协调研究：基于政府审计与内部控制关系视角的实证分析 [J]. 中国软科学，2021（2）：151-162.

[23] 褚剑，陈骏. "严监管" 下审计监督的个体治理效应：基于地方国有企业高管超额在职消费的研究 [J]. 经济理论与经济管理，2021，41（5）：85-99.

[24] 褚剑，方军雄. 政府审计能够抑制国有企业高管超额在职消费吗? [J]. 会计研究，2016（9）：82-89.

[25] 戴亦一，陈冠霖，潘健平. 独立董事辞职、政治关系与公司治理缺陷 [J]. 会计研究，2014（11）：16-23，96.

[26] 杜兴强，殷敬伟，赖少娟. 论资排辈、CEO 任期与独立董事的异议行为 [J]. 中国工业经济，2017（12）：151-169.

[27] 杜兴强，张颖. 独立董事返聘与公司违规："学习效应" 抑或 "关系效应"? [J]. 金融研究，2021（4）：150-168.

[28] 范合君，王乐欢，张勃. 独立董事委婉履职行为研究：基于清洁审计意见中文字情感分析视角 [J]. 经济管理，2017，39（11）：85-99.

［29］范英杰.独立董事制度的理性思考：基于道德的视角［J］.会计研究，2006（6）：22-27，96.

［30］方先明，陈楚.独立董事非规定性辞职公告的文字溢筹：市场对措词的反应分析［J］.经济管理，2018，40（5）：73-91.

［31］索绪尔.普通语言学教程［M］.岑麒祥，叶蜚声，高名凯，译.北京：商务印书馆，1980.

［32］费孝通.乡土中国［M］.北京：北京大学出版社，1998.

［33］冯根福，赵珏航.管理者薪酬、在职消费与公司绩效：基于合作博弈的分析视角［J］.中国工业经济，2012（6）：147-158.

［34］傅红春.另一类看法：西方人谈中国传统文化［J］.读书，1996（1）：8.

［35］耿云江，王明晓.超额在职消费、货币薪酬业绩敏感性与媒体监督：基于中国上市公司的经验证据［J］.会计研究，2016（9）：55-61.

［36］龚红，彭玉瑶.技术董事的专家效应、研发投入与创新绩效［J］.中国软科学，2021（1）：127-135.

［37］辜鸿铭.中国人的精神［M］.北京：外语教学与研究出版社.1999.

［38］韩洁，田高良，李留闯.连锁董事与社会责任报告披露：基于组织间模仿视角［J］.管理科学，2015，28（1）：18-31.

［39］韩洁，田高良，杨宁.连锁董事与并购目标选择：基于信息传递视角［J］.管理科学，2014，27（2）：15-25.

［40］郝健，张明玉，王继承.国有企业党委书记和董事长"二职合一"能否实现"双责并履"？基于倾向得分匹配的双重差分模型［J］.管理世界，2021，37（12）：195-208.

［41］郝颖，谢光华，石锐.外部监管、在职消费与企业绩效［J］.会计研究，2018（8）：6.

［42］何威风，刘巍.公司为什么选择法律背景的独立董事？［J］.会计研究，2017（4）：45-51，95.

［43］何贤杰，孙淑伟，朱红军，等.证券背景独立董事、信息优势与券商持股［J］.管理世界，2014（3）：148-162，188.

［44］何轩，朱丽娜，马骏.中国上市公司违规行为：一项以制度环境为视角的经验性研究［J］.管理工程学报，2019，33（4）：61-73.

［45］何轩.互动公平真的就能治疗"沉默"病吗？以中庸思维作为调节变量的本土实证研究［J］.管理世界，2009（4）：128-134.

［46］胡鞍钢，过勇. 转型期防治腐败的综合战略与制度设计 ［J］. 管理世界，2001（6）：44-55.

［47］胡建雄，殷钱茜. 从合法到合德：独立董事履职动机的演进研究 ［J］. 外国经济与管理，2019，41（10）：31-44.

［48］胡明霞，干胜道. 管理层权力、内部控制与高管腐败 ［J］. 中南财经政法大学学报，2015（3）：87-93.

［49］胡元木，刘佩，纪端. 技术独立董事能有效抑制真实盈余管理吗？基于可操控 R&D 费用视角 ［J］. 会计研究，2016（3）：29-35，95.

［50］胡元木. 技术独立董事可以提高 R&D 产出效率吗？来自中国证券市场的研究 ［J］. 南开管理评论，2012，15（2）：136-142.

［51］胡志颖，余丽. 国家审计、高管隐性腐败和公司创新投入：基于国家审计公告的研究 ［J］. 审计与经济研究，2019，34（3）：1-12.

［52］黄灿，李善民. 股东关系网络、信息优势与企业绩效 ［J］. 南开管理评论，2019（2）：75-88.

［53］黄光国. 人情与面子：中国人的权力游戏 ［M］. 北京：中国人民大学出版社，2010.

［54］黄珺，魏莎. 独立董事政治关联对企业信贷融资的影响研究 ［J］. 管理评论，2016，28（11）：182-190.

［55］黄群慧. 管理腐败新特征与国有企业改革新阶段 ［J］. 中国工业经济，2006（11）：52-59.

［56］黄速建，余菁. 国有企业的性质、目标与社会责任 ［J］. 中国工业经济，2006，2（6）：68-76.

［57］简新华，石华巍. 独立董事的"独立性悖论"和有效行权的制度设计 ［J］. 中国工业经济，2006（3）：60-67.

［58］金智，徐慧，马永强. 儒家文化与公司风险承担 ［J］. 世界经济，2017，40（11）：170-192.

［59］孔东民，刘莎莎，应千伟. 公司行为中的媒体角色：激浊扬清还是推波助澜？ ［J］. 管理世界，2013（7）：145-162.

［60］孔泾源. 中国经济生活中的非正式制度安排 ［J］. 经济研究，1992（7）：70-80，49.

［61］赖黎，巩亚林，夏晓兰，等. 管理者从军经历与企业并购 ［J］. 世界经济，2017，40（12）：141-164.

［62］乐菲菲，张金涛，魏震昊. 独立董事辞职、政治关联丧失与企业创

新效率 [J]. 科研管理, 2020, 41 (2)：248-256.

[63] 李成, 吴育辉, 胡文骏. 董事会内部联结、税收规避与企业价值 [J]. 会计研究, 2016 (7)：50-57.

[64] 李成, 吴育辉, 胡文骏. 董事会内部联结、税收规避与企业价值 [J]. 会计研究, 2016 (7)：50-57, 97.

[65] 李海舰, 魏恒. 重构独立董事制度 [J]. 中国工业经济, 2006 (4)：88-97.

[66] 李佳, 罗正英, 权小锋. 政府审计、公款消费与费用操纵 [J]. 审计与经济研究, 2021, 36 (5)：24-34.

[67] 李捷瑜, 黄宇丰. 转型经济中的贿赂与企业增长 [J]. 经济学 (季刊), 2010, 9 (4)：1467-1484..

[68] 李莉, 吕晨, 于嘉懿. 高校独立董事与民营上市公司绩效："行监坐守"与"将伯之助"[J]. 管理评论, 2018, 30 (1)：98-117.

[69] 李莉, 孟天广. 公众网络反腐败参与研究：以全国网络问政平台的大数据分析为例 [J]. 中国行政管理, 2019 (1)：45-52.

[70] 李莉, 杨雅楠, 黄瀚雯. 师生"类血缘"关系会缓解公司代理问题吗 [J]. 南开管理评论, 2020, 23 (2)：132-141.

[71] 李敏娜, 王铁男. 董事网络、高管薪酬激励与公司成长性 [J]. 中国软科学, 2014 (4)：138-148.

[72] 李培林, 王春光. 新社会结构的生长点：乡镇企业社会交换论 [M]. 济南：山东人民出版社, 1993.

[73] 李培林. 中国社会结构转型：经济体制改革的社会学分析 [M]. 哈尔滨：黑龙江人民出版社, 1995.

[74] 李培林. 转型中的中国企业：国有企业组织创新论 [M]. 济南：山东人民出版社, 1992.

[75] 李卿云, 王行, 吴晓晖. 董事会国际化、地区廉洁程度与研发投资 [J]. 管理科学, 2018, 31 (5)：131-146.

[76] 李若山. 独立董事如何说"不"：我的20年独立董事生涯点滴 [J]. 董事会, 2021 (8)：25-29.

[77] 李帅琦, 李建标. 独立董事的感知责任及其履职行为的实验研究 [J]. 管理科学, 2021, 34 (1)：50-65.

[78] 李维安, 李滨. 机构投资者介入公司治理效果的实证研究：基于CCGINK 的经验研究 [J]. 南开管理评论, 2008 (1)：4-14.

[79] 李维安, 刘振杰, 顾亮. 董事会异质性、董事会断裂带与银行风险承担：金融危机下中国银行的实证研究 [J]. 财贸研究, 2014, 25 (5): 87-98.

[80] 李文佳, 朱玉杰. 儒家文化对公司违规行为的影响研究 [J]. 经济管理, 2021, 43 (9): 137-153.

[81] 李雪灵, 蔡莉, 龙玉洁, 等. 制度环境对企业关系构建的影响：基于中国转型情境的实证研究 [J]. 南开管理评论, 2018, 21 (5): 41-50, 72.

[82] 李艳丽, 孙剑非, 伊志宏. 公司异质性、在职消费与机构投资者治理 [J]. 财经研究, 2012, 38 (6): 27-37.

[83] 李云鹤, 李湛, 唐松莲. 企业生命周期、公司治理与公司资本配置效率 [J]. 南开管理评论, 2011, 14 (3): 110-121.

[84] 梁琪, 余峰燕, 郝项超. 独立董事制度引入的市场效应研究 [J]. 中国工业经济, 2009 (11): 151-160.

[85] 梁上坤, 陈冬, 付彬, 等. 独立董事网络中心度与会计稳健性 [J]. 会计研究, 2018 (9): 39-46.

[86] 梁上坤, 陈冬华. 银行贷款决策中的私人效用攫取：基于业务招待费的实证研究 [J]. 金融研究, 2017 (4): 112-127.

[87] 梁上坤, 徐灿宇, 王瑞华. 和而不同以为治：董事会断裂带与公司违规行为 [J]. 世界经济, 2020, 43 (6): 171-192.

[88] 廖方楠, 韩洪灵, 陈丽蓉. 独立董事连锁对内部控制的影响机制：基于声誉效应与学习效应的实证研究 [J]. 管理工程学报, 2021, 35 (2): 101-112.

[89] 林明, 鞠芳辉, 任浩. 高管团队任务断裂带对探索性创新"双刃剑"作用：CEO特征的调节效应 [J]. 科研管理, 2019, 40 (12): 253-261.

[90] 林雁, 谢抒桑, 刘宝华. 异地独立董事与公司创新投入：基于董事会文化多样性视角的考察 [J]. 管理科学, 2019, 32 (4): 76-89.

[91] 林毅夫. 关于制度变迁的经济学理论：诱致性变迁和强制性变迁 [M]. 上海：上海三联书店, 1991.

[92] 刘宝华, 周微, 张虹. 高薪未必养廉：基于权力异化的视角 [J]. 中国经济问题, 2016 (6): 82-95.

[93] 刘斌, 张列柯. 去产能粘性粘住了谁：国有企业还是非国有企业 [J]. 南开管理评论, 2018 (4): 109-121, 147.

[94] 刘斌, 黄坤, 酒莉莉. 独立董事连锁能够提高会计信息可比性吗？

[J].会计研究，2019 (4)：36-42.

[95] 刘春，李善民，孙亮.独立董事具有咨询功能吗？异地独立董事在异地并购中功能的经验研究 [J].管理世界，2015 (3)：124-136，188.

[96] 刘浩，唐松，楼俊.独立董事：监督还是咨询？银行背景独立董事对企业信贷融资影响研究 [J].管理世界，2012 (1)：141-156，169.

[97] 刘锦，王学军.寻租、腐败与企业研发投入：来自30省12 367家企业的证据 [J].科学学研究，2014，32 (10)：1509-1517.

[98] 刘锦，张三保.私营企业腐败有助于获取银行授信并缓解融资难吗？[J].经济社会体制比较，2018 (1)：98-106.

[99] 刘瑾，谢丽娜，林斌.管理层权力与国企高管腐败：基于政府审计调节效应的研究 [J].审计与经济研究，2021，36 (2)：1-10.

[100] 刘丽华，徐艳萍，饶品贵，等.一损俱损：违规事件在企业集团内的传染效应研究 [J].金融研究，2019，468 (6)：113-131.

[101] 刘明辉，汪寿成.改革开放三十年中国注册会计师制度的嬗变 [J].会计研究，2008 (12)：15-23，93.

[102] 刘中燕，周泽将.技术独立董事与企业研发投入 [J].科研管理，2020，41 (6)：237-244.

[103] 卢昌崇，陈仕华.断裂联结重构：连锁董事及其组织功能 [J].管理世界，2009 (5)：152-165.

[104] 陆铭，李爽.社会资本、非正式制度与经济发展 [J].管理世界，2008 (9)：161-165，179.

[105] 逯东，谢璇，杨丹.独立董事官员背景类型与上市公司违规研究 [J].会计研究，2017 (8)：55-61，95.

[106] 罗进辉，黄泽悦，朱军.独立董事地理距离对公司代理成本的影响 [J].中国工业经济，2017 (8)：100-119.

[107] 罗进辉，向元高，林筱勋.本地独立董事监督了吗？基于国有企业高管薪酬视角的考察 [J].会计研究，2018 (7)：57-63.

[108] 罗进辉，谢达熙，陈华阳.官员独立董事："掠夺之手"抑或"扶持之手" [J].管理科学，2017，30 (4)：83-96.

[109] 罗进辉.独立董事的明星效应：基于高管薪酬-业绩敏感性的考察 [J].南开管理评论，2014，17 (3)：62-73.

[110] 罗进辉.媒体报道的公司治理作用：双重代理成本视角 [J].金融研究，2012 (10)：153-166.

[111] 罗肖依, 周建, 王宇. 独立董事-CEO 友好性、业绩期望落差与公司创新 [J]. 南开管理评论, 2021 (10): 1-18.

[112] 罗勇根, 饶品贵, 陈灿. 高管宏观认知具有管理者"烙印"吗? 基于管理者风格效应的实证检验 [J]. 金融研究, 2021 (5): 171-188.

[113] 马海涛, 周春山, 刘逸. 地理、网络与信任: 金融危机背景下的生产网络演化 [J]. 地理研究, 2012, 31 (6): 1057-1065.

[114] 马骏, 黄志霖, 梁浚朝. 党组织参与公司治理与民营企业高管腐败 [J]. 南方经济, 2021 (7): 105-127.

[115] 马连福, 王元芳, 沈小秀. 国有企业党组织治理、冗余雇员与高管薪酬契约 [J]. 管理世界, 2013 (5): 100-115, 130.

[116] 牟韶红, 李启航, 陈汉文. 内部控制、产权性质与超额在职消费: 基于 2007—2014 年非金融上市公司的经验研究 [J]. 审计研究, 2016 (4): 90-98.

[117] 潘清泉, 唐刘钊, 韦慧民. 高管团队断裂带、创新能力与国际化战略: 基于上市公司数据的实证研究 [J]. 科学学与科学技术管理, 2015, 36 (10): 111-122.

[118] 裴红梅, 杜兴强. 审计师-公司地理近邻性、监管强度与审计质量 [J]. 当代会计评论, 2015, 8 (2): 1-23.

[119] 秦亚青. 关系本位与过程建构: 将中国理念植入国际关系理论 [J]. 中国社会科学, 2009 (3): 69-86, 205, 206.

[120] 权小锋, 吴世农, 文芳. 管理层权力、私有收益与薪酬操纵 [J]. 经济研究, 2010, 11 (10): 1.

[121] 权小锋, 吴世农. CEO 权力强度、信息披露质量与公司业绩的波动性: 基于深交所上市公司的实证研究 [J]. 南开管理评论, 2010, 13 (4): 142-153.

[122] 全怡, 陈冬华. 法律背景独立董事: 治理、信号还是司法庇护? 基于上市公司高管犯罪的经验证据 [J]. 财经研究, 2017, 43 (2): 34-47.

[123] 全怡, 李四海, 梁上坤. 异地上市公司的政治资源获取: 基于聘请北京独立董事的考察 [J]. 会计研究, 2017 (11): 58-64, 97.

[124] 沈艺峰, 陈旋. 无绩效考核下外部独立董事薪酬的决定 [J]. 南开管理评论, 2016, 19 (2): 4-18.

[125] 沈艺峰, 王夫乐, 陈维. "学院派"的力量: 来自具有学术背景独立董事的经验证据 [J]. 经济管理, 2016, 38 (5): 176-186.

[126] 盛明泉，汪顺，鲍群. 国有企业高层管理人员职业生涯预期与企业风险关系研究 [J]. 管理学报，2018，15（11）：1647-1654.

[127] 孙德芝，郭阳生. 巡视监督能够抑制公司的违规行为吗 [J]. 山西财经大学学报，2018，40（12）：92-105..

[128] 孙刚，陆铭，张吉鹏. 反腐败、市场建设与经济增长 [J]. 经济学（季刊），2005（S1）：1-22.

[129] 孙甲奎，肖星. 独立董事投行经历与上市公司并购行为及其效应研究：来自中国市场的证据 [J]. 会计研究，2019（10）：64-70.

[130] 孙立平."自由流动资源"与"自由活动空间"：论改革过程中中国社会结构的变迁 [J]. 探索，1993（1）：64-68.

[131] 孙亮，刘春. 公司为什么聘请异地独立董事？[J]. 管理世界，2014（9）：131-142，188.

[132] 孙世敏，柳绿，陈怡秀. 在职消费经济效应形成机制及公司治理对其影响 [J]. 中国工业经济，2016（1）：37-51.

[133] 孙铮，刘凤委，李增泉. 市场化程度、政府干预与企业债务期限结构：来自我国上市公司的经验证据 [J]. 经济研究，2005（5）：52-63.

[134] 唐大鹏，武威，王璐璐. 党的巡视与内部控制关注度：理论框架与实证分析 [J]. 会计研究，2017（3）：3-11，94.

[135] 唐清泉，罗党论，王莉. 上市公司独立董事辞职行为研究：基于前景理论的分析 [J]. 南开管理评论，2006（1）：74-83.

[136] 唐雪松，申慧，杜军. 独立董事监督中的动机：基于独立意见的经验证据 [J]. 管理世界，2010（9）：138-149.

[137] 田高良，韩洁，李留闯. 连锁董事与并购绩效：来自中国 A 股上市公司的经验证据 [J]. 南开管理评论，2013，16（6）：112-122.

[138] 田高良，李星，司毅，等. 基于连锁董事视角的税收规避行为传染效应研究 [J]. 管理科学，2017，30（4）：48-62.

[139] 佟爱琴，马惠娴. 卖空的事前威慑、公司治理与高管隐性腐败 [J]. 财贸经济，2019，40（6）：85-100.

[140] 万广华，吴一平. 司法制度、工资激励与反腐败：中国案例 [J]. 经济学（季刊），2012，11（3）：997-1010.

[141] 万良勇，胡璟. 网络位置、独立董事治理与公司并购：来自中国上市公司的经验证据 [J]. 南开管理评论，2014，17（2）：64-73.

[142] 汪寿成，刘明辉，陈金勇. 改革开放以来中国注册会计师行业演化

的历史与逻辑 [J]. 会计研究，2019 (2)：35-41.

[143] 汪伟，胡军，宗庆庆，等. 官员腐败行为的地区间策略互动：理论与实证 [J]. 中国工业经济，2013 (10)：31-43.

[144] 王兵. 独立董事监督了吗？基于中国上市公司盈余质量的视角 [J]. 金融研究，2007 (1)：109-121.

[145] 王曾，符国群，黄丹阳，等. 国有企业 CEO "政治晋升" 与 "在职消费" 关系研究 [J]. 管理世界，2014 (5)，157-171.

[146] 王化成，高鹏，张修平. 企业战略影响超额在职消费吗？ [J]. 会计研究，2019 (3)：6.

[147] 王丽娟，耿怡雯. 控制权、社会审计与高管腐败 [J]. 南京审计大学学报，2019，16 (1)：19-27.

[148] 王茂斌，孔东民. 反腐败与中国公司治理优化：一个准自然实验 [J]. 金融研究，2016 (8)：159-174.

[149] 王文姣，夏常源，傅代国，等. 独立董事网络、信息双向传递与公司被诉风险 [J]. 管理科学，2017，30 (4)：63-78，82，79-81.

[150] 王性玉，彭宇. 独立董事辞职行为的信号传递效应 [J]. 管理评论，2012，24 (12)：31-39，83.

[151] 王彦超，赵璨. 社会审计、反腐与国家治理 [J]. 审计研究，2016 (4)：40-49.

[152] 王一江，迟巍，孙文凯. 影响腐败程度的权力和个人因素 [J]. 经济科学，2008 (2)：105-118.

[153] 王益民，赵志彬，王友春. 高管团队知识断裂带、CEO-TMT 交互与国际化范围：行为整合视角的实证研究 [J]. 南开管理评论，2020，23 (6)：39-51.

[154] 王跃生. 文化、传统与经济制度变迁：非正式约束理论与俄罗斯实例检验 [J]. 北京大学学报（哲学社会科学版），1997 (2)：44-53，159.

[155] 魏锋. 中国省域腐败邻居效应的实证研究 [J]. 经济社会体制比较，2010 (4)：101-109.

[156] 魏刚，肖泽忠，TRAVLOS N，等. 独立董事背景与公司经营绩效 [J]. 经济研究，2007 (3)：92-105，156.

[157] 吴思. 潜规则：中国历史中的真实游戏 [M]. 昆明：云南人民出版社，2001.

[158] 吴晓晖，姜彦福. 机构投资者影响下独立董事治理效率变化研究

[J]．中国工业经济，2006（5）：105-111．

[159] 武立东，王振宇，薛坤坤，等．独立董事的执业身份与关联交易中的私有信息 [J]．南开管理评论，2019，22（4）：148-160，186．

[160] 向锐，宋聪敏．学者型独立董事与公司盈余质量：基于中国上市公司的经验数据 [J]．会计研究，2019（7）：27-34．

[161] 肖曙光．独立董事制度：功能释放条件及优化对策 [J]．中国工业经济，2007（4）：88-95．

[162] 肖瑛．从"国家与社会"到"制度与生活"：中国社会变迁研究的视角转换 [J]．中国社会科学，2014（9）：88-104，204-205．

[163] 萧维嘉，王正位，段芸．大股东存在下的独立董事对公司业绩的影响：基于内生视角的审视 [J]．南开管理评论，2009，12（2）：90-97．

[164] 谢德仁，陈运森．董事网络：定义、特征和计量 [J]．会计研究，2012（3）：44-51．

[165] 谢香兵，马睿．高管腐败曝光后的声誉恢复行为及其经济效应 [J]．上海财经大学学报，2020，22（3）：64-81．

[166] 谢志明，易玄．产权性质、行政背景独立董事及其履职效应研究 [J]．会计研究，2014（9）：60-67，97．

[167] 辛大楞，辛立国．营商环境与企业产品质量升级：基于腐败视角的分析 [J]．财贸研究，2019，30（3）：85-98．

[168] 辛清泉，黄曼丽，易浩然．上市公司虚假陈述与独立董事监管处罚：基于独立董事个体视角的分析 [J]．管理世界，2013（5）：131-143，175，188．

[169] 邢秋航，韩晓梅．独立董事影响审计师选择吗？基于董事网络视角的考察 [J]．会计研究，2018（7）：79-85．

[170] 徐灿宇，李烜博，梁上坤．董事会断裂带与企业薪酬差距 [J]．金融研究，2021（7）：172-189．

[171] 徐细雄，刘星．放权改革、薪酬管制与企业高管腐败 [J]．管理世界，2013（3）：119-132．

[172] 徐细雄，谭瑾．制度环境、放权改革与国企高管腐败 [J]．经济体制改革，2013，179（2）：25-28．

[173] 徐细雄．企业高管腐败研究前沿探析 [J]．外国经济与管理，2012，34（4）：73-80．

[174] 徐业坤，李维安．腐败：私有投资的润滑剂还是绊脚石？[J]．经

济社会体制比较，2016（2）：75-88.

[175] 许楠，曹春方.独立董事网络与上市公司现金持有[J].南开经济研究，2016（6）：106-125.

[176] 许荣，李从刚.院士（候选人）独立董事能促进企业创新吗？来自中国上市公司的经验证据[J].经济理论与经济管理，2019（7）：29-48.

[177] 薛健，汝毅，窦超."惩一"能否"儆百"？曝光机制对高管超额在职消费的威慑效应探究[J].会计研究，2017（5）：68-74，97.

[178] 严若森，吏林山.党组织参与公司治理对国企高管隐性腐败的影响[J].南开学报（哲学社会科学版），2019（1）：176-190.

[179] 颜晓峰.思想建设是党的基础性建设[J].红旗文稿，2019（19）：4-8.

[180] 晏艳阳，乔嗣佳.反腐败的微观效果评价：高管激励视角[J].经济学动态，2018（2）：36-48.

[181] 杨爱华，李小红.破窗理论与反腐败"零度容忍"预惩机制[J].中国行政管理，2006（4）：102-106.

[182] 杨德明，赵璨.国有企业高管为什么会滋生隐性腐败？[J].经济管理，2014，36（10）：64-74.

[183] 杨瑞龙，王元，聂辉华."准官员"的晋升机制：来自中国央企的证据[J].管理世界，2013（3）：23-33.

[184] 姚伟峰.独立董事制度，真的有效吗？基于上市公司行业数据的实证研究[J].管理评论，2011，23（10）：31-35.

[185] 叶康涛，臧文佼.外部监督与企业费用归类操纵[J].管理世界，2016（1）：121-128，138.

[186] 叶康涛，祝继高，陆正飞，等.独立董事的独立性：基于董事会投票的证据[J].经济研究，2011，46（1）：126-139.

[187] 叶青，赵良玉，刘思辰.独立董事"政商旋转门"之考察：一项基于自然实验的研究[J].经济研究，2016，51（6）：98-113.

[188] 于忠泊，田高良，张咏梅.媒体关注、制度环境与盈余信息市场反应——对市场压力假设的再检验[J].会计研究，2012（9）：40-51，96-97.

[189] 余雅洁，陈文权.治理"微腐败"的理论逻辑、现实困境与有效路径[J].中国行政管理，2018（9）：105-110.

[190] 俞伟峰，朱凯，王红梅，等.管制下的独立董事：不求有功，但求无过：基于中国独立董事制度的经验分析[J].中国会计与财务研究，2010

（12）：3.

[191] 翟胜宝，徐亚琴，杨德明. 媒体能监督国有企业高管在职消费么？[J]. 会计研究，2015（5）：57-63.

[192] 翟学伟. 中国人行动的逻辑 [M]. 北京：生活·读书·新知三联书店. 2017.

[193] 张凡. 关于独立董事制度几个问题的认识 [J]. 管理世界，2003（2）：90-98.

[194] 张桂平. 职场排斥对员工亲组织性非伦理行为的影响机制研究 [J]. 管理科学，2016，29（4）：104-114.

[195] 张继焦. 非正式制度、资源配置与制度变迁 [J]. 社会科学战线，1999（1）：200-207.

[196] 张嘉兴，傅绍正. 内部控制、注册会计师审计与盈余管理 [J]. 审计与经济研究，2014，29（2）：3-13.

[197] 张军，王祺. 权威、企业绩效与国有企业改革 [J]. 中国社会科学，2004（5）：106-116+207.

[198] 张俊生，曾亚敏. 独立董事辞职行为的信息含量 [J]. 金融研究，2010（8）：155-170.

[199] 张霖琳，刘峰，蔡贵龙. 监管独立性、市场化进程与国企高管晋升机制的执行效果：基于 2003—2012 年国企高管职位变更的数据 [J]. 管理世界，2015（10）：117-131，187-188.

[200] 张蕊，管考磊. 高管侵占型职务犯罪、机构投资者与市场反应：来自中国上市公司的经验证据 [J]. 会计研究，2017（12）：52-58，97.

[201] 张天舒，陈信元，黄俊. 独立董事薪酬与公司治理效率 [J]. 金融研究，2018（6）：155-170.

[202] 张铁铸，沙曼. 管理层能力、权力与在职消费研究 [J]. 南开管理评论，2014，17（5）：63-72.

[203] 张晓亮，文雯，宋建波. 学者型 CEO 更加自律吗？学术经历对高管在职消费的影响 [J]. 经济管理，2020，42（2）：106-126.

[204] 张璇，王鑫，刘碧. 吃喝费用、融资约束与企业出口行为：世行中国企业调查数据的证据 [J]. 金融研究，2017（5）：176-190.

[205] 张远煌，赵军，黄石，等. 中国企业家腐败犯罪报告（2014—2018）[J]. 犯罪研究，2020（6）：2-46.

[206] 张卓，苏宏元. 中国共产党反腐败制度建设的百年探索及基本经验

[J].求实，2021 (5)：4-16.

[207] 赵璨，朱锦余，曹伟.产权性质、高管薪酬与高管腐败：来自中国上市公司的经验证据 [J].会计与经济研究，2013，27 (5)：24-37.

[208] 赵璨，朱锦余，曹伟.高薪能够养廉么？来自中国国有上市公司的实证证据 [J].中国会计评论，2013，11 (4)：491-512.

[209] 赵昌文，唐英凯，周静，等.家族企业独立董事与企业价值：对中国上市公司独立董事制度合理性的检验 [J].管理世界，2008 (8)：119-126，167.

[210] 赵纯祥，张敦力，杨快，等.税收征管经历独立董事能降低企业税负吗？[J].会计研究，2019 (11)：70-77.

[211] 赵颖.腐败与企业成长：中国的经验证据 [J].经济学动态，2015 (7)：35-49.

[212] 赵子夜."无过"和"有功"：独立董事意见中的文字信号 [J].管理世界，2014 (5)：131-141，188.

[213] 赵子夜.标准型独立董事意见的差别定价：行业专家的经济后果 [J].财务研究，2015 (5)：38-46.

[214] 郑春美，李文耀.基于会计监管的中国独立董事制度有效性实证研究 [J].管理世界，2011 (3)：184-185.

[215] 郑方.治理与战略的双重嵌入性：基于连锁董事网络的研究 [J].中国工业经济，2011 (9)：108-118.

[216] 郑文靖.我国巡视制度的伦理政治基础 [J].中共中央党校学报，2013，17 (6)：50-52.

[217] 郑志刚，阚铄，黄继承.独立董事兼职：是能者多劳还是疲于奔命 [J].世界经济，2017，40 (2)：153-178.

[218] 郑志刚，李俊强，黄继承，等.独立董事否定意见发表与换届未连任 [J].金融研究，2016 (12)：159-174.

[219] 郑志刚，梁昕雯，黄继承.中国上市公司应如何为独立董事制定薪酬激励合约 [J].中国工业经济，2017 (2)：174-192.

[220] 郑志刚，吕秀华.董事会独立性的交互效应和中国资本市场独立董事制度政策效果的评估 [J].管理世界，2009 (7)：133-144，188.

[221] 郑志刚，孙娟娟，OLIVER R.任人唯亲的董事会文化和经理人超额薪酬问题 [J].经济研究，2012，47 (12)：111-124.

[222] 钟覃琳，陆正飞，袁淳.反腐败、企业绩效及其渠道效应：基于中共十八大的反腐建设的研究 [J].金融研究，2016 (9)：161-176.

[223] 钟熙, 宋铁波, 陈伟宏, 等. 高管从军经历与企业道德行为: 基于企业商业腐败行为的实证研究 [J]. 南开经济研究, 2021 (2): 201-224.

[224] 钟熙, 王甜, 宋铁波, 等. 心理契约破裂会引致员工非伦理行为吗? 基于道德推脱的中介作用和马基雅维利主义的调节作用 [J]. 管理工程学报, 2020, 34 (6): 38-45.

[225] 周繁, 谭劲松, 简宇寅. 声誉激励还是经济激励: 独立董事"跳槽"的实证研究 [J]. 中国会计评论, 2008 (2): 177-192.

[226] 周建, 李小青. 董事会认知异质性对企业创新战略影响的实证研究 [J]. 管理科学, 2013, 25 (6): 1-12.

[227] 周建, 王顺昊, 张双鹏. 董秘信息提供、独立董事履职有效性与公司绩效 [J]. 管理科学, 2018, 31 (5): 97-116.

[228] 周军, 郝玲玲, 杨茗. 独立董事交通便利性与盈余质量: 异地会计专业独立董事的视角 [J]. 会计研究, 2019 (6): 65-71.

[229] 周美华, 林斌, 林东杰. 管理层权力, 内部控制与腐败治理 [J]. 会计研究, 2016: 56-63.

[230] 周微, 刘宝华, 唐嘉尉. 非效率投资、政府审计与腐败曝光: 基于央企控股上市公司的经验证据 [J]. 审计研究, 2017 (5): 46-53.

[231] 周雪光. 西方社会学关于中国组织与制度变迁研究状况述评 [J]. 社会学研究, 1999 (4): 28-45.

[232] 周泽将, 雷玲, 杜兴强. 本地任职与独立董事异议行为: 监督效应 vs. 关系效应 [J]. 南开管理评论, 2021, 24 (2): 83-95.

[233] 周泽将, 刘中燕. 独立董事本地任职对上市公司违规行为之影响研究: 基于政治关联与产权性质视角的经验证据 [J]. 中国软科学, 2017 (7): 116-125.

[234] 朱沆, 叶文平, 刘嘉琦. 从军经历与企业家个人慈善捐赠: 烙印理论视角的实证研究 [J]. 南开管理评论, 2020, 23 (6): 179-189.

[235] 朱凯, 林旭, 洪奕昕, 等. 官员独立董事的多重功能与公司价值 [J]. 金融研究, 2016 (12): 128-142.

[236] 祝灵君. 腐败生成、腐败传染与腐败遏制: 一种博弈解释 [J]. 中国行政管理, 2004, 2: 83-87.

[237] ADAMS R B, FERREIRA D. A theory of friendly boards [J]. The journal of finance, 2007, 62 (1): 217-250.

[238] ADAMS R B, FERREIRA D. Do directors perform for pay? [J]. Journal

of accounting and economics, 2008, 46 (1): 154-171.

[239] ADAMS R B, HERMALIN B E, WEISBACH M S. The role of boards of directors in corporate governance: a conceptual framework and survey [J]. Journal of economic literature, 2010, 48 (1): 58-107.

[240] ADITHIPYANGKUL P, ALON I, ZHANG T. Executive perks: Compensation and corporate performance in China [J]. Asia pacific journal of management, 2011, 28 (2): 401-425.

[241] AGRAWAL A, CHADHA S. Corporate governance and accounting scandals [J]. The journal of law and economics, 2005, 48 (2): 371-406.

[242] AGRAWAL A, KNOEBER C R. Do some outside directors play a political role? [J]. The journal of law and economics, 2001, 44 (1): 179-198.

[243] AI J. Guanxi networks in China: its importance and future trends [J]. China & world economy, 2006, 14 (5): 105-118.

[244] AIDT T S. Economic analysis of corruption: a survey [J]. The economic journal, 2003, 113 (491): F632-F652.

[245] ALCHIAN A A, DEMSETZ H. Production, information costs, and economic organization [J]. The American economic review, 1972, 62 (5): 777-795.

[246] ALDRICH H, ZIMMER C. Entrepreneurship through social networks: The art and science of entrepreneurship [M]. Cambridge: Ballinger, 1986.

[247] ALDRICH H. Organizational boundaries and inter-organizational conflict [J]. Human relations, 1971, 24 (4): 279-293.

[248] ALLEN F, BABUS A. Networks in finance [J]. The network challenge: strategy, profit, and risk in an interlinked world, 2009: 367.

[249] ALLEN M P. The structure of interorganizational elite cooptation: interlocking corporate directorates [J]. American sociological review, 1974: 393-406.

[250] ALMEIDA P, KOGUT B. Localization of knowledge and the mobility of engineers in regional networks [J]. Management science, 1999, 45 (7): 905-917.

[251] ARAL S, NICOLAIDES C. Exercise contagion in a global socialnetwork [J]. Nature communications, 2017, 8 (1): 1-8.

[252] ATTILA J. Is corruption contagious? An econometric analysis [R]. An econometric analysis. Norwegian Institute of International Affairs (NUPI) Working Paper, 2008 (9): 742.

[253] AU K, PENG M W, WANG D. Interlocking directorates, firm strate-

gies, and performance in Hong Kong: towards a research agenda [J]. Asia pacific journal of management, 2000, 17 (1): 29-47.

[254] AUDRETSCH D B, LEHMANN E. Entrepreneurial access and absorption of knowledge spillovers: strategic board and managerial composition for competitive advantage [J]. Journal of small business management, 2006, 44 (2): 155-166.

[255] BALKIN D B, MARKMAN G D, GOMEZ-MEJIA L R. Is CEO pay in high-technology firms related to innovation? [J]. Academy of management journal, 2000, 43 (6): 1118-1129.

[256] BANDURA A. Social cognitive theory: An agentic perspective [J]. Asian journal of social psychology, 1999, 2 (1): 21-41.

[257] BARKEMA H G, SHVYRKOV O. Does top management team diversity promote or hamper foreign expansion? [J]. Strategic management journal, 2007, 28 (7): 663-680.

[258] BAUER T N, GREEN S G. Development of leader-member exchange: a longitudinal test [J]. The academy of management Journal, 1997, 40 (2): 258.

[259] BEDARD J, CHTOUROU S M, COURTEAU L. The effect of audit committee expertise, independence, and activity on aggressive earnings management [J]. Auditing: a journal of practice & theory, 2004, 23 (2): 13-35.

[260] BEASLEY M S. An empirical analysis of the relation between the board of director composition and financial statement fraud [J]. Accounting review, 1996: 443-465.

[261] BEATTY R P, ZAJAC E J. Managerial incentives, monitoring, and risk bearing: a study of executive compensation, ownership, and board structure in initial public offerings [J]. Administrative science quarterly, 1994: 313-335.

[262] BEBCHUK L A, FRIED J M. Executive compensation as an agency problem [J]. Journal of economic perspectives, 2003, 17 (3): 71-92.

[263] BEBCHUK L A, FRIED J, WALKER D. Managerial power and rent extraction in the design of executive compensation [J]. NBER Working Paper, 2002: 9068.

[264] BECK P J, MAHER M W. A comparison of bribery and bidding in thin markets [J]. Economics letters, 1986, 20 (1): 1-5.

[265] BELL D. Guanxi: A nesting of groups [J]. Current anthropology, 2000, 41 (1): 132-138.

［266］BENMELECH E, FRYDMAN C. Military ceos ［J］. Journal of financial economics, 2015, 117 (1): 43-59.

［267］BENTZEN J S. How bad is corruption? Cross - country evidence of the impact of corruption on economic prosperity ［J］. Review of development economics, 2012, 16 (1): 167-184.

［268］BERLE A, MEANS G. The modern corporation and private property ［M］. New York: Macmillan, 1932

［269］BERTRAND M, SCHOAR A. Managing with style: the effect of managers on firm policies ［J］. The quarterly journal of economics, 2003, 118 (4): 1169-1208.

［270］BEZRUKOVA K, JEHN K A, ZANUTTO E L, et al. Do workgroup faultlines help or hurt? A moderated model of faultlines, team identification, and group performance ［J］. Organization science, 2009, 20 (1): 35-50.

［271］BIKHCHANDANI S, WELCH H I. A theory of fads, fashion, custom, and cultural change as informational cascades ［J］. Journal of political economy, 1992, 100 (5): 992-1026.

［272］BIN J, PATRICK J. Murphy. Do business school professors make good executive managers? ［J］. Academy of management perspectives, 2007, 21 (3): 29-50.

［273］BIZJAK J, LEMMON M, WHITBY R. Option backdating and board interlocks ［J］. The review of financial studies, 2009, 22 (11): 4821-4847.

［274］BLACK B, CHEFFINS B, KLAUSNER M. Outside director liability ［J］. Social science electronic publishing, 2005 (58): 1055.

［275］BORKOWSKI S C, UGRAS Y J. Business students and ethics: a meta-analysis ［J］. Journal of business ethics, 1998, 17 (11): 1117-1127.

［276］BOWMAN R F. Teacher as servant leader ［J］. The clearing house: a journalof educational strategies, issues and ideas, 2005, 78 (6): 257-260.

［277］BOYD B K. CEO duality and firm performance: a contingency model ［J］. Strategic management journal, 1995, 16 (4): 301-312.

［278］BRASS D J, BUTTERFIELD K D, SKAGGS B C. Relationships and unethical behavior: a social network perspective ［J］. Academy of management review, 1998, 23 (1): 14-31.

［279］BROWN J L. The spread of aggressive corporate tax reporting: a detailed examination of the corporate - owned life insurance shelter ［J］. The accounting review, 2011, 86 (1): 23-57.

［280］ BROWN P, LEVINSON S C, LEVINSON S C. Politeness: some universals in language usage ［M］. Cambridge: Cambridge university press, 1987.

［281］ BRUDNEY V. The independent director: heavenly city or Potemkin village? ［J］. Harvard law review, 1982: 597-659.

［282］ BURT R S. Structural holes: the social structure of competition ［M］. Cambridge: Harvard University Press, 1992.

［283］ BURT R S. Corporate profits and cooptation: networks of market constraints and directorate ties in the American economy ［M］. New York: Academic Press, 1983.

［284］ BURT, RONALD S. Social Contagion and Innovation: cohesion versus structural equivalence ［J］. American journal of sociology, 1987, 92 （6）: 1287-1335.

［285］ BUTLER AW, GURUN UG. Educational networks, mutual fund voting patterns, and ceo compensation ［J］. Review of financial studies. 2012, 25 （8）: 2533-2562.

［286］ BYRNE D E. The attraction paradigm ［M］. New York: Academic Press, 1971.

［287］ CAI H, FANG H, XU L C. Eat, drink, firms, government: An investigation of corruption from the entertainment and travel costs of Chinese firms ［J］. The Journal of Law and Economics, 2011, 54 （1）: 55-78.

［288］ CAO X, WANG Y, ZHOU S. Anti-corruption campaigns and corporate information release in China ［J］. Journal of corporate finance, 2018, 49: 186-203.

［289］ CHEN Y R, CHEN X P, PORTNOY R. To whom do positive norm and negative norm of reciprocity apply? Effects of inequitable offer, relationship, and relational-self orientation ［J］. Journal of experimental social psychology, 2009, 45 （1）: 24-34.

［290］ CHIU P C, TEOH S H, TIAN F. Board interlocks and earnings management contagion ［J］. The accounting review, 2012, 88 （3）: 915-944.

［291］ CHULUUN T, PREVOST A, UPADHYAY A. Firm network structure and innovation ［J］. Journal of corporate finance, 2017 （44）: 193-214.

［292］ CLARKE D C. The independent director in Chinese corporate governance ［J］. Delaware journal of corporate law, 2006 （31）: 125.

［293］ CORE J E, HOLTHAUSEN R W, LARCKER D F. Corporate governance, chief executive officer compensation, and firm performance [J]. Journal of financial economics, 1999, 51 (3): 371-406.

[294] CUI H, MAK Y T. The relationship between managerial ownership and firm performance in high R&D firms [J]. Journal of corporate finance, 2002, 8 (4): 313-336.

[295] DALTON D R, DAILY C M, JOHNSON J L, et al. Number of directors and financial performance: a meta-analysis [J]. Academy of management journal, 1999, 42 (6): 674-686.

[296] DAMANIA R, FREDRIKSSON P G, MANI M. The persistence of corruption and regulatory compliance failures: theory and evidence [J]. Public choice, 2004, 121 (3): 363-390.

[297] DAVIES H, LEUNG T K P, LUK S T K, et al. The benefits of "Guanxi": The value of relationships in developing the Chinese market [J]. Industrial marketing management, 1995, 24 (3): 207-214.

[298] DAVIS G F. Agents without principles? The spread of the poison pill through the intercorporate network [J]. Administrative science quarterly, 1991: 583-613.

[299] DAVIS G F. Who gets ahead in the market for corporate directors: the political economy of multiple board memberships [C]. Academy of management, 1993 (1): 202-206.

[300] DEGRAAF N D, FLAP H D. "With a little help from my friends": social resources as an explanation of occupational status and income in West Germany, the Netherlands, and the United States [J]. Social forces, 1988, 67 (2): 452-472.

[301] DEROSA D, GOOROOCHURN N, GÖRG H. Corruption and productivity: Firm-level evidence [J]. Jahrbücher Für Nationalkonomie Und Statistik, 2015, 235 (2): 115-138.

[302] DEFOND M L, SUBRAMANYAM K R. Auditor changes and discretionary accruals [J]. Journal of accounting and economics, 1998, 25 (1): 35-67.

[303] DELLAPORTAS S. Making a difference with a discrete course on accounting ethics [J]. Journal of business ethics, 2006, 65 (4): 391-404.

[304] DEWALLY M, PECK S W. Upheaval in the boardroom: outside director public resignations, motivations, and consequences [J]. Journal of corporate finance, 2010, 16 (1): 38-52.

[305] DHALIWAL D A N, NAIKER V I C, NAVISSI F. The association between

accruals quality and the characteristics of accounting experts and mix of expertise on audit committees [J]. Contemporary accounting research, 2010, 27 (3): 787–827.

[306] DIMAGGIO P J, POWELL W W. The iron cage revisited: institutional isomorphism and collective rationality in organizational fields [J]. American sociological review, 1983: 147–160.

[307] DOOLEY P C. The interlocking directorate [J]. The American economic review, 1969, 59 (3): 314–323.

[308] DREES J M, HEUGENS P P. Synthesizing and extending resource dependence theory: a meta–analysis [J]. Journal of management, 2013, 39 (6): 1666–1698.

[309] DREHER A, GASSEBNER M. Greasing the wheels? The impact of regulations and corruption on firm entry [J]. Public choice, 2013, 155 (3): 413–432.

[310] DU X, JIAN W, DU Y, et al. Religion, the nature of ultimate owner, and corporate philanthropic giving: evidence from China [J]. Journal of business ethics, 2014, 123 (2): 235–256.

[311] DU X. Does confucianism reduce board gender diversity? Firm–level evidence from China [J]. Journal of business ethics, 2016, 136 (2): 399–436.

[312] DYCK A, VOLCHKOVA N, ZINGALES L. The corporate governance role of the media: evidence from Russia [J]. The journal of finance, 2008, 63 (3): 1093–1135.

[313] EISENHARDT K M. Building theories from case study research [J]. Academy of management review, 1989, 14 (4): 532–550.

[314] ENGELBERG J, GAO P, PARSONS C A. The price of a CEO's rolodex [J]. Review of financial studies, 2013, 26 (1), 79–114.

[315] ERDEN Z, VON KROGH G, NONAKA I. The quality of group tacit knowledge [J]. The journal of strategic information systems, 2008, 17 (1): 4–18.

[316] FAHLENBRACH R, LOW A, STULZ R M. The dark side of outside directors: do they quit when they are most needed? [R]. National Bureau of Economic research, 2010.

[317] FAHLENBRACH R, LOW A, STULZ R M. Why do firms appoint CEOs as outside directors? [J]. Journal of financial economics, 2010, 97 (1): 12–32.

[318] FAM K S, YANG Z, HYMAN M. Confucian/chopsticks marketing [J]. Journal of business ethics, 2009: 393–397.

[319] FAMA E F, JENSEN M C. Separation of ownership and control [J]. The Journal of law and economics, 1983, 26 (2): 301-325.

[320] FAMA E F. Agency problems and the theory of the firm [J]. Journal of political economy, 1980, 88 (2): 288-307.

[321] FAN J P H, WONG T J, ZHANG T. Politically connected CEOs, corporate governance, and Post-IPO performance of China's newly partially privatized firms [J]. Journal of financial economics, 2007, 84 (2): 330-357.

[322] FARBER D B. Restoring trust after fraud: does corporate governance matter? [J]. The accounting review, 2005, 80 (2): 539-561.

[323] FERRIS S P, JAGANNATHAN M, PRITCHARD A C. Too busy to mind the business? Monitoring by directors with multiple board appointments [J]. The journal of finance, 2003, 58 (3): 1087-1111.

[324] FESTINGER L. A theory of social comparison processes [J]. Human relations, 1954, 7 (2): 117-140.

[325] FICH E M, SHIVDASANI A. Are busy boards effective monitors? [M] Berlin: Springer, 2012: 221-258.

[326] FICH E, WHITE L J. CEO compensation and turnover: the effects of mutually interlocked boards [J]. Social science electronic publishing, 2003, 38: 935.

[327] FINKELSTEIN S. Power in top management teams: dimensions, measurement, and validation [J]. Academy of management journal, 1992, 35 (3): 505-538.

[328] FISMAN R, SVENSSON J. Are corruption and taxation really harmful to growth? Firm level evidence [J]. Journal of development economics, 2007, 83 (1): 63-75.

[329] FLIGSTEIN N, BRANTLEY P. Bank control, owner control, or organizational dynamics: who controls the large modern corporation? [J]. American journal of sociology, 1992, 98 (2): 280-307.

[330] FOA E B, FOA U G. Resource theory [M]. Boston: Springer, 1980: 77-94.

[331] FOA U G. Interpersonal and economic resources [J]. Science, 1971, 171 (3969): 345-351.

[332] FORD R C, RICHARDSON W D. Ethical decision making: a review of the empirical literature [J]. Journal of business ethics, 1994, 13 (3): 205-221.

[333] FRANCIS B, HASAN I, WU Q. Professors in the boardroom and their

impact on corporate governance and firm performance [J]. Financial management, 2015, 44 (3): 547-581.

[334] FRANKE V C. Generation X and the military: a comparison of attitudes and values between west point cadets and college students [J]. Journal of political & military sociology, 2001: 92-119.

[335] FREEMAN, LINTON C. Centrality in social networks conceptual clarification [J]. Social networks, 1978, 1 (3): 215-239.

[336] FU P P, TSUI A S. Utilizing printed media to understand desired leadership attributes in the People's Republic of China [J]. Asia pacific journal of management, 2003, 20 (4): 423-446.

[337] GALASKIEWICZ J, WASSERMAN S, RAUSCHENBACH B, et al. The influence of corporate power, social status, and market position on corporate interlocks in a regional network [J]. Social Forces, 1985, 64 (2): 403-431.

[338] GANDER J P. A dynamic managerial theory of corruption and productivity among firms in developing countries [J]. Economics, management, and financial markets, 2014, 9 (2): 54-65.

[339] GELETKANYCZ M A, BOYD B K, FINKLESTEIN S. The strategic value of CEO external directorate networks: implications for CEO compensation [J]. Strategic management journal, 2011, 22 (9): 889-898.

[340] GERT B. The moral rules [M]. New York: Harper & Row, 1973.

[341] GIANNETTI M, YAFEH Y. Do cultural differences between contracting parties matter? Evidence from syndicated bank loans [J]. Management science, 2012, 58 (2): 365-383.

[342] GLAESER E L, SAKS R E. Corruption in America [J]. Journal of public economics, 2006, 90 (7): 1053-1072.

[343] GOEL R K, NELSON M A. Are corrupt acts contagious? Evidence from the United States [J]. Journal of policy modeling, 2007, 29 (6): 839-850.

[344] GOH B W. Audit committees, boards of directors, and remediation of material weaknesses in internal control [J]. Contemporary accounting research, 2009, 26 (2): 549-579.

[345] GOULDNER A W. The norm of reciprocity: a preliminary statement [J]. American sociological review, 1960: 161-178.

[346] GRAEN G B, SCANDURA T A. Toward a psychology of dyadic organi-

zing [J]. Research in organizational behavior, 1987, 9: 175-208.

[347] GRANOVETTER M S. The strength of weak ties [J]. American journal of sociology, 1973, 78 (6): 1360-1380.

[348] GRANOVETTER M. Economic action and social structure: the problem of embeddedness [J]. American journal of sociology, 1985, 91 (3): 481-510.

[349] GRANOVETTER M. The strength of weak ties [J]. American journal of sociology, 1973, 78 (6): 1360-1380.

[350] GRINSTEIN Y, HRIBAR P. CEO compensation and incentives: evidence from M&A bonuses [J]. Journal of financial economics, 2004, 73 (1): 119-143.

[351] GUNGORAYDINOGLU A, ÖZTEKIN Ö. Firm-and country-leveldeterminants of corporate leverage: some new international evidence [J]. Journal of Corporate Finance, 2011, 17 (5): 1457-1474.

[352] GUPTA S, DAVOODI H, ALONSO-TERME R. Does corruption affect income inequality and poverty? [J]. Economics of governance, 2002, 3 (1): 23-45.

[353] HAIL L, LEUZ C. International differences in the cost of equity capital: do legal institutions and securities regulation matter? [J]. Journal of accounting research, 2006, 44 (3): 485-531.

[354] HALLOCK K F. Reciprocally interlocking boards of directors and executive compensation [J]. Journal of financial and quantitative Analysis, 1997, 32 (3): 331-344.

[355] HAMBRICK D C. The top management team: key to strategic success [J]. California management review, 1987, 30 (1): 88-108.

[356] HARRIS M, RAVIV A. Optimal incentive contracts with imperfect information [J]. Journal of economic theory, 1979, 20 (2): 231-259.

[357] HARRISON D A, KLEIN K J. What's the difference? Diversity constructs as separation, variety, or disparity in organizations [J]. Academy of management review, 2007, 32 (4): 1199-1228.

[358] HART O. Financial contracting [J]. Journal of economic Literature, 2001, 39 (4): 1079-1100.

[359] HAUNSCHILD P R. Interorganizational imitation: the impact of interlocks on corporate acquisition activity [J]. Administrative science quarterly, 1993: 564-592.

[360] HAUSER R. Busy directors and firm performance: evidence from mergers

[J]. Journal of financial economics, 2018, 128 (1): 16-37.

[361] HE Z. Corruption and anti-corruption in reform China [J]. Communist and post-communist studies, 2000, 33 (2): 243-270.

[362] HILLMAN A J, DALZIEL T. Boards of directors and firm performance: integrating agency and resource dependence perspectives [J]. Academy of management review, 2003, 28 (3): 383-396.

[363] HOGAN C E, WILKINS M S. Evidence on the audit risk model: do auditors increase audit fees in the presence of internal control deficiencies? [J]. Contemporary accounting research, 2008, 25 (1): 219-242.

[364] HOUSE R, ROUSSEAU D M, THOMAS-HUNT M. The meso paradigm: a framework for the integration of micro and macro organizational behavior [J]. Research in organizational behavior, 1995, 17 (1995): 71-114.

[365] HOUSTON J F, LIN C, MA Y. Media ownership, concentration and corruption in bank lending [J]. Journal of financial economics, 2011, 100 (2): 326-350.

[366] HSU F L K. Americans and Chinese: two ways of life [J]. American sociological review, 1953, 18 (6): 726.

[367] HU H C. The Chinese concepts of "face" [J]. American anthropologist, 1944, 46 (1): 45-64.

[368] HUANG L J, SNELL R S. Turnaround, corruption and mediocrity: leadership and governance in three state owned enterprises in Mainland China [J]. Journal of business ethics, 2003, 43 (1): 111-124.

[369] HUNG H. Normalized collective corruption in a transitional economy: small treasuries in large Chinese enterprises [J]. Journal of business ethics, 2008, 79 (1): 69-83.

[370] HWANG B H, KIM S. It pays to have friends [J]. Journal of financial economics, 2009, 93 (1): 138-158.

[371] HWANG K. Face and favor: the Chinese power game [J]. American journal of Sociology, 1987, 92 (4): 944-974.

[372] YEUNG I Y M, TUNG R L. Achieving business success in confucian societies: the importance of guanxi [J]. Organizational Dynamics, 1996, 25 (2).

[373] JACOBS L, GUOPEI G, HERBIG P. Confucian roots in China: a force for today's business [J]. Management Decision, 1995.

[374] JENSEN M C, MECKLING W H. Theory of the firm: managerial behav-

ior, agency costs and ownership structure [J]. Journal of financial economics, 1976, 3 (4): 305-360.

[375] JENSEN M C, MURPHY K J. Performance pay and top-management incentives [J]. Journal of political economy, 1990, 98 (2): 225-264.

[376] JENSEN M C, RUBACK R S. The market for corporate control: the scientific evidence [J]. Journal of Financial economics, 1983, 11 (4): 5-50.

[377] JENSEN M C. Organization theory and methodology [J]. Accounting review, 1983: 319-339.

[378] JENSEN M C. Takeovers: folklore and science [J]. Harvard business review, 1984.

[379] JIANG W, WAN H, ZHAO S. Reputation concerns of independent directors: evidence from individual director voting [J]. The review of financial studies, 2016, 29 (3): 655-696.

[380] JOE J R, LOUIS H, ROBINSON D. Managers' and investors' responses to media exposure of board ineffectiveness [J]. Journal of financial and quantitative analysis, 2009, 44 (3): 579-605.

[381] JOHNSON R A, GREENING D W. The effects of corporate governance and institutional ownership types on corporate social performance [J]. Academy of management journal, 1999, 42 (5): 564-576.

[382] KANT I. Groundwork for the metaphysics of morals [M]. New Haven: Yale University Press, 2002.

[383] KEISTER L A. Engineering growth: business group structure and firm performance in China's transition economy [J]. American journal of sociology, 1998, 104 (2): 404-440.

[384] KESNER I F, VICTOR B, LAMONT B T. Board composition and the commission of illegal acts: an investigation of Fortune 500 companies [J]. Academy of management journal, 1986, 29 (4): 789-799.

[385] KHANNA V, KIM E H, LU Y. CEO connectedness and corporate fraud [J]. The journal of finance, 2015, 70 (3): 1203-1252.

[386] KILDUFF M, TSAI W. Social networks and organizations [M]. Los Angeles : SAGE Publications, 2003.

[387] KNACK S F. Measuring corruption in Eastern Europe and Central Asia: a critique of the cross-country indicators [M]. Washington: World Bank Publica-

tions, 2006.

[388] KNAPP M L, VANGELISTI A L, CAUGHLIN J P. Interpersonal communication and human relationships [M]. London: Pearson, 2014.

[389] KNYAZEVA A, KNYAZEVA D, MASULISR. Effects of local director markets on corporate boards [R]. ECGI-Finance Working Paper, 2011, 315.

[390] KOENIG T, GOGEL R, SONQUIST J. Models of the significance of interlocking corporate directorates [J]. American journal of economics and sociology, 1979, 38 (2): 173-186.

[391] KOHLBERG L. Stage and sequence: the cognitive-developmental approach to socialization [J]. Handbook of socialization theory and research, 1969 (347): 480.

[392] KONG X. Why are social network transactions important? Evidence based on the concentration of key suppliers and customers in China [J]. China journal of accounting research, 2011, 4 (3): 121-133.

[393] KOSNIK R D. Greenmail: a study of board performance in corporate governance [J]. Administrative science quarterly, 1987: 163-185.

[394] KRISHNAN J, WEN Y, ZHAO W. Legal expertise on corporate audit committees and financial reporting quality [J]. The Accounting review, 2011, 86 (6): 2099-2130.

[395] KUANG Y F, LEE G. Corporate fraud and external social connectedness of independent directors [J]. Journal of corporate finance, 2017, 45: 401-427.

[396] KUNG J K, MA C. Can cultural norms reduce conflicts? Confucianism and peasant rebellions in Qing China [J]. Journal of development economics, 2014, 111: 132-149.

[397] LANG J R, LOCKHART D E. Increased environmental uncertainty and changes in board linkage patterns [J]. Academy of management journal, 1990, 33 (1): 106-128.

[398] LARCKER D F, SO E C, WANG C C Y. Boardroom Centrality and Firm Performance [J]. Journal of accounting and economics, 2013 (55): 225-250.

[399] LARCKER D F, RICHARDSON S A, SEARY A, et al. Back door links between directors and executive compensation [R]. SSRN Working Paper, 2005.

[400] LAU D C, MURNIGHAN J K. Demographic diversity and faultlines: the compositional dynamics of organizational groups [J]. Academy of management re-

view, 1998, 23 (2): 325-340.

[401] LAW K K F, MILLS L F. Military experience and corporate tax avoidance [J]. Review of Accounting Studies, 2017, 22 (1): 141-184.

[402] LEFF N H. Economic development through bureaucratic corruption [J]. American behavioral scientist, 1964, 8 (3): 8-14.

[403] LEIKEN R S. Controlling the global corruption epidemic [J]. Foreign policy, 1996 (105): 55-73.

[404] LESTER R H, HILLMAN A, ZARDKOOHI A, et al. Former government officials as outside directors: the role of human and social capital [J]. Academy of management journal, 2008, 51 (5): 999-1013.

[405] LI H, XU L C, ZOU H. Corruption, income distribution, and growth [J]. Economics & politics, 2000, 12 (2): 155-182.

[406] LI J, HAMBRICK D C. Factional groups: a new vantage on demographic faultlines, conflict, and disintegration in work teams [J]. Academy of management journal, 2005, 48 (5): 794-813.

[407] LI K, GRIFFIN D, YUE H, et al. How does culture influence corporate risk-taking? [J]. Journal of corporate finance, 2013, 23: 1-22.

[408] LI K, GRIFFIN D, YUE H, et al. National culture and capital structure decisions: evidence from foreign joint ventures in China [J]. Journal of international business studies, 2011, 42 (4): 477-503.

[409] LI N, LIANG J, CRANT J M. The role of proactive personality in job satisfaction and organizational citizenship behavior: a relational perspective [J]. Journal of applied psychology, 2010, 95 (2): 395.

[410] LIEN D H D. A note on competitive bribery games [J]. Economics letters, 1986, 22 (4): 337-341.

[411] LIN J Y, CAI F, LI Z. Competition, policy burdens, and state-owned enterprise reform [J]. The American economic review, 1998, 88 (2): 422-427.

[412] LIN N, ENSEL W M, VAUGHN J C. Social resources and strength of ties: structural factors in occupational status attainment [J]. American sociological review, 1981: 393-405.

[413] LIPTON M, LORSCH J W. A modest proposal for improved corporate governance [J]. The business lawyer, 1992: 59-77.

[414] LITOV L P, SEPE S M, WHITEHEAD C K. Lawyers and fools: lawyer-di-

rectors in public corporations [J]. Georgetown law journal, 2014, 102 (2): 413-480.

[415] Lui F T. An equilibrium queuing model of bribery [J]. Journal of political economy, 1985, 93 (4): 760-781.

[416] LUO J, XIANG Y, ZHU R. Military top executives and corporate philanthropy: evidence from China [J]. Asia pacific journal of management, 2017, 34 (3): 725-755.

[417] LUO W, ZHANG Y, ZHU N. Bank ownership and executive perquisites: new evidence from an emerging market [J]. Journal of corporate finance, 2011, 17 (2): 352-370.

[418] LUO Y. Guanxi and business [M]. Singapore: World Scientific, 1997.

[419] MANSKI C F. Economic analysis of social interactions [J]. Journal of economic perspectives, 2000, 14 (3): 115-136.

[420] MARSDEN P V, HURLBERT J S. Social resources and mobility outcomes: a replication and extension [J]. Social forces, 1988, 66 (4): 1038-1059.

[421] MASULIS R W, MOBBS S. Independent director incentives: where do talented directors spend their limited time and energy? [J]. Journal of financial economics, 2014, 111 (2): 406-429.

[422] MAURO P. Corruption and growth [J]. The quarterly journal of economics, 1995, 110 (3): 681-712.

[423] MCCABE D L, TREVINO L K. Academic dishonesty: honor codes and other contextual influences [J]. The journal of higher education, 1993, 64 (5): 522-538.

[424] MILLER G S. The press as a watchdog for accounting fraud [J]. Journal of accounting research, 2006, 44 (5): 1001-1033.

[425] MILLS J, CLARK M S. Exchange and communal relationships [J]. Review of personality and social psychology, 1982, 3: 121-144.

[426] MIZRUCHI M S, STEARNS L B. A longitudinal study of the formation of interlocking directorates [J]. Administrative science quarterly, 1988: 194-210.

[427] MIZRUCHI M S. What do interlocks do? An analysis, critique, and assessment of research on interlocking directorates [J]. Annual review of sociology, 1996, 22 (1): 271-298.

[428] MO P H. Corruption and economic growth [J]. Journal of comparative economics, 2001, 29 (1): 66-79.

[429] MOORE C. Moral disengagement in processes of organizational corruption [J]. Journal of business ethics, 2008, 80 (1): 129-139.

[430] NORBURN D. Gogos, yoyos and dodos: company directors and industry performance [J]. Strategic management journal, 1986, 7 (2): 101-117.

[431] NORTH D C. Structure and change in economic history [J]. Journal of institutional and theoretical economics, 1981.

[432] NORTH D C. Institutions, institutional change and economic performance [M]. Cambridge : Cambridge university press, 1990.

[433] O'FALLON M J, BUTTERFIELD K D. The influence of unethical peer behavior on observers' unethical behavior: a social cognitive perspective [J]. Journal of business ethics, 2012, 109 (2): 117-131.

[434] O'CONNORJR J P, PRIEM R L, COOMBS J E, et al. Do CEO stock options prevent or promote fraudulent financial reporting? [J]. Academy of management journal, 2006, 49 (3): 483-500.

[435] ORNSTEIN M D. Assessing the meaning of corporate interlocks: canadian evidence [J]. Social science research, 1980, 9 (4): 287-306.

[436] PALMER D. Broken ties: interlocking directorates and intercorporate coordination [J]. Administrative science quarterly, 1983: 40-55.

[437] PARK S H, LUO Y. Guanxi and organizational dynamics: organizational networking in Chinese firms [J]. Strategic management journal, 2001, 22 (5): 455-477.

[438] PENG M W, BUCK T, FILATOTCHEV I. Do outside directors and new managers help improve firm performance? An exploratory study in Russian privatization [J]. Journal of world business, 2003, 38 (4): 348-360.

[439] PENG M W. Outside directors and firm performance during institutional transitions [J]. Strategic management journal, 2004, 25 (5): 453-471.

[440] PENNINGS J M. Interlocking Directorates [M]. San Francisco: Jossey-Bass, 1980.

[441] PETERSON D K. The relationship between unethical behavior and the dimensions of the ethical climate questionnaire [J]. Journal of business ethics, 2002, 41 (4): 313-326.

[442] PFEFFER J, SALANCIK G R. The external control of organizations: a resource dependence perspective [M]. New York: Harper & Row, 1978.

[443] PFEFFER J. Size and composition of corporate boards of directors: the or-

ganization and its environment [J]. Administrative science quarterly, 1972: 218-228.

[444] POMBO C, GUTIÉRREZ L H. Outside directors, board interlocks and firm performance: empirical evidence from Colombian business groups [J]. Journal of economics and business, 2011, 63 (4): 251-277.

[445] PORTES A. Social capital: its origins and applications in modern sociology [J]. Annual review of sociology, 1998, 24 (1): 1-24.

[446] QU X, LIU X. Informational faultlines, integrative capability, and team creativity [J]. Group & organization management, 2017, 42 (6): 767-791.

[447] RAJAN R G, WULF J. Are perks purely managerial excess? [J]. Journal of financial economics, 2006, 79 (1): 1-33.

[448] REDDING S G, MICHAEL N. The role of "face" in the organizational perceptions of Chinese managers [J]. International studies of management & organization, 1983, 13 (3): 92-123.

[449] REJA B, TALVITIE A. Observed differences in corruption between Asia and Africa: the industrial organization of corruption and its cure [J]. International public management review, 2012, 13 (2): 4472-4490.

[450] REPPENHAGEN D A. Contagion of accounting methods: evidence from stock option expensing [J]. Review of accounting studies, 2010, 15 (3): 629-657.

[451] REST J R. Moral development: advances in research and theory [M]. New York: Praeger, 1986.

[452] RHOADES L, EISENBERGER R. Perceived organizational support: a review of the literature [J]. Journal of applied psychology, 2002, 87 (4): 698.

[453] RICHARDSON R J. Directorship interlocks and corporate profitability [J]. Administrative science quarterly, 1987: 367-386.

[454] SARKAR J, SARKAR S. Multiple board appointments and firm performance in emerging economies: evidence from India [J]. Pacific-basin finance journal, 2009, 17 (2): 271-293.

[455] SCHUMPETER J. The theory of economic development [M]. Cambridge: Harvard University Press, 1934.

[456] SCHWARCZ S L. Financial information failure and lawyer responsibility [J]. Journal of corporation law, 2006, 31 (4): 357-368.

[457] SCOTT J, CARRINGTON P J. The SAGE handbook of social network analysis [M]. California: SAGE publications, 2011.

[458] SCOTT J. Networks of corporate power: a comparative assessment [J]. Annual review of sociology, 1991, 17 (1): 181-203.

[459] SCOTT J. Social network analysis: developments, advances, and prospects [J]. Social network analysis and mining, 2011, 1 (1): 21-26.

[460] SHAO L, KWOK C C Y, GUEDHAMI O. National culture and dividend policy [J]. Journal of international business studies, 2010, 41 (8): 1391-1414.

[461] SHI L, DHARWADKAR R, HARRIS D G. Board Interlocks and Earnings Quality [J]. Social science electronic publishing, 2013: 26 (5): 138-145.

[462] SHIVDASANI A, YERMACK D. CEO involvement in the selection of new board members: an empirical analysis [J]. The journal of finance, 1999, 54 (5): 1829-1853.

[463] SILVER A. Friendship in commercial society: eighteenth-century social theory and modern sociology [J]. American journal of sociology, 1990, 95 (6): 1474-1504.

[464] SINGH J V, HOUSE R J, TUCKER D J. Organizational change and organizational mortality [J]. Administrative science quarterly, 1986: 587-611.

[465] STIGLITZ J E. Credit markets and the control of capital [J]. Journal of money, credit and banking, 1985, 17 (2): 133-152.

[466] STUART T E, YIM S. Board interlocks and the propensity to be targeted in private equity transactions [J]. Journal of financial economics, 2010, 97 (1): 174-189.

[467] SWEEZY P. The resurgence of financial control: fact or fancy? [J]. Monthly review, 1971, 23 (6): 1.

[468] TAJFEL H, BILLIG M G, BUNDY R P, et al. Social categorization and intergroup behaviour [J]. European journal of social psychology, 1971, 1 (2): 149-178.

[469] TAJFEL H. Social psychology of intergroup relations [J]. Annual review of psychology, 1982, 33 (1): 1-39.

[470] TANG X, DU J, HOU Q. The effectiveness of the mandatory disclosure of independent directors' opinions: empirical evidence from China [J]. Journal of accounting and public policy, 2013, 32 (3): 89-125.

[471] TANZI V, DAVOODI H. Corruption, public investment, and growth [M]. Tokyo: Springer, 1998: 41-60.

[472] THATCHER S, JEHN K A, ZANUTTO E. Cracks in diversity research:

the effects of diversity faultlines on conflict and performance [J]. Group decision and Negotiation, 2003, 12 (3): 217-241.

[473] TOSI JR H L, GOMEZ-MEJIA L R. CEO compensation monitoring and firm performance [J]. Academy of management journal, 1994, 37 (4): 1002-1016.

[474] TSEBELIS G. Penalty has no impact on crime: a game-theoretic analysis [J]. Rationality and society, 1990, 2 (3): 255-286.

[475] TSUI A S, FARH J L L. Where guanxi matters: relational demography and guanxi in the Chinese context [J]. Work and occupations, 1997, 24 (1): 56-79.

[476] TURNER J C. Social comparison and social identity: some prospects for intergroup behaviour [J]. European journal of social psychology, 1975, 5 (1): 1-34.

[477] TURNER R J. Social support as a contingency in psychological well-being [J]. Journal of health and social behavior, 1981: 357-367.

[478] UMPHRESS E E, BINGHAM J B, MITCHELL M S. Unethical behavior in the name of the company: the moderating effect of organizational identification and positive reciprocity beliefs on unethical pro-organizational behavior [J]. Journal of applied psychology, 2010, 95 (4): 769.

[479] VAN R C, WEDER B. Bureaucratic corruption and the rate of temptation: do wages in the civil service affect corruption, and by how much? [J]. Journal of development economics, 2001, 65 (2): 307-331.

[480] WALSH J P, SEWARD J K. On the efficiency of internal and external corporate control mechanisms [J]. Academy of management review, 1990, 15 (3): 421-458.

[481] WANG Y, YOU J. Corruption and firm growth: evidence from China [J]. China economic review, 2012, 23 (2): 415-433.

[482] WASSERMAN S, FAUST K. Social network analysis: methods and applications [J]. 1994.

[483] WATSON S, HIRSCH R. The link between corporate governance and corruption in New Zealand [J]. New Zealand Universities law review, 2010, 24 (1): 42.

[484] WATSON W E, KUMAR K, MICHAELSEN L K. Cultural diversity's impact on interaction process and performance: comparing homogeneous and diverse task groups [J]. Academy of management journal, 1993, 36 (3): 590-602.

[485] WEISBACH M S. Outside directors and CEO turnover [J]. Journal of fi-

nancial Economics, 1988, 20: 431-460.

[486] WESTPHAL J D, SEIDEL M D L, STEWART K J. Second-order imitation: uncovering latent effects of board network ties [J]. Administrative science quarterly, 2001, 46 (4): 717-747.

[487] WHITCOMB L L, ERDENER C B, LI C. Business ethical values in China and the US [J]. Journal of business ethics, 1998, 17 (8): 839-852.

[488] WHITE G. Communist neo-traditionalism: work and authority in Chinese industry [M]. Berkeley : University of California Press, 1988.

[489] WIEWIORA A, TRIGUNARSYAH B, MURPHY G, et al. Organizational culture and willingness to share knowledge: a competing values perspective in Australian context [J]. International journal of project management, 2013, 31 (8): 1163-1174.

[490] WILLIAMS R J, BARRETT J D, BRABSTON M. Managers' business school education and military service: possible links to corporate criminal activity [J]. Human relations, 2000, 53 (5): 691-712.

[491] WILLIAMSON O E. The economics of governance: framework and implications [J]. Journal of institutional and theoretical economics, 1984: 195-223.

[492] XIAOHE L. Business ethics in China [J]. Journal of business ethics, 1997, 16 (14): 1509-1518.

[493] XIE B, DAVIDSON W N, DADALT P J. Earnings management and corporate governance: the role of the board and the audit committee [J]. Journal of corporate finance, 2003, 9 (3): 295-316.

[494] XU N, LI X, YUAN Q, et al. Excess perks and stock price crash risk: evidence from China [J]. Journal of corporate finance, 2014, 25: 419-434.

[495] YANG M M. Gifts, favors, and banquets: the art of social relationships in China [M]. Ithaca: Cornell University Press, 2016.

[496] YAO S. Privilege and corruption: The problems of China's socialist market economy [J]. American journal of economics and sociology, 2002, 61 (1): 279-299.

[497] YERMACK D. Flights of fancy: corporate jets, CEO perquisites, and inferior shareholder returns [J]. Journal of financial economics, 2006, 80 (1): 211-242.

[498] YEUNG I Y M, TUNG R L. Achieving business success in confucian societies: the importance of guanxi (connections)[J]. Organizational dynamics, 1996,

25 (2): 54-66.

[499] YOUNG M N, AHLSTROM D, BRUTON G D, et al. The resource dependence, service and control functions of boards of directors in Hong Kong and Taiwanese firms [J]. Asia pacific journal of management, 2001, 18 (2): 223-244.

[500] YU F K, LEE G. Corporate fraud and external social connectedness of independent directors [J]. Journal of corporate finance, 2017, 45: 401-427.

[501] YUCHTMAN E, SEASHORE S E. A system resource approach to organizational effectiveness [J]. American sociological review, 1967: 891-903.

[502] ZAHRA S A, PEARCE J A. Boards of directors and corporate financial performance: a review and integrative model [J]. Journal of management, 1989, 15 (2): 291-334.

[503] ZAJAC E J. Interlocking directorates as an interorganizational strategy: a test of critical assumptions [J]. Academy of management journal, 1988, 31 (2): 428-438.

[504] HE Z. Corruption and anti-corruption in reform China [J]. Communist and post-communist studies, 2000, 33 (2): 243-270.

[505] ZHANG Y, ZHOU J, ZHOU N. Audit committee quality, auditor independence, and internal control weaknesses [J]. Journal of accounting and public policy, 2007, 26 (3): 300-327.

[506] ZHONG Q, LIU Y, YUAN C. Director interlocks and spillover effects of board monitoring: evidence from regulatory sanctions [J]. Accounting & finance, 2017, 57 (5): 1605-1633.